JN097686

コア・カリキュラム対応
小・中学校で英語を教えるための必携テキスト 改訂版

監修 **中村典生**（長崎大学大学院教育学研究科）
著者 **鈴木 渉**（宮城教育大学大学院教育学研究科）
巽 徹（岐阜大学教育学部）
林 裕子（佐賀大学教育学部）
矢野 淳（静岡大学教育学部）

東京書籍

—— はじめに ——

○コア・カリキュラム

　大きな英語教育の改革が進む中、教える側である教員の指導力・英語力が強く求められています。この英語力・指導力の具体的な内容が示されたのが2017年3月の「教員養成・研修　外国語（英語）コア・カリキュラム」（以下、コア・カリ）です。コア・カリは以下のような構成となっています（数字はこちらで付与）。

　　(1) 小学校教員養成課程　外国語（英語）コア・カリキュラム
　　(2) 中・高等学校教員養成課程　外国語（英語）コア・カリキュラム
　　(3) 小学校教員研修　外国語（英語）コア・カリキュラム
　　(4) 中・高等学校教員研修　外国語（英語）コア・カリキュラム

　このコア・カリは大変重要です。というのは、今後大学の教員養成課程で学ぶ皆さんにとって、小学校の教員になるためには (1) に示された内容を、中・高等学校の教員になるためには (2) に示された内容を、修得していることが求められるからです。

○小学校の教員免許取得のために外国語関連科目が必修となります

　2020年度より高学年での外国語（英語）の教科化、中学年での外国語活動が全面実施された小学校に関しては、現在大学教員養成課程に通う学生の皆さんが教員となった際、すぐに外国語（活動）の担当として戦力になれるよう、指導力・英語力を在学中に養うようにしなければなりません。そのため大学でも新たに (1) のコア・カリに対応した科目を最低2科目（「外国語の指導法」〈2単位程度〉、「外国語に関する専門的事項」〈1単位程度〉）を置くことが義務づけられ、これらが小学校教員免許取得のために必修科目となりました。このように、大学ではこれからコア・カリに則って、本気で小学校外国語（活動）の担い手を育てることになりました。

　もちろん小学校だけではありません。中・高等学校教員養成課程でも、これまでは中・高等学校英語科教育法などの科目で、どのような内容を扱うかについてはそう細かくは言われてきませんでした。しかし (2) のようにコア・カリで扱う内容（「英語科の指導法」〈8単位程度〉、「英語科に関する専門的事項」〈20単位程度〉）が決められた今、当然この内容を理解し修得していることが、英語の教員になるために求められることになるからです。教員採

用試験にもこれに準じた内容が含まれることになります。

○コア・カリキュラムと教員研修

　実はコア・カリが重要なのは教員になろうとしている学生さんたちだけではありません。(3) と (4) はすでに現場に出ている先生方の研修についてのコア・カリです。これらにも (1)(2) と非常に近い内容が示されています。現場の先生方もコア・カリに沿ってしっかり研修を受け、指導力・英語力をつけることが求められるのです。

○『小・中学校で英語を教えるための必携テキスト』について

　このように重要なコア・カリですが、調べてみると思いの外コア・カリに準拠した書籍はほとんど見かけないというのが実情です。これは大変まずい状況です。そこで、教員養成大学で小学校、中・高等学校の英語教育法等を受け持つ有志が集まり、まずは小・中学校の教員を目指す学生さんたちにとって、また小・中学校の現場で外国語（活動）に関わる教員にとって「頼りになる本」を作ろうということで、2019年3月に出来上がったのが本書の元となった『小・中学校で英語を教えるための必携テキスト』です。

　そして、この改訂版では、2020・2021年度から小・中学校でそれぞれ使用されている新学習指導要領準拠の教科書に沿った形になっています。

　本書の一番の特長はコア・カリに完全準拠しているということです。新たに大学で設置された小学校外国語に関わる2科目3単位の教科書、中学校英語科教育法等の教科書としてぴったりで、コア・カリ対応表を参考に、授業を組み立てることもできます。また、小中連携を徹底的に意識していることも特長です。したがって、教員採用試験のための学習、指導力・英語力を上げるための自学自習、また現場の先生方が必要な情報を得るためにも必要不可欠な内容が鏤められた、まさに「頼りになる本」となっています。

　この本が大学教員養成課程で学ぶ皆さんにとって、現場で活躍されている先生方にとって、ひいては小・中学校で外国語活動や外国語の授業を受ける児童生徒にとって、少しでも役に立つ書となることを願ってやみません。どうぞいつも傍らに置いてやって下さい。

長崎大学大学院教授 中村典生

CONTENTS

第1部

小学校における英語教育
[1] 外国語の指導法

小学校における英語教育
[2] 英語科に関する専門的事項

第2部

中学校における英語教育
[1] 外国語の指導法

中学校における英語教育
[2] 英語科に関する専門的事項

本書に掲載されたQRコードの使い方

　本書の60、126、151、152、263ページには、学習や授業づくりに役立つ資料を掲載した東京書籍のWEBページや、その他のサイトにアクセスしやすいよう、QRコードを掲載しています。

　また、各章の最後にある Let's give it a try! の解答例（全章分）を紹介したWEBページにアクセスできるQRコードも19ページに掲載しています。

> https://www.tokyo-shoseki.co.jp/books/downloadpage/corecurriculum/

↑ここに移動できます！

　QRコードは、読み取り専用アプリはもちろんのこと、皆さんのスマホに入っている定番アプリで読み込むことができます。

　国産メーカーのAndroidであれば、QRコードリーダーが最初から搭載されている機種がほとんどです。

　また、iPhoneとiPadでは、2017年9月にリリースされたiOS11から、標準カメラにQRコードのスキャン機能が備わりました。

とってもカンタン！
カメラを起動して
撮影画面内にQRコードを
おさめるだけ！

　QRコードが
読み取られると、
画面上に読み取り結果が表示され、
これをタップするとWEBブラウザが
起動してWEBページが表示されます。

もし読み取りができない場合は？

　ホーム画面から、［設定］＞［カメラ］と進み、［QRコードをスキャン］をオンにすれば解決するはずです。

　他にも、TwitterやLINEも、3D Touchに対応しているiPhoneなら、ホーム画面でアイコンを強めに押せば、直接QRコードリーダーを起動できます。

　海外メーカーのAndroidの場合は、QRコードリーダーが搭載されていないことが多いのでQRコードリーダー専用のアプリをダウンロードすると良いでしょう。

外国語（英語）コア・カリキュラム対応表〈小学校〉

外国語の指導法【2単位程度を想定】

全体目標：	小学校における外国語活動（中学年）・外国語（高学年）の学習、指導、評価に関する基本的な知識や指導技術を身に付ける。

授業実践に必要な知識・理解

〈1〉 小学校外国語教育についての基本的な知識・理解

一般目標：	小学校外国語教育に係る背景知識や主教材、小・中・高等学校の外国語教育における小学校の役割、多様な指導環境について理解する。
到達目標：	1）小学校外国語教育の変遷、小学校の外国語活動や外国語科、中・高等学校の外国語科の目標、内容について理解している。 2）主教材の趣旨、構成、特徴について理解している。 3）小・中・高等学校の連携と小学校の役割について理解している。 4）様々な指導環境に柔軟に対応するため、児童や学校の多様性への対応について、基礎的な事柄を理解している。

〈2〉 子供の第二言語習得についての知識とその活用

一般目標：	児童期の第二言語習得の特徴について理解する。
到達目標：	1）言語使用を通して言語を習得することを理解し、指導に生かすことができる。 2）音声によるインプットの内容の類推から理解へと進むプロセスを経ることを理解し、指導に生かすことができる。 3）児童の発達段階を踏まえた音声によるインプットの在り方を理解し、指導に生かすことができる。 4）コミュニケーションの目的や場面、状況に応じて意味のあるやり取りを行う重要性を理解し、指導に生かすことができる。 5）受信から発信、音声から文字へと進むプロセスを理解し、指導に生かすことができる。 6）国語教育との連携等による言葉の面白さや豊かさへの気づきについて理解し、指導に生かすことができる。

授業実践

〈3〉 指導技術

一般目標：	実践に必要な基本的な指導技術を身に付ける。
到達目標：	1）児童の発話につながるよう、効果的に英語で語りかけることができる。 2）児童の英語での発話を引き出し、児童とのやり取りを進めることができる。 3）文字言語との出合わせ方、読む活動・書く活動への導き方について理解し、指導に生かすことができる。

〈4〉 授業づくり

一般目標：	実際の授業づくりに必要な知識・技術を身に付ける。
到達目標：	1）題材の選定、教材研究の仕方について理解し、適切に題材選定・教材研究ができる。 2）学習到達目標に基づいた指導計画（年間指導計画、単元計画、学習指導案、短時間学習等の授業時間の設定を含めたカリキュラム・マネジメント等）について理解し、学習指導案を立案することができる。 3）ALT等とのティーム・ティーチングによる指導の在り方について理解している。 4）ICT等の効果的な活用の仕方について理解し、指導に生かすことができる。 5）学習状況の評価（パフォーマンス評価や学習到達目標の活用を含む）について理解している。

〈外国語の指導法 コア・カリキュラムチェック表〉

外国語の指導法項目 / 到達目標	〈1〉				〈2〉						〈3〉			〈4〉				
	1)	2)	3)	4)	1)	2)	3)	4)	5)	6)	1)	2)	3)	1)	2)	3)	4)	5)
授業1回 / **1** (p.16)	◎																	
授業2回 / **2** (p.20)		○	○															
授業3回 / **3** (p.24)																○		
授業4回 / **4** (p.29)											○							
授業5回 / **5** (p.33)						○	○											
授業6回 / **6** (p.38)									○			○						
授業7回 / **7** (p.42)					○			○										
授業8回 / **8** (p.47)									○				○					
授業9回 / **9** (p.51)										○								
授業10回 / **10** (p.55)				○													○	
授業11回 / **11** (p.60)														○	○			
授業12回 / **12** (p.64)																		○
授業13回 / **13** (p.69)		○	○	○							○	○	○					
授業14回 / **14** (p.73)					○	○	○				○	○				○		
授業15回 / **15** (p.77)								○	○	○						○		○

◎ ←到達目標に係る授業を単独の授業回で行う場合
○ ←到達目標に係る授業を複数の授業回にわたって全体的に行う場合

外国語に関する専門的事項【1単位程度を想定】

全体目標:	小学校における外国語活動・外国語の授業実践に必要な実践的な英語運用力と英語に関する背景的な知識を身に付ける。

授業実践に必要な英語力と知識

〈1〉 授業実践に必要な英語力

一般目標:	小学校における外国語活動・外国語科の授業を担当するために必要な実践的な英語運用力を、授業場面を意識しながら身に付ける。
到達目標:	1）授業実践に必要な聞く力を身に付けている。 2）授業実践に必要な話す力［やり取り・発表］を身に付けている。 3）授業実践に必要な読む力を身に付けている。 4）授業実践に必要な書く力を身に付けている。

〈2〉 英語に関する背景的な知識

一般目標:	小・中学校の接続も踏まえながら、小学校における外国語活動・外国語科の授業を担当するために必要な背景的な知識を身に付ける。
到達目標:	1）英語に関する基本的な事柄（音声、語彙、文構造、文法、正書法等）について理解している。 2）第二言語習得に関する基本的な事柄について理解している。 3）児童文学（絵本、子供向けの歌や詩等）について理解している。 4）異文化理解に関する事柄について理解している。

〈外国語に関する専門的事項 コア・カリキュラムチェック表〉

外国語に関する専門的事項項目	〈1〉				〈2〉			
到達目標	1)	2)	3)	4)	1)	2)	3)	4)
授業1回 / 16 (p.84)	○							
授業2回 / 16 (p.84)	○							
授業3回 / 17 (p.91)		○						
授業4回 / 17 (p.91)		○						
授業5回 / 18 (p.97)			○					
授業6回 / 18 (p.97)			○					
授業7回 / 19 (p.103)				○				
授業8回 / 19 (p.103)				○				
授業9回 / 20 (p.110)					○			
授業10回 / 20 (p.110)					○			
授業11回 / 21 (p.117)						○		
授業12回 / 21 (p.117)						○		
授業13回 / 22 (p.121)							◎	
授業14回 / 23 (p.128)								○
授業15回 / 23 (p.128)								○

◎ ←到達目標に係る授業を単独の授業回で行う場合
○ ←到達目標に係る授業を複数の授業回にわたって全体的に行う場合

この外国語に関する専門的事項についての授業（1単位程度）は、大学によって設けられる時間数が必ずしも15時間相当ではないと考えられるが、上記コア・カリキュラムチェック表は15時間（半期1コマ）の授業を想定して作成しています。

外国語（英語）コア・カリキュラム対応表〈中学校〉

英語科の指導法【8単位程度を想定】

全体目標：	中学校及び高等学校における外国語（英語）の学習・指導に関する知識と授業指導及び学習評価の基礎を身に付ける。

授業実践に必要な知識・理解

〈1〉カリキュラム／シラバス

一般目標：	中学校及び高等学校の英語教育の基軸となる学習指導要領及び教科用図書（教科書）について理解するとともに、学習到達目標及び年間指導計画、単元計画、各時間の指導計画について理解する。また、小学校の外国語活動・外国語科の学習指導要領並びに教材、教科書について知るとともに、小・中・高等学校の連携の在り方について理解する。
到達目標：	1）中学校及び高等学校の外国語（英語）の学習指導要領について理解している。 2）中学校及び高等学校の外国語（英語）の教科書について理解している。 3）学習指導要領の「知識及び技能」、「思考力、判断力、表現力等」、「学びに向かう力、人間性等」の3つの資質・能力（以下、「3つの資質・能力」という）とともに、領域別の学習到達目標の設定、年間指導計画、単元計画、各授業時間の指導計画について理解している。 4）小学校の外国語活動・外国語科の学習指導要領や教科書等の教材、並びに小・中・高等学校を通した英語教育の在り方の基本について理解している。

〈2〉生徒の資質・能力を高める指導

一般目標：	中学校及び高等学校における3つの資質・能力を踏まえた「5つの領域」（「聞くこと」「読むこと」「話すこと［やり取り］」「話すこと［発表］」及び「書くこと」）の指導及び各領域を支える音声、文字、語彙・表現、文法の指導について基本的な知識と技能を身に付けるとともに、複数の領域を統合した言語活動の指導方法を身に付ける。また、教材やICTの活用方法を知るとともに、英語による授業展開やALT等とのティーム・ティーチングの方法について理解する。さらに、生徒の特性や習熟度に応じた指導について理解する。
到達目標：	1）聞くことの指導について理解し、授業指導に生かすことができる。 2）読むことの指導について理解し、授業指導に生かすことができる。 3）話すこと［やり取り・発表］の指導について理解し、授業指導に生かすことができる。 4）書くことの指導について理解し、授業指導に生かすことができる。 5）複数の領域を統合した言語活動の指導について理解し、授業指導に生かすことができる。 6）英語の音声的な特徴に関する指導について理解し、授業指導に生かすことができる。 7）文字の指導について理解し、授業指導に生かすことができる。 8）語彙、表現に関する指導について理解し、授業指導に生かすことができる。 9）文法に関する指導について理解し、授業指導に生かすことができる。 10）異文化理解に関する指導について理解し、授業指導に生かすことができる。 11）教材及びICTの活用について理解し、授業指導に生かすことができる。 12）英語でのインタラクションについて理解し、授業指導に生かすことができる。 13）ALT等とのティーム・ティーチングについて理解し、授業指導に生かすことができる。 14）生徒の特性・習熟度への対応について理解し、授業指導に生かすことができる。

〈3〉授業づくり

一般目標：	中学校及び高等学校の学習到達目標に基づく各学年や科目（高等学校）の年間指導計画・単元計画・各時間の指導計画及び授業の組み立て方について理解するとともに、学習指導案の作成方法を身に付ける。

到達目標:	1) 学習到達目標に基づく授業の組み立てについて理解し、授業指導に生かすことができる。 2) 学習指導案の作成について理解し、授業指導に生かすことができる。

〈4〉学習評価

一般目標:	中学校及び高等学校における年間を通した学習到達目標に基づく評価の在り方、観点別学習状況の評価に基づく各単元における評価規準の設定、さらに、評定への総括の仕方について理解する。また、言語能力の測定と評価の方法についても併せて理解する。特に、「話すこと［やり取り・発表］」及び「書くこと」については、「パフォーマンス評価」（生徒が実際に話したり書いたりする活動の過程や結果を評価する方法）について理解する。
到達目標:	1) 観点別学習状況の評価とそれに基づく評価規準の設定や評定への総括について理解し、指導に生かすことができる。 2) 言語能力の測定と評価（パフォーマンス評価等を含む）について理解し、指導に生かすことができる。

〈5〉第二言語習得

一般目標:	学習者が第二言語・外国語を習得するプロセスについて基礎的な内容を理解し、授業指導に生かすことができる。
到達目標:	1) 第二言語習得理論とその活用について理解し、授業指導に生かすことができる。

〈英語科の指導法 コア・カリキュラムチェック表〉

英語科の指導法項目	〈1〉				〈2〉														〈3〉		〈4〉		〈5〉
到達目標	1)	2)	3)	4)	1)	2)	3)	4)	5)	6)	7)	8)	9)	10)	11)	12)	13)	14)	1)	2)	1)	2)	1)
24 (p.134)	○	○	○																				
25 (p.139)			○	○																			
26 (p.143)																	○						
27 (p.148)					○		○									○							
28 (p.152)						○		○			○												
29 (p.158)									○														
30 (p.163)													○										
31 (p.168)														○									
32 (p.173)															○		○						
33 (p.178)																							○
34 (p.182)																					○		
35 (p.186)																					○	○	
36 (p.190)																			○	○			
37 (p.194)																			○	○			
38 (p.198)																			○	○			

上記コア・カリキュラム対応表は、小学校の対応表と形式を合わせている関係で、8単位分の目標を1つの表にまとめた形になっています。よって、到達目標に係る授業を単独の授業回で行う場合の◎表記はしておりません。

英語科に関する専門的事項【20単位程度を想定】

〈1〉英語学

全体目標：	中学校及び高等学校における外国語科の授業に資する英語学的知見を身に付ける。
到達目標：	1）英語の音声の仕組みについて理解している。 2）英語の文法について理解している。 3）英語の歴史的変遷及び国際共通語としての英語の実態について理解している。 4）英語学とその周辺領域における知見を教育に応用する方法について理解している。（独自追加項目）

〈2〉英語文学

全体目標：	英語で書かれた文学を学ぶ中で、英語による表現力への理解を深めるとともに、英語が使われている国や地域の文化について理解し、中学校及び高等学校における外国語科の授業に生かすことができる。
到達目標：	1）文学作品において使用されている様々な英語表現について理解している。 2）文学作品で描かれている、英語が使われている国や地域の文化について理解している。 3）英語で書かれた代表的な文学について理解している。

〈3〉英語コミュニケーション

全体目標：	中学校及び高等学校において、生徒の理解の程度に応じた英語で授業を行うための英語運用能力を身に付ける。英語運用能力としては CEFR B2 レベル以上を目標とする。また、生徒に対して理解可能な言語インプットを与え、生徒の理解を確かめながら英語でインタラクションを進めていく柔軟な調整能力を身に付ける。
到達目標：	1）様々なジャンルや話題の英語を聞いて、目的に応じて情報や考えなどを理解することができる。 2）様々なジャンルや話題の英語を読んで、目的に応じて情報や考えなどを理解することができる。 3）様々な話題について、目的や場面、状況等に応じて英語で話すこと[やり取り・発表]ができる。 4）様々な話題について、目的や場面、状況等に応じて英語で書くことができる。 5）複数の領域を統合した言語活動を遂行することができる。

〈4〉異文化理解

全体目標：	社会や世界との関わりの中で、他者とのコミュニケーションを行う力を育成する観点から、外国語やその背景にある文化の多様性及び異文化コミュニケーションの現状と課題について学ぶ。あわせて、英語が使われている国や地域の文化を通じて、英語による表現力への理解を深め、中学校及び高等学校における外国語科の授業に資する知見を身に付ける。
到達目標：	1）世界の文化の多様性や異文化コミュニケーションの現状と課題を理解している。 2）多様な文化的背景を持った人々との交流を通して、文化の多様性及び異文化交流の意義について体験的に理解している。 3）英語が使われている国や地域の歴史、社会、文化について基本的な内容を理解している。

〈英語科に関する専門的事項 コア・カリキュラムチェック表〉

英語科に関する専門的事項項目	(1)				(2)			(3)					(4)		
到達目標	1)	2)	3)	4)	1)	2)	3)	1)	2)	3)	4)	5)	1)	2)	3)
39 (p.204)				○											
40 (p.208)							○								
41 (p.213)								○							
42 (p.217)									○						
43 (p.221)										○					
44 (p.226)											○				
45 (p.231)	○														
46 (p.236)		○													
47 (p.240)		○													
48 (p.245)			○												
49 (p.250)					○	○	○								
50 (p.255)													○	○	○
51 (p.260)				○											
52 (p.265)				○											
53 (p.269)				○											

上記コア・カリキュラム対応表は、小学校の対応表と形式を合わせている関係で、20単位分の目標を1つの表にまとめた形になっています。よって、到達目標に係る授業を単独の授業回で行う場合の◎表記もしておりません。
また、特に英語学とその周辺分野の教育への応用が重要と考え、独自に(1)英語学に 4)の到達目標を追加しています。

第 1 部

小学校における英語教育

[1] 外国語の指導法

1 小学校学習指導要領（外国語活動と外国語科）

目標 小学校外国語教育の変遷、小学校の外国語活動・外国語と中・高等学校への連携・接続について理解している。

学びのキーワード □教科化 □言語活動 □新しい時代に必要となる資質・能力 □慣れ親しみと定着

〈1〉学習指導要領改訂のポイント

H. 29年度の学習指導要領の改訂では、社会構造や雇用環境が急速に変化する中、学習指導要領等が「学びの地図」としての役割を果たすことができるよう、以下のポイントが示されている。

(1) 「何ができるようになるか」（育成を目指す資質・能力）

(2) 「何を学ぶか」（教科等を学ぶ意義と、教科等間・学校段階間のつながりを踏まえた教育課程の編成）

(3) 「どのように学ぶか」（各教科等の指導計画の作成と実施、学習・指導の改善・充実）

(4) 「子供一人一人の発達をどのように支援するか」（子供の発達を踏まえた指導）

(5) 「何が身に付いたか」（学習評価の充実）

(6) 「実施するために何が必要か」（学習指導要領等の理念を実現するために必要な方策）

表1. 外国語活動・外国語の目標

外国語活動	外国語科
(1)外国語によるコミュニケーションにおける<u>見方・考え方</u>を働かせ、 (2)外国語による<u>聞くこと、話すこと</u>の言語活動を通して、 (3)コミュニケーションを図る<u>素地</u>となる資質・能力を次のとおり育成することを目指す。	(1)外国語によるコミュニケーションにおける<u>見方・考え方</u>を働かせ、 (2)外国語による<u>聞くこと、読むこと、話すこと、書くこと</u>の言語活動を通して、 (3)コミュニケーションを図る<u>基礎</u>となる資質・能力を次のとおり育成することを目指す。

1. 外国語活動・外国語の目標

　リード文と見方・考え方は表1の通りである(数字、改行、下線は著者による)。

　今回の改訂では、中学年3・4年生の外国語活動が開始され、高学年5・6年生では外国語が教科となることが示されている。目標のリード文は、すべての教科・領域で同じ横並びの構成となっていることも特徴である。

　16ページの表中(1)の「見方・考え方」は、外国語によるコミュニケーションの中、どのような視点で物事を捉え、どのような考え方で思考していくのかという、物事を捉える視点や考え方のことであり、中教審答申（2016年12月）では、以下のように示されている。

> 外国語で表現し伝え合うため、外国語やその背景にある文化を、社会や世界、他者との関わりに着目して捉え、コミュニケーションを行う目的や場面、状況等に応じて、情報を整理しながら考えなどを形成し、再構築すること。

　表中(2)においては、言語活動（互いの考えや気持ちなどを外国語で伝え合う活動）を通して、外国語活動では聞くこと・話すことの音声2技能が、外国語では聞くこと・話すことに加え、読むこと・書くことの文字2技能が扱われることがわかる。

　表中(3)では、外国語活動ではコミュニケーションを図る「素地」となる資質・能力を、外国語では「基礎」となる資質・能力を育むことがわかる。素地は広辞苑によると「さらに手を加えて仕上げるもととなるもの」とされており、学習指導要領では「慣れ親しみ」を目指す際に用いられる言葉である。一方、基礎は定着も視野に入れる場合に用いられる言葉である。

2. 資質・能力と主体的・対話的で深い学び

　学習指導要領改訂の方向性を示す全体像は、中教審答申（2016年12月）で示されている。

　次ページ上の図1の「何ができるようになるか」に示されているのが、新しい時代に必要となる資質・能力である。「生きて働く知識・技能」「未知の状況にも対応できる思考力・判断力・表現力等」「学びに向かう力・人間性等」がそれである。この3つの資質・能力に基づき、学習指導要領（H.29年度版）では次ページの表2のように目標が示されている。

　これら3つの資質・能力は独立したものではなく、互いに関連し合っている。

図1．学習指導要領改訂の方向性

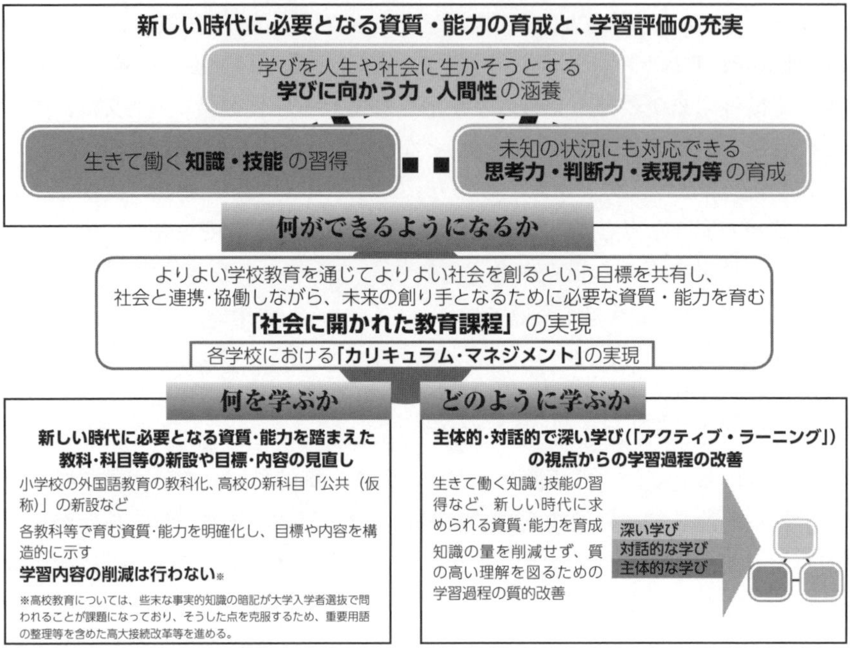

新しい時代に必要となる資質・能力の育成と、学習評価の充実

学びを人生や社会に生かそうとする
学びに向かう力・人間性の涵養

生きて働く**知識・技能**の習得 ■ ■ 未知の状況にも対応できる
思考力・判断力・表現力等の育成

何ができるようになるか

よりよい学校教育を通じてよりよい社会を創るという目標を共有し、
社会と連携・協働しながら、未来の創り手となるために必要な資質・能力を育む
「社会に開かれた教育課程」の実現

各学校における**「カリキュラム・マネジメント」**の実現

何を学ぶか

**新しい時代に必要となる資質・能力を踏まえた
教科・科目等の新設や目標・内容の見直し**

小学校の外国語教育の教科化、高校の新科目「公共（仮称）」の新設など

各教科等で育む資質・能力を明確化し、目標や内容を構造的に示す

学習内容の削減は行わない※

※高校教育については、従来は事実的知識の暗記が大学入学者選抜で問われることが課題になっており、そうした点を克服するため、重要用語の整理等を含めた高大接続改革等を進める。

どのように学ぶか

**主体的・対話的で深い学び（「アクティブ・ラーニング」）
の視点からの学習過程の改善**

生きて働く知識・技能の習得など、新しい時代に求められる資質・能力を育成

知識の量を削減せず、質の高い理解を図るための学習過程の質的改善

深い学び
対話的な学び
主体的な学び

表2．資質・能力における目標

	3〜4年外国語活動	5〜6年外国語科
知識及び技能	(1)外国語を通して、言語や文化について体験的に理解を深め、日本語と外国語との音声の違い等に気付くとともに、外国語の音声や基本的な表現に慣れ親しむようにする。	(1)外国語の音声や文字、語彙、表現、文構造、言語の働きなどについて、日本語と外国語との違いに気付き、これらの知識を理解するとともに、読むこと、書くことに慣れ親しみ、聞くこと、読むこと、話すこと、書くことによる実際のコミュニケーションにおいて活用できる基礎的な技能を身に付けるようにする。
思考力・判断力・表現力等	(2)身近で簡単な事柄について、外国語で聞いたり話したりして自分の考えや気持ちなどを伝え合う力の素地を養う。	(2)コミュニケーションを行う目的や場面、状況などに応じて、身近で簡単な事柄について、聞いたり話したりするとともに、音声で十分に慣れ親しんだ外国語の語彙や基本的な表現を推測しながら読んだり、語順を意識しながら書いたりして、自分の考えや気持ちなどを伝え合うことができる基礎的な力を養う。
学びに向かう力・人間性等	(3)外国語を通して、言語やその背景にある文化に対する理解を深め、相手に配慮しながら、主体的に外国語を用いてコミュニケーションを図ろうとする態度を養う。	(3)外国語の背景にある文化に対する理解を深め、他者に配慮しながら、主体的に外国語を用いてコミュニケーションを図ろうとする態度を養う。

また、以上の資質・能力の養成には、図1の右下部に示されている「主体的・対話的で深い学び」の実現が必要不可欠である。これは、以前の学習指導要領には明示されていなかった「どのように学ぶか」という視点である。つまり、子供自身が興味を持って積極的に取り組み、対話によって思考を広げ深め、子供たちが身に付けた力を活用・発揮しながら物事を捉え思考することを通じて、資質・能力を深めていく、学びのプロセス自体が重要となる。

3. 4技能と5領域

　学習指導要領（H. 29年度版）では、4技能のうち「話すこと」を「やり取り」「発表」に分け、5領域別に目標が示されている。これは、CEFR（Common European Framework of Reference for Languages: Learning, Teaching, Assessment、ヨーロッパ言語共通参照枠）に基づき、グローバルな視点から言葉の領域を捉え直し、即興性が重視される「やり取り」と、準備が必要な「発表」とを区別したものである。

〈2〉慣れ親しみと定着

　4技能（5領域）については、外国語活動と外国語科で慣れ親しみ、定着の目標が異なっている。中学校も含めた目標は以下のようになる。
　慣れ親しみは定着に準ずるもので、記憶の持続性が保証されてはいないが、その時間に行う活動に支障がない程度に使えるようになっており、次に出合った際にも「何となく知っている」状態を指す。一方、定着は記憶が保持され、目的・場面・状況に応じて臨機応変に使えるようになることを意味する。したがって、単にたくさんの語彙や表現を「覚えている」だけで、使うという視点が欠けていると、厳密には定着とは言えない。

| Let's give it a try! | ● 解答例はwebに掲載しています。QRコードから移動して見られます。(以下同) |

1. 学習指導要領に示されている「新しい時代に必要となる資質・能力」とは何かを示しなさい。
2. 小学校における外国語活動と外国語の違いについて示しなさい。
3. 定着とは何を意味するかを示しなさい。

解答例
（全章分掲載）

2 小・中・高等学校の接続と小学校の役割

目標 小・中・高等学校の連携と小学校の役割について理解している。

学びのキーワード □指導目標 □指導内容 □接続 □系統性

〈1〉目標の一貫性

　小・中・高等学校の指導目標は、「外国語を使って何ができるようになるのか（CAN-DO）」の観点から、「聞くこと」、「読むこと」、「話すこと［やり取り］」、「話すこと［発表］」、「書くこと」の5領域において、2、3項目ずつ書かれている。ここでは、「聞くこと」の目標を例として取り上げ、小・中・高等学校の段階で、どのようなことを指導すべきなのかを明確にする。これが、小・中・高等学校の接続における理解のはじめの一歩となる。

小学校外国語科の「聞くこと」の目標

㋐　ゆっくりはっきりと話されれば，自分のことや身近で簡単な事柄について、簡単な語句や基本的な表現を聞き取ることができるようにする。

㋑　ゆっくりはっきりと話されれば，日常生活に関する身近で簡単な事柄について，具体的な情報を聞き取ることができるようにする。

㋒　ゆっくりはっきりと話されれば，日常生活に関する身近で簡単な事柄について，短い話の概要を捉えることができるようにする。

中学校外国語科の「聞くこと」の目標

㋐　はっきりと話されれば，日常的な話題について，必要な情報を聞き取ることができるようにする。

㋑　はっきりと話されれば，日常的な話題について，話の概要を捉えることができるようにする。

㋒　はっきりと話されれば，社会的な話題について，短い説明の要点を捉えることができるようにする。

㋐ 日常的な話題について，話される速さや，使用される語句や文，情報量などにおいて，多くの支援を活用すれば，必要な情報を聞き取り，話し手の意図を把握することができるようにする。

㋑ 社会的な話題について，話される速さや，使用される語句や文，情報量などにおいて，多くの支援を活用すれば，必要な情報を聞き取り，概要や要点を目的に応じて捉えることができるようにする。

　まずは、聞く話題から比較する。小学校の話題は、「自分のこと」（例: 好きな色、食べ物、着ている服）、「身近で簡単な事柄」（例: よく知っている人や事柄）、「日常生活に関する身近で簡単な事柄」（例: 食べること、着ること、遊ぶこと等の出来事や習慣的なこと）である。中・高等学校の話題は、「日常的な話題」（例: 生徒にとって身近な学校生活や家庭生活）や「社会的な話題」（例: エネルギー問題や国際協力）である。このように、聞く話題が、小学校から中・高等学校へと進むにつれて、自分自身のことから、身近な事柄、日常的な話題、そして、社会的な話題へと広がっていくのがわかる。

　次に、聞く内容について見てみよう。小学校は、「簡単な語句や基本的な表現」、「具体的な情報」（例: 誕生日や時刻、値段）、「短い話の概要」である。中・高等学校は、「必要な情報」（例: 店や公共交通機関などで用いられる簡単なアナウンス）、「話の概要」、「短い説明の要点」である。高等学校は、対話や放送などを聞いて「話し手の意図」を把握することも加わる。このように、聞く内容が、小学校から中・高等学校へと高度化されているのがわかる。

　最後に、聞き取る言葉の様相についても見てみよう。小学校は、「ゆっくりはっきりと話された」英語である。中学校は、「はっきりと話された」英語である。高等学校は、中学校の「はっきり」という条件もなくなり、支援は提供されるものの、より自然な英語の音声である。このように、ゆっくりと明瞭な音声で聞く小学校段階、ある程度自然な速度に近い音声を聞き取る中学校段階、自然な音声を聞き取る高等学校段階と高度化されていく。

〈2〉指導内容の系統性

　学習指導要領（H.29年度版）では、「知識及び技能」、「思考力，判断力，表現力等」、「学びに向かう力，人間性等」を身に付ける言語活動を行うことが

重要とされている。「知識及び技能」の習得を例にとって考える。中学校の外国語科では小学校の外国語科で扱った語彙や表現などの学習内容を、高等学校の外国語科では中学校の外国語科で扱った語句や文構造・文法事項などの学習内容を、繰り返し扱うことが求められている。その際、「言語の使用場面」や「言語の働き」について配慮すること、とされている。

　「言語の使用場面」について、小・中・高等学校の外国語科では「身近な（生徒の）暮らしに関わる場面」（括弧は高等学校）や「特有の表現がよく使われる場面」を取り上げることになっている。「身近な（生徒の）暮らしに関わる場面」では、小・中・高等学校共通して「家庭での生活」、「学校での学習や活動」、「地域の行事（活動）」（括弧は高等学校）が挙げられている。高等学校ではそれらに加えて「職場での活動」が加わっている。

　また、以上のような2つの場面以外に、高等学校では「多様な手段を通して情報を得る場面」が付け加えられている。具体的には、「新聞、雑誌などを読む場面」、「テレビや映画、動画、ラジオなどを観たり、聞いたりする場面」、「情報通信ネットワークを活用する場面」等である。このように、学校段階が進むにつれて、言語の使用場面の幅が広がることがわかる。前学校段階で学んだ語句や表現も様々な場面で用いられることで、習熟が図られるのである。

　「特有の表現がよく使われる場面」として、小・中学校共通で、「自己紹介」、「買い物」、「食事」、「道案内」、「旅行」、「電話での対応」、「手紙や電子メールのやり取り」等が挙げられている。高等学校でも、「自己紹介」が削除されている以外、小・中学校と共通である。ここでは、「道案内」を例にとり、どのように語句や表現の幅が広がるのかを具体的に考えてみる。道案内でよく使われる表現である「まっすぐ行く」や「右に曲がる」は“go straight”や“turn right”であるが、小・中・高等学校の指導内容を系統的に考えれば、次のようになるであろう。

　小学校段階では、“go straight for two blocks”や“turn right”などの基本的な語彙や表現を扱うことが求められる。中学校段階では、“on this street”や“at the second corner”等を加えて、詳しく説明できるようにする（Go straight on this street. Turn right at the second corner.）。さらに、高等学校の段階では、「〜するまで（till 〜）」や、「〜しなさい、そうすれば……（命令文、and ......)」のような複雑な状況の表現まで扱う（Go straight till you get to the fourth traffic light. Turn right at the second corner, and you will see the subway station.）。

このような発展的な活動の中で、語句や表現の習熟も図られていくのである。

次に、「言語の働き」について、小・中・高等学校共通して、「コミュニケーションを円滑にする」、「気持ちを伝える」、「事実・情報を伝える」、「考えや意図を伝える」、「相手の行動を促す」の5つの項目が挙げられている。具体的に、「コミュニケーションを円滑にする」働きに着目して見てみよう。

小学校	：挨拶をする、呼びかける、相づちを打つ、聞き直す、繰り返す等
中学校	：話し掛ける、相づちを打つ、聞き直す、繰り返す等
高等学校	：相づちを打つ、聞き直す、繰り返す、言い換える、話題を発展させる、話題を変える等

大きな違いとして、各学校段階で指導する働きが異なることが挙げられる。「挨拶をする」、「呼びかける」働きは小学校段階において、「話し掛ける」働きは中学校段階において、「言い換える」、「話題を発展させる」、「話題を変える」働きは高等学校段階において、それぞれ指導する内容になっている。「相づちを打つ」「聞き直す」「繰り返す」は小・中・高等学校段階において共通している。しかし、指導内容に共通点はあるが、学校段階が変わるにつれ、複雑な表現を用いたり、同じ表現でも異なる場面において活用したりするように指導することが重要となる。例えば、「聞き直す」でも、小学校段階ではSorry?、中学校段階ではI'm sorry.、高等学校段階ではCould you speak a little bit louder?のように、徐々に複雑な表現を使うことが求められてくる。

このように小学校だけの目標や指導内容だけでなく、他校種の目標や指導内容を把握しておくことは、自分自身の校種でどのような指導をしたらよいのかを理解する際に役立つ。また、どのように次の校種に指導や目標を橋渡しすればよいのかについて理解する上での大きな助けとなる。

Let's give it a try!

1. 「読むこと」「話すこと [発表]」「書くこと」の中から1つを選び、小・中・高等学校の目標を比較しなさい。
2. 手紙や電子メールのやり取りの場面でよく使われる表現が、小・中・高等学校と進むにつれて、どのように広がるのかを考えなさい。

3 指導体制の充実（担任中心の授業と効果的なティーム・ティーチング）

目標 ALT等とのティーム・ティーチングのあり方について理解し、指導に生かすことができる。

◇◇

学びのキーワード □ティーム・ティーチング □ALT（外国語指導助手）
□HRT（学級担任） □JTE（日本人英語教師）

〈1〉ティーム・ティーチングとは?

ティーム・ティーチングは、複数の指導者がチームを組み、共同して授業を行う指導方法である。小学校学習指導要領（H. 29年度版）では、小学校英語授業の指導者として「学級担任の教師又は外国語を担当する教師」が指導計画を作成し、授業を主導する役割を担う、とされている。それに加え、「ネイティブ・スピーカー（Native Speaker）や英語が堪能な地域人材」などの協力を得て指導体制の充実を図り指導の工夫を行う、とされている。

「学級担任の教師」はホームルーム・ティーチャー（Homeroom Teacher）と呼ばれ、その頭文字をとって「HRT」と学習指導案などに表記されることが多い。また、「外国語を担当する教師」とは英語専科の日本人教員であり、「日本人英語教師」（Japanese Teacher of English）を表す英語の頭文字から「JTE」と呼ばれる。JTEは、中高の英語科教員免許を持つ小学校の教員であったり、英語指導の専門性を有する小学校教員（中核教員）であったり、小学校と中学校を兼務する英語科教員であったり、中高の英語科教員が免許法上の特例措置により小学校で英語の授業を指導する教員であるケースなどがある。

英語授業における「ネイティブ・スピーカーや英語が堪能な地域人材」は、「外国語指導助手」と呼ばれる。小学校英語教育における「外国語指導助手」には、様々なタイプがあり、指導助手の名称も、自治体や学校によって様々である。一般的には「外国語指導助手」（Assistant Language Teacher）を表す英語の頭文字から「ALT」と呼ばれることが多い。中高の英語教育では、いわゆる「英語のネイティブ・スピーカー」が「外国語指導助手」となることが多いが、小学校英語教育における「外国語指導助手」には、①英語を母語と

するネイティブ・スピーカー、②英語以外の言語を母語とする英語が堪能な外国人、③日本人で英語が堪能な人々、などが含まれる。自治体によっては、英語を母語とする、または英語が堪能な外国人指導助手（①②）を「ALT」と呼び、日本人指導助手（③）を「地域人材講師」や「英語指導支援員」などとし、①②と区別して呼んでいるところもある。

〈2〉ティーム・ティーチングのメリット

　ティーム・ティーチングによって複数の指導者が指導を行うことにより、多様な指導形態を用い、きめ細かい指導を展開することが可能となる。また、教材作成などを分担することで、教師一人当たりの仕事量を軽減することができる。さらに、コミュニケーションの基本となる言葉のやり取りのモデルを容易に示すことができ、児童のペア・ワークやグループ・ワークなど学習形態を多様化することが容易となる。評価においても、学習者の学習活動をきめ細かく、多様な観点・方法で観察・評価することが可能となる。

　上記の利点に加え、小学校英語授業をティーム・ティーチングで行う際には、HRT、JTE、ALT、地域人材講師、それぞれが持つ特性を十分生かすことにより、より持続可能なティーム・ティーチングの実施が期待できる。

　HRTは、小学校の教育課程全体における外国語・外国語活動の位置づけを見据えて、英語授業を実施することができる。また、HRTは、日頃から児童の発達段階や興味・関心、他教科の学習内容等を把握しており、児童との人間関係もできている。そのため、児童が取り組む題材や活動内容を適切に設定することができ、児童のよさや伸びを捉えて、価値づけることができる。このようなHRTの持つ特性に鑑み、指導計画の作成や授業の全体的なマネジメントは、HRTが中心となって進めることとされており、HRTが小学校英語指導の中心となることがわかる。

　授業における英語を用いた具体的な活動の場面では、JTEやALT、地域人材講師など英語が堪能な指導者が加わることにより、英語を積極的に使用する雰囲気がつくり出され、学習者が英語を用いてコミュニケーションを図る場面を効果的に設けることができるようになる。また、JTEや地域人材講師は、ALTの英語をさらにわかりやすい他の英語表現を使って児童に伝えたり、ALTとHRTの意思の疎通の手助けを行ったり、いわばALTとHRT、児童の間の橋渡しを行う役割を果たすことも可能である。それにより、

HRTが授業を効果的に進行していくことができ、充実した英語授業を創造することができるようになる。

　特に、HRTとALTとのティーム・ティーチングを行う場合は、ア）英語使用の雰囲気づくりに加え、英語使用の必然性を教室内につくり出すことができる、イ）ALTの発音をモデルとした活動が可能となり、児童の実態に即した音声指導が行える、ウ）ALTの持つ文化的背景を生かした活動が可能となり、児童が直接異文化に触れることができる、エ）ALTが持つ言語情報により、児童が必要とする表現や言葉などを場面に応じて即座に提供することができる、など、多様なコミュニケーション活動を可能とするメリットが考えられる。

〈3〉ティーム・ティーチングの実際

　ここでは、6年生で「好きなスポーツ」についてのSmall Talk（スモール・トーク）を行った例を紹介する。HRTとALTとの英語のやり取りがモデルとなり、これまで慣れ親しんだ英語表現を用いて子供たちを徐々に巻き込んで会話が進行していく様子がわかる。

HRT : Hello! ○○-sensei！ What is your favorite sports?

ALT : My favorite sports? Hmm …… I like basketball.

HRT : Oh, you like basketball! What's your favorite team?

ALT : Uh……. I like the Chicago Bulls. It's an American team in Chicago. Do you know the team?

HRT : The Chicago Bulls?（児童に向かって）Do you know the Chicago Bulls?

児童　: No.（口々に）

ALT : （がっかりしつつ）OK. What sport do you like, △△-sensei?

HRT : I like soccer.

ALT : Soccer! Really? Can you play soccer?

HRT : No. I can't play soccer but I like watching it.

ALT : OK. What team do you like?

HRT : I like FC○△（地元チームの名前）. Do you know FC○△?

児童　: Yes!

ALT : Are they good?

HRT ：Uh....... They're OKay.

児童 ：（笑う）

HRT ：（児童に向かって）Now, how about you? What sport do you like? Anyone?

児童1：（挙手をした児童が指名され）I like badminton.

HRT ：Oh, badminton! Can you play badminton?

児童1：Yes.

HRT ：That's nice!

ALT ：Anyone else?

児童2：I like volleyball.

ALT ：Volleyball! Can you play volleyball?

児童2：Yes !

ALT ：That's great!

児童2：But I'm ......（ジェスチャーで「ダメ、ダメ！」）.

ALT ：You mean you're not a good player?

児童 ：（うなずいて）I'm not a good player.

ALT ：I think you're good at it!　（さらにやり取りが続く）

　ネイティブ・スピーカーであるALTの存在により、英語によるやり取りを行う必然性が生まれ、HRTとALTの会話のモデルを楽しんで聞いたり、児童がやり取りの内容に入り込み、反応したり表現しようとしている様子がわかる。また、児童が言いたい内容を英語で表現できないときには、ALTが会話の流れから児童の意を酌んで、児童が必要とする語や表現などを場面に応じて即座に提供し、児童が新たな表現を自然に取り入れて使用している様子が見られる。

　HRTは、ALTの発話を聞く児童の様子を見て、児童の英語の理解に不安があると思われるときに、HRTが意図的にその発話を繰り返したり、ALTに発話を繰り返してもらうよう促したり、あるいは、ALTに内容を確認する発言をしたり、児童に確認をしたりするなど、「児童の英語理解のモニター役」を担うこともその役割の一つである。これらの働きかけは、ALTのインプットをできるだけ多く児童にとって理解可能なものにするために重要である。

　評価においては、ティーム・ティーチングで複数の指導者により児童の活

動の観察を行うことで、多様な観点でよりきめ細かな評価を行うことができるようになる。例えば、HRT は、継続的に児童を指導していることから、児童のコミュニケーションを図ろうとする態度の変化や英語に慣れ親しむ進歩の度合いに重点を置いて評価でき、他者とコミュニケーションを図る活動の中から、児童の新たな良さを見つけて評価することもできる。また、JTE や ALT、地域人材講師は、英語を聞いたり話したりする技能的な面や英語を用いてコミュニケーションを図ろうとする積極性に重点を置いて評価を補助することができる。児童自身が英語使用についてネイティブ・スピーカーである ALT から褒められれば大きな自信となり、意欲の向上にもつながる。

〈4〉まとめ

　小学校英語教育におけるティーム・ティーチングは、英語使用のモデルを示したり、実際に英語を用いたコミュニケーション活動を行ったり、異文化に直接触れる機会を提供できるなどの効果が期待できる指導方法であり、今後も英語指導において有効な指導手段であると言える。

　しかし、その教育効果を最大限に上げるためには、複数の指導者間で授業のねらいや活動の内容、それぞれの指導者の役割、評価のタイミングや観点、方法などについて十分に共通理解を図る必要がある。HRT と JTE、ALT、地域人材講師が、それぞれの授業ごとに十分な時間を取り、共同で授業準備を進め、さらには、授業後の振り返りを行うことが理想的な姿と言える。しかし、学校現場では、HRT や JTE の校務が多忙であることに加え、ALT や地域人材講師の勤務時間が授業時間のみに限られている場合も多くあり、十分な授業準備が行いにくい現状があることも理解しておく必要がある。

Let's give it a try!
- -

1. 英語授業をティーム・ティーチングで行う指導者それぞれの特性を示しなさい。
2. 「外国語の背景にある文化に対する理解を深める」指導を行う際、ティーム・ティーチングで行う場合と学級担任の教師が単独で行う場合では、どのような違いが考えられるか、授業の準備、内容、評価のそれぞれの場面について述べなさい。
3. ティーム・ティーチングの準備を効率的に行う工夫を考え、示しなさい。

4 小学校教員に求められる英語力

目標 小学校教員にとって「ほぐす英語力」も重要である理由を理解し、児童に「思考・判断」を促す活動を作ることができる

学びのキーワード □積み上げられた英語力　□ほぐす英語力　□方略的能力　□思考力・判断力・表現力

〈1〉コア・カリキュラムに示された英語力

　本書の書名にもあるコア・カリキュラムに、小学校教員に必要な英語力が示されている。小学校教員養成課程外国語（英語）コア・カリキュラム構造図で示されている「外国語に関する専門的事項 」の全体目標を見ると、「小学校における外国語活動・外国語科の<u>授業実践に必要</u>な実践的な英語運用力と英語に関する背景的な知識を身に付ける。」となっている（下線は筆者による）。この下線の「授業実践に必要」という文言が重要である。あくまでも小学校教員に必要な英語力とは、例えば海外旅行のための英会話ではなく、難しい文を読むための語彙力や文法力でもない。外国語活動・外国語の授業を行うために必要な英語力であることがわかる。

〈2〉積み上げられた英語力

　私たちが英語を学習してきた道のりを振り返ってみると、いわゆる「英語力」を高めるために様々な学習を積み上げてきたことに気づく。例えば語彙力を高め、文法力を高め，短時間により多くの英文を処理できるようにし、ネイティブ・スピーカーのような正確な発音ができるようになるなど、「易しいものからより難しいものへ」「より正確なものへ」と英語力を積み上げてきたのである。

　どの程度英語力が高まり、積み上げられかを測る目安の一つとして、民間の検定試験等が考えられる。実際、小学校教員採用試験においても、実用英語技能検定（英検）やTOEICなどで一定の積み上げられた英語力が認められ

た受験者に対して、加点などの優遇措置を取る都道府県、政令市が多く存在する。

　以上から、小学校教員に必要な英語力として考えられるものに、「積み上げられた英語力」が該当することがわかる（図1参照）。

図1.

〈3〉ほぐす英語力

　「授業実践に必要な英語力」が小学校教員に求められる英語力であるとすれば、「積み上げられた英語力」だけが必要な英語力というわけではない。

　例えば、「先生は昨日、水族館に行ったんだよ。」と児童に伝えようとしたとしよう。aquariumは小学校で扱うことがある語ではあるが、初出であれば児童になじみのある語とは言いがたい。"I went to the aquarium yesterday." と言っても、児童には「先生今何て言った？ アク何とかって言ったような……」などと、通じないこともあり得る。

　問題は、児童に伝わる英語を使う必要があるということである。実際、"I saw many fish yesterday, octopuses, sharks, and dolphins." と言えば、児童は「あ、水族館行ったのかな」と連想できるし、その後に続けて"I went to the aquarium yesterday." と言えばaquarium が何を意味するかも類推できるだろう。

　この「児童に伝わるようにする英語力」は、先に挙げた「積み上げられた英語力」とはむしろ逆で、難しい英語を児童にわかる簡単な英語に「ほぐす英語力」である。

図2.

　児童にも同様の例がある。小学校5年生の児童が、やはり「昨日水族館に行った」と言おうとして、aquarium（水族館）という語が出てこず、思わず"I went to … water zoo!" と発したところ、みんなに伝わったという。"water zoo"という言葉は英語には存在しないが、児童が今ある知識を駆使して相手に伝えようとした好例である。英語初学者である児童の「手持ち」は限ら

れている。知っているから伝えられる、知らないから伝えられない、といった二者択一ではなく、知らなくても何とかして伝えようとする意識を持つことが重要である。

　以上のように、初学者である児童の指導を学習者モデルとなって児童とともに学びながら行う小学校教員にとっては、「積み上げられた英語力」だけではなく「ほぐす英語力」も重要であることがわかる（図2参照）。

〈4〉「ほぐす英語力」と方略的能力

　英語を「ほぐす」方法は様々ある。例えば、先に述べたように難しい言葉を簡単な言葉に「言い換える」こと、ジェスチャーなどの「非言語的な要素を用いる」こと、しっかり相手に伝わるように大事なことを「繰り返し伝える」こと、相手が理解できているかどうかを随時「確認する」ことなど、挙げれば切りがないが、これらの「ほぐす」方法はコミュニケーション能力の中の「方略的能力 (strategic competence)」と呼ばれるものに相当する。

　松川・大城（共編著）(2008: 48) の中で大城は、日本の外国語教育の流れの中で、小学校段階から方略的能力を学ぶことが重要であるとし、次の図3.コミュニケーション能力養成の視点から見た逆ピラミッドを提案している。

図3. コミュニケーション能力養成の視点から見た逆ピラミッド

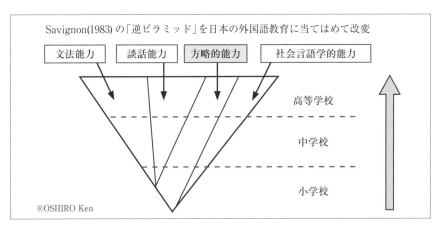

　図3では、小学校段階から中学校、高校段階に至るまで、方略的能力養成の「幅」は全く変っていないが、小学校段階では相対的にこの方略的能力の

養成が極めて大きなウエイトを占めていることがわかる。言葉の資源がそろっていない初学者である小学生にとっては、うまく伝えられないことがたびたび生じることが想像できる。その際、この方略的能力は大きな助けとなるのである。

〈5〉思考力・判断力・表現力の育成と方略的能力

コミュニケーション方略は相手に伝わらないとき、よりわかりやすく伝えようとするときなどに、「何とかしようとして」使うものである。つまり、方略を用いようとするときには「思考」が生じている。

現在、言語活動を行う際、問題となるのがこの「思考」の問題である。目的や場面・状況が上手に設定されていても、結局練習を重ね過ぎて覚え込ませたものを言うだけになってしまっては思考や判断は生じない。むしろ、即興的にその場で何かを伝えなければならないときや、つまずきが生じたときにこそ「何とかしようとして」方略が発動し、思考や判断が生じるのである。

以上を考えると、思考力・判断力・表現力という資質・能力を育成するためには、活動の中で方略的能力使用を促す工夫が必要となることがわかる。加えて、教員も授業実践の中で様々な方略を用いて、学習者のモデルとして英語をほぐして見せることも重要である。

〈6〉「ほぐす」力をつけるには

例えば3ヒント・クイズでライオンを当てさせる問題を作ってみよう。主語はIt などを使うと動詞に三単現のsがつく問題点が出

1st hint:　I am an animal.
2nd hint:　I like meat.
3rd hint:　I am the king of animals.

てくるので、自分が答えになり切ってIを主語とするとよい。

ここではlion という語使ってはいけないので、lion は使わずにlion であることを説明しようとしている。実はこれは先に例として示した、aquariumと言わずに水族館を説明しようとしたことと同じである。

このように、「ほぐす英語力」は児童にどのように伝えるかをいつも考えていると思いの外簡単に身につく。小学校教員は日本語でも例えば6年生と1年生への語りかけ方を変え「ほぐして」いるので、それを英語でやるだけ

である。むしろ「ほぐす」思考には慣れている面もある。小学校教員の中で急激に授業実践のための英語力が増す方がいるのはそのせいかも知れない。

　最後に、小学校では難易度が高い英語は扱わず、正確性を強く求め過ぎることもしないが、教員としてはやはり「正しい」英語を児童に提示できるようにしたい。したがって「ほぐす英語力」に加え、もう一方の「積み上げられた英語力」も重要であることを敢えて付記しておく（この点については、本書**16**から**20**（pp. 84-116）なども参照されたい）。

Let's give it a try! --

1．「ほぐす英語力」も小学校教員にとっては重要である理由を書きなさい。
2．児童に思考・判断を促す「自己紹介」の活動を提案しなさい。
3．キリン（giraffe）を当てさせる3ヒント・クイズをつくりなさい。

5 音声によるインプットのあり方

目標 音声によるインプットの内容の類推から理解へと進むプロセスや児童の発達段階に応じた音声インプットのあり方を理解し、指導に生かすことができる。

学びのキーワード □インプット □アウトプット □気付き □理解
□第二言語習得

〈1〉インプットの重要性

　インプットは第二言語習得の起点となる。目や耳を通して入ってくる言語情報（音、語彙、文構造など）に「気付く（注意を向ける）」ことから始まり、その（音声・文字）形式や意味、使い方（場面・状況）に関する理解が促進される。この理解されたインプットが、「内在化（学習者の中間言語システムへの取り込み）(intake)」、「統合化（運用の自動化、長期記憶化）」されることで、アウトプットが可能となる（図1）。外国語活動や外国語科の授業では音声によるインプットが主体となり、「聞く」活動や口頭練習などを通して使用する語句や表現に十分に慣れ親しんだ後で、「やり取り」や「発表」を伴うコミュニケーション活動（アウトプット）へと進むことが不可欠である。インプットが不十分では「理解されたインプット」の量が減ってしまう。その結果、「話すこと」などの活動で活用できる語句や表現も不足し、コミュニケーション活動を通じた学びの深まり（獲得した知識の有意味な使用と創造）（石井，2015）を制限してしまうことになりかねない。

　一方で、インプットは大量に与えれば良いというわけではなく、その質について、以下の4つの条件を考慮することが重要である（村野井，2006）。

①理解可能性
　「i + 1」（現在のレベルより少し上のレベル）のインプットが言語習得の促進には不可欠であるとするKrashen（1985）のインプット仮説に基づく。未習の言語項目が含まれていても文脈や視覚補助などの手がかりによって全体の意味が捉えられるような、理解可能なインプットを指す。

図1. 第二言語習得のプロセス*

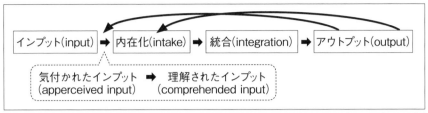

* Gass(1997, P. 3)をもとに作成

②関連性

児童が自身の生活、興味・関心、将来の目標等との関連性や学ぶ意義を感じられるインプットである。

③真正性

提供されるインプットが語学学習を意図したものではなく、現実のコミュニケーションにおける言語使用を目的とした真正な（authentic）インプットである。

④音と文字のインプット

文字が掲載された絵カードや、音声がついた絵本など、音声インプットと文字インプットの両方がバランス良く取り入れられている。

上記の4つの条件を満たすインプットを豊富に且つ継続的に提供していくことが、インプット、アウトプット、インタラクションが連結し学びが深化する鍵となる。つまり、音声によるインプット活動は、第二言語習得と学びの深まり双方の起点としての役割を担う重要なプロセスである。

〈2〉教材や語彙表現の導入—インプットに「気付く」段階—

指導者が、その時間の学習事項（題材や語彙表現、文法項目など）を口頭で提示・導入する活動を「オーラル・イントロダクション」、あるいは（質問を投げかけながら相互交流的に行う）「オーラル・インタラクション」という。既習語彙や表現を用いて行うことにより、児童は、場面設定や全体的な意味内容を推測・類推しながら英語を聞き、題材に関する概念と音声インプットの内容を結び付ける（もしくは、結び付けようとする）ことができる。この

際に、言語情報に限らず、絵カードや写真、デジタル教材の動画コンテンツなどの視覚補助を活用すると、題材への予備知識・背景的知識の活性化や、興味・関心の高揚を図りやすい。

　例えば、語彙表現の導入について、指導者はALTとのやり取りや、絵カードや写真、ジェスチャー等を活用し、"I can play tennis, but I can't play rugby.", "I can play the piano, but I can't play the violin." など、スポーツや楽器など複数のカテゴリーに分けて口頭で導入する。児童は指導者の英語を聞き、「できること（can）やできないこと（can't）について自己紹介しているようだ」、「playの後にスポーツや楽器の名前が用いられている」、「楽器の前にはtheがついている」などと考え、内容の推測や、視覚補助による文構造への気付きを促すことができる。

　加えて、兄妹や友人、他学年の先生など男女を含む身近な題材を用いて、'He', 'She'の導入も行うことができる。資料1のように男女で分け、それぞれの人物カードにcanとcan'tの内容を両方（口頭＋文字付き絵カード等で）提示することで、児童に「can/can't以外にも違いがあるようだ」という気付きが生まれ、He/Sheへの注意を喚起できる。

資料1. He/She can/can't の導入例

| 😊 | He can play the drums. | She can draw well. | He can do *karate*. |
| 😟 | He can't play the trumpet well. | She can't run fast. | He can't play basketball well. |

　オーラル・イントロダクションを行う際は、児童が興味を持って聞き、自力でおおよその内容を類推できるよう、指導者が説明しすぎる（＝児童が思考する場面が少ない）状況は避けるべきである。推測しながら聞く活動は、児童が、設定されたコミュニケーションの目的、場面、状況等を理解し、自分の気持ちや意見などを発信するまでの見通しを持つことにつながる。

　「英語を聞いてわかる」体験を積むことは、自信や意欲の向上にもつながる。

そのため、具体的な場面設定の下で英語を聞かせ、児童の知的関心・好奇心を引きつけながら理解を促す工夫が必要である。オーラル・イントロダクションは基本的に英語で行われるが、児童の実態（英語の習熟度や個人差など）や題材の複雑さに応じて英語と日本語の使用量を適宜調整し、ALTとの対話やデジタル教材等を活用しながら多感覚的に実践されることが望ましい。

〈3〉理解を促す活動—インプットが「わかる」段階—

　教材や語彙表現の提示・導入段階で気付いたインプットが理解されるためには、そのインプットの形（form）、意味（meaning）、使用（use）の3点の結びつきを促す指導が必要である（図2）。3人称の表現（He / She can/can't...）に気付く（出会う）段階（資料1）から「理解」へと進む過程で行う活動として、キーセンテンス・ゲームや、ポインティング・ゲームなどが挙げられる。既習の語句（'cook', 'play the piano' など）のみでなく、新出表現のHe/She can/can'tの音声を識別し、それぞれの意味を正しく理解できるよう、同じ動作をしている男の子と女の子の絵カードを何セットか用意して提示するとよい（資料2）。

図2. インプット理解を促す3つの視点

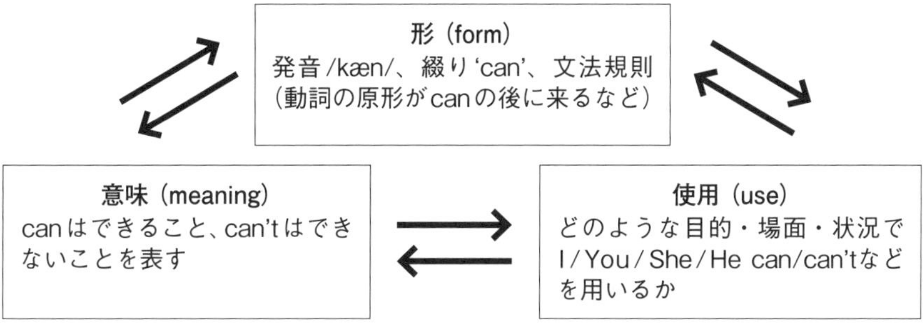

形（form）
発音 /kæn/、綴り 'can'、文法規則
（動詞の原形がcanの後に来るなど）

意味（meaning）
canはできること、can'tはできないことを表す

使用（use）
どのような目的・場面・状況で
I / You / She / He can/can'tなど
を用いるか

※ Larsen-Freeman（2001）と阿野(2015) を参考に筆者が作図。

　さらに理解を深める活動として、家族や友人のできることやできないことについて考え、表現する活動が考えられる。例えば、2人の会話の内容を報告する第三者の映像を参考に、インタビューする人（先生、家族、友達など）を決め、その人のできることやできないことをイラストや絵カード等を用いて予測するという活動が考えられる。

「気付き」に続く「理解」の段階で、児童自身との関連性を引き出す場面設定を行うことにより、'He/She can/can't...' を用いる目的や状況を具体的にイメージしながら、その言語形式と意味を結びつけることができる。この後、予測した内容をもとに、班で協力してインタビューを行う活動や、その内容を他の班やクラス全体で報告するなどのアウトプットを行うことで、気付かれたインプットの理解や内在化が一層促進される（**6**参照）。

単元を通した学びの深まりを実現するためには、アウトプットを急いではいけない。

資料2. 絵カード例

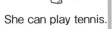
She can play tennis.

He can play tennis.

He can't run fast.

She can't run fast.

指導者は、第二言語習得の起点であるインプットの多面性、重要性を理解し、インプットの量と質の双方の適切さを考え、各プロセス（図1）を連結させる指導を行うことが重要である。

| Let's give it a try! |
---

1. 中学年と高学年の単元を１つずつ選び、音声インプットの内容への「気付き」と「理解」を促す活動をそれぞれ考えなさい。
2. 〈1〉インプットの重要性で述べた4つの条件を用いて、1で提供するインプットの質についてまとめなさい。

6 音声によるアウトプットのあり方

目標 受信から発信、音声から文字へと進むプロセスを理解して指導に生かし、児童の英語での発話を引き出しながら円滑にやり取りを進めることができる。

学びのキーワード □インテイク □アウトプット □文字 □受容・発信語彙

〈1〉 インプットからアウトプットへ

外国語学習は、大きく音声言語（「聞くこと」「話すこと」）の学習と文字言語（「読むこと」「書くこと」）の学習の２つに分かれる。幼児期の外国語学習は前者に分類され、音声によるインプットが主体となる。他者とのやり取りの中で自分の思いや考えを互いに伝え合ったり確認し合ったりしながら意思疎通を図る中で、外国語の音声や語句、表現等に慣れ親しみ、言葉のしくみ（語彙、文構造、言語の働きなど）についての気付きが醸成される（Cameron, 2003）。

その後、児童の認知的な能力の発達に応じて、文字言語を加えたより総合的・系統的な学習へと移行していく。これは教室における外国語学習の特徴とも合致する。中学年の外国語活動（必修領域）において音声面を中心に外国語に慣れ親しみながらコミュニケーションを図る情意的・技能的素地を養成し、高学年の外国語（教科）学習に接続する。教科学習では「読むこと」「書くこと」への慣れ親しみを加え、実際のコミュニケーションにおいて活用できる技能（５領域）の基礎を身に付けることが目指される。

領域・教科学習で共通していることは、外国語やその背景にある文化についての理解を深めるとともに、相互理解の心や他者への配慮をもって主体的にコミュニケーションを図ろうとする態度の育成が目指されることである。そのためには、新たに学んだことと既習の知識・経験を関連付けることや、設定されたコミュニケーションの目的や場面、状況等に応じた自己表現の在り方について見通しを立てる、情報を収集・精査するなどの、「知識・技能」と「思考・表現・判断力等」の有機的な結びつきを促す学習過程が設定される必要がある。しかし、これらの学習活動を含むコミュニケーション活動を

１時間の授業で実現することは極めて難しい。「主体的・対話的で深い学び」が生まれるコミュニケーション活動を実現させるためには、単元を通した学習の中で、十分に語句や表現に触れる機会がつくられ、インプット（気付き、理解）からインテイク（内在化）、統合が促され、そしてアウトプット（産出）へと段階的に進められることが重要である（**5**参照）。

〈2〉受容語彙と発信語彙の育成

　十分なインプットがアウトプットに先行されるもう１つの意義は、語彙力の育成、とりわけ、「発信語彙（話して表現できる語彙）」数を増やすことである。児童たちは小学校第３・４学年の２年間で約70単位時間、第５・６学年の２年間で約140単位時間の計210単位時間外国語に触れ、約600〜700語程度の語を学ぶことになる。この語数は受容語彙（聞いて意味が理解できる語彙）と発信語彙から構成されるが、後者の数の方が少なく、使用する際の難易度もより高い。中学年では受容語彙レベルにとどめることがあっても、高学年では学習内容に応じて発信語彙レベルが求められることに留意しなければならない。

　アルファベットを扱う単元『Let's Try! 1』Unit 6（外国語活動）、『NEW HORIZON Elementary ⑤』Unit 1（外国語）を例に考えてみよう。前者では自分の姓名の頭文字を伝え合う活動が、後者では自己紹介をする活動、が単元最終の活動として設定できる（表１）。両者共に、相手意識をもって（相手が聞きたいことや相手にわかりやすく伝える工夫などについての考えを深めて）アウトプットを行うことが求められる。

表1. 外国語活動及び外国語の授業における活動例

単元	最終ゴール	主な活動例		
Let's Try! 1 Unit 6	第4時 自分の姓名の頭文字を伝え合う。	第1時 ○教師の姓名の話を聞く。【Let's Watch and Think】【Let's Sing】ABC Song ○ポインティング・ゲーム	第2〜3時 ○キー・アルファベットゲーム【Let's Play】○【Let's Chants】What do you want?	
NEW HORIZON Elementary 5 Unit 1	第7・8時 自己紹介をし合う。	第1時 ○Small Talk : What's your name? ○歌 Say hello! ○【Let's Chants】How do you spell your name? 【Starting Out】, 【Watch and Think】	第2〜3時 ○歌 Say hello! ○Small Talk : What sport do you like? ○語彙学習（メトロラーニング、ポインティングゲームなど 【Let's Listen①,②】【Let's Try ①】	第4〜6時 ○Small Talk : What subject do you like? 【Let's Try②】○名刺交換をしながら、自己紹介をし合おう。

※主な活動（【 】, ○）、【 】＝誌面化されている活動, 各教材の指導書をもとに作成。

その一方、外国語活動と外国語科におけるアウトプット活動には発達段階に応じた質的な違いもある。1つ挙げるとすれば、高学年の外国語科では、「伝えようとする内容を整理した上で」自分の考えや気持ちなどを伝え合うことが求められる（小学校学習指導要領〈H. 29年度版〉第10節外国語2 内容〔思考力、判断力、表現力等〕参照）。つまり、慣れ親しんだ語句や表現を用いて自分に関連する情報（好きな食べ物、スポーツなど）を羅列するだけでなく、伝える相手やその目的や場面状況等に応じて紹介する事柄を選定したりその順序を考えたりすることが必要となる。この点に留意し、思考・判断しながら知識・技能を高める受信や発信活動を、単元最終の活動と関連付けながら繰り返し行い、単元最終の活動で用いる受信・発信語彙力の育成を促す指導を行うことが大切である。

　発信語彙力の育成に効果的な活動の1つにSmall Talkが挙げられる。高学年の教材に設定されているSmall Talkは、主に児童同士が興味・関心のある身近な話題についてやり取りをする言語活動である。2時間に1回程度、帯活動（単元を貫く短時間活動）として実施し、主に、①既習表現を繰り返し使用できるようにしてその定着を図ること、②対話の続け方を指導すること、の2つを目的とする。

　5年生では、指導者の話（1人ないしはALTとのTTによる）を聞き、指導者と児童によるやり取りが中心となり、6年生では、児童同士でペアになって行う形態が中心となる（表2）（『小学校外国語活動・外国語研修ガイドブック』実習編）。継続的なやり取りは難易度が高いため、「対話を続けるための基本的な表現例」（『小学校外国語活動・外国語研修ガイドブック』実習編）や、指導者独自で作成した（既習の言語材料を収載した）表現集／ワークシートを活用するなどして、児童が使用語彙を想起できる指導・手立てを行うことが重要である。また、Small Talkは各回の授業で単発的に行うのではなく、単元の題材と関連した話題を設定し（表2）、単元の終末で使用する語彙の定着を図る活動となるようにする。

表2. Small Talk の例

5年生 (教師―児童型)	6年生 (児童―児童型)
T: The New Year holiday. My birthday is January 2nd. It's during Oshogatsu. When is your birthday? January? February? March? When is your birthday, Ken? S1: 5月19日 T: I see. May 19th... (続く)	S1: What country do you want to go to? S2: I want to go to Italy. S1: You want to go to Italy? That sounds nice. Why?... (続く)

〈3〉伝え合う必然性のあるアウトプット活動

　学びの定着を促す上で、単元で学んだ語彙や表現をいかに正確に使えるかではなく、それらを用いて目的を達成することに主眼を置くアウトプット活動を設定することが大切である。目的意識を持つことで、互いに相手のことを意欲的に聞き、相手に伝わるように表現する必然性が生まれる。ここでいう「必然性」のある場面とは、外国語圏を再現したような非日常的な場面ではなく、児童たちの日常生活と密接に関連し、思考する必然性がある場面を指す。身近な事柄を英語で表現できる体験を重ねることで自信が芽生え、主体的に学びに向かう態度が涵養されることが期待できる。

　『NEW HORIZON Elementary ⑥』Unit 8「My Future, My Dream」を例に考えてみよう。本単元では、中学校生活や将来について考え、夢を発表することを目標に設定することができる。その達成に向けたゴールの活動で、「発表を聞いて、一緒に部活動を見学する友達を見つけよう」というサブ目的を設定すると、相手の話を聞く必然性が生まれる。話し手と聞き手の両方の立場で取り組むことにより、自分の特技や好きなスポーツとその理由を伝えられる喜びや、友達との共通点、新たな発見などを体得する機会となる。このほかに、「自分が見学する部活動のほかにどの部活動が人気か調べよう」という目的を加え、自分が選択した部活動以外についても目的意識を持って聞くように促すことができる。また、話し手の児童の意欲や達成感を高めるために、一言感想（'That's nice!'）や、確かめ（One more time, please.）、質問（'How about you?' 'Why?'）などの表現の使用を促すなど、Small Talk の指導内容と関連付けることにも留意したい。

　「書くこと」によるアウトプットにおいても目的意識を持った取り組みは重要である。例えば、先述した6年生 Unit 8 では単元終末に、夢宣言カードを用いてスピーチを行う活動を設定することができる。夢宣言カードには、相手にわかりやすく伝えるために自分の夢について書くことが意図されている。漠然と繰り返し書くのではなく、（単元終末の）コミュニケーション活動に向け児童が必要性を感じながら取り組める活動にすることが大切である。

Let's give it a try! -

1. Small Talk を行う上での指導上の工夫について考えなさい。
2. 単元を通じて「話すこと」と「書くこと」の活動がどのように位置付けられているか、教材や学習指導案例をもとに調べてまとめなさい。

7 言語使用を通した言語習得（言語活動の充実〜目的・場面・状況を踏まえて）

目標 ・言語使用を通して言語を習得することを理解し、指導に生かすことができる。

・コミュニケーションの目的や場面、状況に応じて意味のあるやり取りを行う重要性を理解し、指導に生かすことができる。

学びのキーワード □言語活動　□コミュニケーションの目的・場面・状況

〈1〉生きて働くコミュニケーション能力の獲得

　スポーツや楽器演奏などの技能を上達させようとする場合を考えてみると、実際にそのスポーツを行うことや楽器を演奏することなしにその技能の習得は成し得ないことは明らかである。同様に、言語を使用することなしに言語習得を目指すことができないのは自明のことである。

　しかしながら、外国語の学習においては、語彙や文法の知識を身につけることのみによって習得を目指したり、定型表現の暗記や文型練習のドリルの繰り返しのみによりコミュニケーションを図る資質・能力を獲得させようとしたりする実践が見られることがあった。これらはあたかも、野球のルールを理解することや打撃や守備の方法についての説明のみにより、実際の技能が身につくと考えているかのようなものである。素振りや守備練習を重ねるだけでは実際の試合で活躍することはできないように、外国語の習得においても、言語材料などについての知識を得て機械的な練習を重ねるだけでは、実際に生きて働く力としての「コミュニケーションを図る資質や能力」を身につけることはできないことは容易に想像できる。

〈2〉言語活動を通した資質・能力の獲得

　英語教育における小中学校共通した目標として「コミュニケーションを図る資質・能力」を育成することが学習指導要領（H. 29年度版）に示されている。学習者の発達段階や英語への熟達度を考慮し、小学校中学年では、その「素

地となる資質・能力」、小学校高学年では「基礎となる資質・能力」、中学校では「コミュニケーションを図る資質・能力」そのものを育成するとされている。これらの資質・能力は「語彙や文法等の個別の知識がどれだけ身についたか」という視点ではなく、実際のコミュニケーションで言語を活用する中で身につけていくような指導の在り方が求められている。同学習指導要領では、これらの資質・能力を「言語活動を通して」育成するものとしている。

　英語科に限らず、すべての教科において言語は学習活動の基盤であるとされ、言語活動を発達段階に応じて充実させることの重要性が指摘されている（文部科学省，2012）。各教科の「言語活動」では、次のような活動を行うとされている。

①知的活動（論理や思考）に関すること
ア　事実等を正確に理解し、他者に的確にわかりやすく伝えること
イ　事実等を解釈し説明するとともに、互いの考えを伝え合うことで、自分の考えや集団の考えを発展させること
②コミュニケーションや感性・情緒に関すること
ア　互いの存在について理解を深め、尊重していくこと
イ　感じたことを言葉にしたり、それらの言葉を交流したりすること（文部科学省（2012）『言語活動の充実に関する指導事例集〜思考力、判断力、表現力の育成に向けて』より）

　このように、全教科において言語活動の充実が図られる中で、英語科の学習指導要領においても、言語活動が「実際に英語を使用して互いの考えや気持ちを伝え合うなど」の活動とまとめられている。

　学習指導要領（H.29年度版）では、「言語活動」を「実際に英語を使用して互いの考えや気持ちを伝え合うなど」の活動であると説明した上で、「言語材料について理解したり練習したりするための指導」と区別している。改訂前では、これら両方の活動が「言語活動」という範疇で捉えられていた。今回の改訂でこれらをはっきりと区別することで、言語を実際に使用することにより言語の習得を目指すという考え方をより鮮明にさせたものである。

〈3〉外国語における言語活動の捉え方

例えば、教師と児童による次の2つの英語のやり取りを比較してみよう。

＜例①＞

T: I like baseball very much. What sports do you like?

S: ….（質問が理解できない模様で無言）

T: What sports? Baseball, football, tennis or swimming?
   What sports do you like?（ゆっくりと）

S: Soccer.

T: <u>Good!</u> But sentence please!

S: I like soccer.

T: <u>Perfect!</u>

＜例②＞

T: I like baseball very much. Do you like any sports?

S: Baseball!

T: Oh, you like baseball too. <u>Good!</u> What team do you like?

S: I like the Dragons.

T: <u>Perfect!</u> I like the Dragons too, and I have a picture of the players!
   Here it is.

S: Wow!

例①の下線部で、教師は"Good!" "Perfect!"と発話している。この発話の意味は、教師の英語の質問を児童が理解し英語で返答できたこと、また、単語による応答ではなく、文で答えられたことを賞賛したり評価したりする言葉である。一方で、例②の二重下線部の"Good!"は、好きなスポーツが同一でありうれしい気持ちや野球についてやり取りを発展させられるわくわく感などの気持ちを表している。また、"Perfect!"では、好きなチームが共通であることに対する喜びや共感を表すとともに、持ち合わせている選手の写真を見せるという行動につなげることができる期待感を表す言葉となっている。

英語の授業において、例①②のようなやり取りは、どちらもしばしば行われるものである。しかし、例①における教師の発話"Good!" "Perfect!"と例②のそれとでは、それぞれの発話の目的が異なるものであることがわかる。

例①の教師の発話は、児童が用いた英語表現の形式に注目したものであるのに対し、例②では、児童が伝えようとする意味内容に注目したものである。英語学習における「実際の英語の使用」とは、例②にあるように、話し手と聞き手が共に意味に注目してやり取りが行われるものである。例②では、両者がやり取りを通して同一のチームのファンであることを発見し、その認識に基づいて、ファンとしての一体感を強めるため写真を見せるという行為を起こす判断をしている。言葉の使用により伝え合った内容が、互いの理解を深め新たな考えを構築したり、新たな会話の展開につながったりしている。

　このように、言葉を使用する目的・場面・状況などを踏まえて「実際の使用」を行うことが大切であり、指導者はそのような指導観を持ち指導にあたる必要がある。

〈4〉「目的や場面、状況」などを踏まえた言語活動の設定

　外国語における言語活動では、意味のやり取りが行われ、伝え合った内容に基づいて新たな考えや行動が生まれることが重要であると述べた。また、意味のやり取りが行われるには、通常、言葉をやり取りする目的があり、話し手は発話をするときの場面や状況を考慮して言葉を発している。

　"What is your plan for the weekend?" という質問を発した場合を考えてみよう。相手の週末の予定を尋ねている質問であるが、なぜこの質問を発したかという「目的」が通常存在する。単に相手の予定に興味があり、情報提供を求める場合もあり得るが、特定の意図を持って発話をすることも多い。例えば、話し手は週末のイベントに相手を誘いたいという意図があり、相手の都合がつくようであれば一緒に参加しようと提案する目的での発話であるとも考えられる。また、相手がスポーツチームに所属して毎週末練習に参加していることを知っていて、今週末はどこで練習をするのか、公式試合があるのかなど、相手のスポーツチームの話題であることを前提にした会話であるとも考えられる。

　このように、言語の使用にはそれぞれの目的があり、目的達成のために場面や状況を踏まえ、話す内容や使用する表現などを適切に選択しコミュニケーションが行われる。そこで、教室内で行われる言語活動でも、発話の目的、言葉が使用される場面や状況を、児童が十分理解した上で行うことが大切である。そのために、指導者は活動の場面作りを工夫し、何を目的に言葉のや

り取りを行うのか、児童と共通理解を図る必要がある。

　例えば、高学年では次のような場面作りがなされている。"When is your birthday? / What do you want foy your birthday?"などの表現を用いた活動で（『NEW HORIZON Elementary ①』Unit 2）、単に相手の好みや欲しいものを尋ねる活動として行うのではなく、手に入れた情報を生かして「友達へのバースデーカードを作成する」という活動を終末に設定している。そうすることにより、相手が喜ぶカード作りを行うために情報を得るという、言葉のやり取りを行う目的が明確にされた活動となりうる。

　また、曜日や教科の名前を用いた言語活動として「夢の時間割」を作り紹介する活動がある（『NEW HORIZON Elementary ①』Unit 3）。ここでは、単に時間割表を用いて各曜日に教科を当てはめていくという作業を行うのではなく、自分の将来の夢につながる科目や就きたい職業に関連する科目を意図的に選ばせるなど、教科の選択に意味を持たせることができる。

　さらに、「Let's go to Italy」（『NEW HORIZON Elementary ②』Unit 3）では、行ってみたい国や地域をその理由を含めてグループで紹介する題材となっている。終末の活動では、「旅行代理店役」と「客役」に分かれ、「代理店役」の児童は、お勧めの旅行プランが「客役」の児童の興味を引くように、内容や発表の仕方を工夫する必要がある場面の設定がなされている。

　これらに加え、高学年では、既習表現を繰り返し使用したり、対話の続け方など指導したりする「Small Talk」を行うこととされている。「Small Talk」などを様々な話題で継続的に実施することで、児童が自らやり取りの目的・場面・状況を考えながら英語を使用する機会を充実させることが重要である。

Let's give it a try! ---

1. 学習指導要領（H. 29年度版）「言語活動」と、「言語材料について理解したり練習したりするための指導」との違いについて具体例を挙げてまとめなさい。
2. 授業参観や映像による授業視聴で、どのような「言語活動」が見られるか観察し、例を挙げなさい。
3. 小学校高学年に焦点をあて、単元を選んで目的・場面・状況などを踏まえた言語活動の具体的な内容を考えなさい。

8 文字言語との出会わせ方、読む活動・書く活動への導き方

目標 文字言語との出会わせ方、読む活動・書く活動への導き方について理解し、指導に生かすことができる。

◇◇

学びのキーワード □文字の名称の読み方 □文字が持っている音（おん）

〈1〉文字を読む指導

　読むことの最も基本的なスキルは、文字を識別することである。文字を識別することに関して、学習指導要領（H. 29年度版）のなかでは、外国語活動の聞くことの目標に「ウ　文字の読み方が発音されるのを聞いた際に、どの文字であるかが分かるようにする。」や、外国語科の読むことの目標に「ア　活字体で書かれた文字を認識し、その読み方を発音することができるようにする。」と設定されている。具体的な言語活動として、外国語活動では「(ウ) 文字の読み方が発音されるのを聞いて、活字体で書かれた文字と結びつける活動」、外国語科では「(ア) 活字体で書かれた文字を見て、どの文字であるかやその文字が大文字であるか小文字であるかを識別する活動。」が挙げられている。したがって、外国語活動と外国語科の目標は、Bという文字は/bi:/、Cという文字は/si:/という文字の名称の読み方が分かることである。大文字は『Let's Try! 1』のUnit 6「ALPHABET」で、小文字は『Let's Try! 2』のUnit 6「Alphabet」でそれぞれ導入されている。外国語活動では、様々な活動を通して、文字の読み方の音声に慣れ親しませることを主としている。

　例えば、ポインティング・ゲームやおはじき・ゲームなどがよく使われている。ポインティング・ゲームとは、指導者が大文字の読み方（例: /bi/、/si:/）を発音し、児童が該当する文字（例: B、C）を指さすというゲームである。おはじき・ゲームとは、例えば、小文字の上におはじきをおいて、指導者が発音する小文字のおはじきを取るというゲームである。

　外国語科の読むことの目標には、上述に加え、「(イ) 音声で十分に慣れ親しんだ簡単な語句や基本的な表現の意味がわかるようにする。」が設定されている。この(イ)だけは文末が「わかるようにする。」と慣れ親しみの目標に

なっていることにも注意したい。具体的な言語活動としては、「(エ)音声で十分に慣れ親しんだ簡単な語句や基本的な表現を絵本などの中から識別する活動」が挙げられている。したがって、外国語科では、Bという文字は/b/、Cという文字は/s/という音があるように、文字が持っている音(おん)がわかる指導をすることが求められている。『NEW HORIZON Elementary⑤・⑥』の「Sounds and Letters」では、各単元で扱う単語を中心に、音声と文字の関係を学習する。例えば、『NEW HORIZON Elementary⑤』のp.95では、5つの単語を聞いて、始まりの音が同じ絵を探すというものがある。/bˈəːd/(bird)、/bˈæt/(bat)、/gərílə/(gorilla)、/bˈʌʈəflàɪ/(butterfly)、/hˈɔəs/(horse)の中から、bは/b/、gは/g/、hは/h/という音(おん)を持っていることを学習する(スペリングは提示されない)。

　また、『NEW HORIZON Elementary⑤・⑥』のデジタル教材の「ジングル」も活用したい。それは、/ei/(Aa)、/a/、/a/、/ænt/(ant)、/biː/(Bb)、/b/、/b/、/béər/(bear)……とリズムよく聞かせたり、言わせたりする活動である。

　このように、外国語科では、文字の音を適切に発音できるようにするために、デジタル教材等を活用するのが効果的である。ただし、発音と綴りの関係(いわゆるフォニックス)については、中学校の外国語科で指導することなので、小学校ではあまり踏み込んで指導しすぎないようにしたい。

〈2〉書く活動

　外国語科の書くことの目標は、「ア　大文字、小文字を活字体で書くことができるようにする。また、語順を意識しながら音声で十分に慣れ親しんだ簡単な語句や基本的な表現を書き写すことができるようにする」と「イ　自分のことや身近で簡単な事柄について、例文を参考に、音声で十分に慣れ親しんだ簡単な語句や基本的な表現を用いて書くことができるようにする」である。具体的な言語活動は、「(ア)文字の読み方が発音されるのを聞いて、活字体の大文字、小文字を書く活動」や「(イ)相手に伝えるなどの目的をもって、身近で簡単な事柄について、音声で十分に慣れ親しんだ簡単な語句を書き写す活動」、「(ウ)相手に伝えるなどの目的をもって、語と語の区切りに注意して、身近で簡単な事柄について、音声で十分に慣れ親しんだ基本的な表現を書き写す活動」、「(エ)相手に伝えるなどの目的をもって、名前や年齢、

趣味、好き嫌いなど、自分に関する簡単な事柄について、音声で十分に慣れ親しんだ簡単な語句や基本的な表現を用いた「例の中から」言葉を選んで書く活動」である。これは「例の中から」とあることから、「選んで書き写す」活動と言い換えてもよい。

言語活動の（ア）では、『NEW HORIZON Elementary⑤・⑥』の「Sounds and Letters」等を活用して、児童が大文字や小文字をなぞったり、大文字と小文字を並べて書いたり、指導者が言った文字を書いたり、共通する最初の文字（例：f）を書いたり（資料1参照）、アルファベット順に全部書いたりなど様々な活動が考えられる。日本語と英語の文字体系が大きく異なるので、文字をなぞったり、書き写したり、四線上に書いたりすることから、徐々に慣れさせていくとよい。

資料1

言語活動の（イ）と（ウ）に関しては、児童が、他の児童に伝える目的で、行きたい国に関する簡単な語句（例：Canada）や、夏休みの思い出に関する基本的な表現（例：I went to~. I enjoyed~. I ate ~. It was~.）を書き写したりすることである。基本的には文字と同様に、音声に慣れ親しんだ語句や基本的な表現を、なぞったり書き写したりすることから徐々に慣れさせていくとよい。また、相手に伝えるなどの意識を持たせ、児童自身に書き写した語句や基本的な表現を選ばせることも重要である。

言語活動の（エ）の「書く」は、（イ）や（ウ）の「書き写す」とは異なり、指導者などが書いた例文（例：I want to join the badminton team. I want to enjoy the music festival. I want to study English hard.）を参考に、下線部を自分の入りたい部活ややりたいことに変えて、文全体を書く活動が考えられる。音声で十分に慣れ親しんだ簡単な語句や基本的な表現を選択させること、相手に伝えるために書くという目的意識を持たせることが重要である。

〈3〉語句や表現を読む指導

文字を読む指導の後は、語句や表現を読む指導へと移行していくことになる。外国語科の読むことの目標では、「イ　音声で十分に慣れ親しんだ簡単な語句や基本的な表現の意味が分かるようにする。」と設定されている。具体的な言語活動としては、「（ウ）日常生活に関する身近で簡単な事柄を内容

とする掲示やパンフレットを見ながら、自分が必要とする情報を得る活動」や「(エ) 音声で十分に慣れ親しんだ簡単な語句や基本的な表現を、絵本などの中から識別する活動」が挙げられている。

　言語活動の (ウ) は、例えば、行きたい国で有名な場所や食べ物などの情報が書かれているパンフレットを作成し、お互いのパンフレットを読み合うような活動が考えられる (『NEW HORIZON Elementary ⑥』のUnit 3「Let's go to Italy」参照)。ここでいうパンフレットとは、絵や写真等の視覚材料が添えられていて、かつ、簡単な語句や表現が短く書かれているものを指している。また、生き物がどこで暮らし、何を食べているかなどに関するミニポスターを作り、お互いのミニポスターを読み合うような活動もよいだろう (『NEW HORIZON Elementary ⑥』Unit 5「We all live on the Earth」参照)。このような活動に取り組む際に重要なことは、読ませる文 (例：Sea turtles live in the sea.) や表現 (例：You can eat pizza.) について章声を通して十分に慣れ親しんでいることや、書き写す活動などを通して、その読み方と意味を推測できることである。

　言語活動の (エ) は、『NEW HORIZON Elementary ⑤・⑥』であれば、まず、各学年に用意されているStory Timeのように、絵本の読み聞かせに関する活動が考えられる。Story Timeでは、短文を読んで大意を把握させたい。例えば、5年生のStory Timeであれば、「A Bundle of Sticks」(小枝の束) で、Can you break one stick? Yes, we can. Can you break a bundle of sticks? No, we can't. Work together. Be like a bundle of sticks. という文を読ませて、仲良くすること、あるいは協力することの大切さ、などの主な内容を捉える活動である。

　また、音声で十分に慣れ親しんだ簡単な語句や基本的な表現で書かれた文をイラストを参考にして読んで、その意味を捉えるのも言語活動 (エ) に含まれる。例えば、小学校生活の思い出アルバムを作成し、互いのアルバムを読んで、相手の思い出が何なのかを理解したり、考えや気持ちなどを推測したりすることが考えられるだろう (『NEW HORIZON Elementary ⑥』Unit 7「My Best Memory」参照)。そのためにも、四線上に書き写す活動をしていることや、読み方を推測して発音できることも必要である。

Let's give it a try!
----

1. 英語の活字体に慣れ親しむゲームを考え、デモンストレーションをしなさい。
2. 相手に伝える目的で書くという活動の具体例を考えなさい。

9 国語教育など他教科との連携等による ことばの面白さや豊かさへの気づき

目標 国語教育や他教科との連携による、言葉の面白さや豊かさへの気づきについて理解し、指導に生かすことができる。

◇◇

学びのキーワード □他教科との連携　□接頭辞・語根・接尾辞　□学びの重層化

〈1〉国語との連携

　国語(Japanese)では、例えば、小学校国語科4年生の教科書には「いつ・どこで・だれが・なにを・どうした」の5つの文の要素を盛り込んで、情報を読み取ったり、相手に伝えたりすることが提示されている。一方、英語では、5W1H(Who, What, Where, When, Why, How)の要素を盛り込むことがジャーナリズムの文章などで実践されている。母語である国語の力は、当然同じく言語である英語の力とも密接な関係がある。

　学習指導要領(H.29年度版)の中学年国語2内容(3)ウには、「漢字が、へんとつくりなどから構成されていることについて理解すること。」とあり、部首に着目して漢字を指導していく。漢字を部首に分けるように、英単語も、主として3つの構成要素に分けることができる。漢字も英単語も、部分に分けて意味を推測したり、覚えるヒントにしたりすることができる。例えば、deodorant(消・防臭剤)は、以下のように分けて考えられる。

接頭辞	語根	接尾辞
de	odor	ant
否定(down)	におい(smell)	〜する(させる)もの(人)

　英単語のcard(カード)が、フランス語ア・ラ・カルトの「カルト」、独語の「カルテ」、ポルトガル語の「カルタ」と同じであること、英語のport(港)も、フランス語ではport「ポール」、イタリア語でporto「ポルト」と、他言語でも似た響きの単語があり、地域の施設名などに使われていることに気づくこともあるだろう。

〈2〉算数・社会科との連携

　算数科（arithmetic, math(ematics)）で、聞き覚えのある語を提示し、以下に示すような数字を表す接頭辞に気づかせることができる。例えば、tri- は、「三」を表す。英語の tricolor（三色の）は /tráikʌlər/ フランス語では tricolor（トリコロール）、イタリア語では tricolore（トリコローレ）となる。

数字	接頭辞	単語例
1	uni-, mono-	unicycle, monocycle（一輪車）, unison（斉唱）, uniform（制服）, monotone（単調）
2	bi-, di-	bicycle（自転車）, bilingual（二言語を話す）, dilemma（板ばさみ）, carbon dioxide（二酸化炭素）
3	tri-	triple（三倍の）, tricycle（三輪車）, trilingual（三言語を話す）, tricolor（三色の）, triangle（トライアングル）

　さらに、現在の英語の月名には、以下の表の接頭辞を含んでいる。

　March から始まっていた古代ローマ暦から移行する際、7番目～10番目の月は、2カ月ずつ後ろにずれ、現在の英語の月名になった。

数字	接頭辞	現在の英語の月名	他の単語例等
7	septem-	September（9月）	seven と似ている。
8	octo-	October（10月）	octopus（タコ、pus=足）, octagon（八角形）, octave（オクターブ）
9	novem-	November（11月）	nine と似ている。
10	decem-	December（12月）	deciliter（dl、deci=1/10）

演算	英語による四則演算	数式
加算	Two plus one is (equals) three.	$2 + 1 = 3$
減算	Three minus two is (equals) one.	$3 - 2 = 1$
乗算	Two times three is (equals) six.	$2 \times 3 = 6$
除算	Six divided by three is (equals) two.	$6 \div 3 = 2$

　日本語特有の数字の読みとリズムが生かされ、小学生の九九の定着率は非常に高いとされている。英語では、語呂合わせ等の助けを使わないことが多く、四則演算を一般に上記のように表現する。

　社会科（social studies）においては、例えば県名 three- or four-hint quizzes を作る活動が考えられる。初級段階では、三人称単数の主語にすると、動詞

の活用が難しくなるので、擬人法により、ある県の立場になってIを主語としてクイズを出す。クイズを作る以前に、have, like, catch, make などの動詞が使える指導をしておくことが望ましい。また、児童がクイズを考える場合、概して級友に簡単に正解されたくない心理が働くことがあるため、あまり難しいクイズにならないよう配慮が必要である。以下、具体例である。県の形を最初はマスキングして隠し、少しずつ見せながらヒントを出していくことも考えられる。

"How many prefectures (todofuken) are there in Japan? Forty-seven? That's right. I am one of them."（日本に都道府県はいくつあるでしょう？ 47？ その通り。私はそのうちの1つです。）

"I have a lot of snow in winter."（冬にはたくさん雪が降ります。）

"I catch a lot of fish."（私はたくさん魚をとります。）

"I grow a lot of garlic/apples."（私はたくさんニンニク/リンゴを作ります。）

"That's right. I'm Aomori Prefecture."（正解。私は青森県です。）

〈3〉その他の教科との連携 —理科、図工、体育、家庭科等—

　理科においては、例えばメダカの成長過程、月の満ち欠けの並べ替えなどが考えられる。ここで用いる教室英語は、以下がある。

"Which comes first/next?"（どれが最初に/次に来るでしょう？）

　"Really?"（本当に？）"Are you sure?"（間違いないですか？）

　図画・工作（arts and crafts）においては、工作を指示する教室英語として、色紙などで作る形状や工作道具、工作の過程を表現する動詞等、下部の表の語彙の提示が考えられる

　体育（physical education, PE）においては、例えば陸上競技の国際大会などで耳にする "Ready, set, go!" などを題材で取り上げることが可能である。

形状	工作道具	工作過程の動詞
circle（円）, oval（だ円） triangle（三角形） square（正方形） rectangle（長方形） pentagon（五角形） cube（立方体）, cone（円錐）, pyramid（角錐）	a pair of scissors （一対のはさみ） glue（のり） ruler（定規） stapler （ホッチキス）	fold the paper （その紙を折る） cut ～ in half （～を二つに切る） color ～ in red （～を赤色にぬる）

また、全身反応法（total physical response, TPR, 米山, 2011）の観点から、例えばエアロビクスなどで、次のような英語の指示が考えられる。
"Stomp your feet." (足踏みして。) "Rotate your shoulders." (肩を回して。)
"Lift your knees up." (ひざを上げて。) "Twist your hips." (腰をひねって。)
"Breathe deeply." (深く息をして。) (矢野, 2007)
　家庭科（home economics）においては、栄養素ごとに、食材を色別のグループに分ける活動が考えられる。また、農林水産省は、主食、主菜、副菜、牛乳・乳製品、果物に分類している（www.maff.go.jp/j/balance_guide/）。
　以下、実際に公立小学校で実践された活動例を紹介する。

教科	活動	英語表現
社会科	世界遺産ラリー：ビジターと各世界遺産のガイドに分かれ、ミッションである数字を聞き出し、国内世界遺産を巡る。	"How tall/high/is this?" (高さはどのくらいですか？) "It's 14.87 m tall." (14.87 m です。) 「How＋形容詞」で、その様子を尋ねる。
理科	自分だけのbiotope（ビオトープ）作り：shop clerk（店員）とやり取りし、購入したものをビオトープ台紙に貼り付けていく。 単語：rock(岩)、log(丸太)、beetle（カブトムシ）、stag beetle（クワガタムシ）、mantis（カマキリ）	"Logs, please." (丸太をください。) "How many (logs do you want)?" (何本ですか？) "Two, please." (2本ください。) "Here you are." (はい、どうぞ。) "How much (are they)?" (おいくらですか？) "Four dollars, please." (4ドルです。) "Here you are." (はい、どうぞ。) "Here's your change." (おつりです。)
社会科＋家庭科	主菜・副菜・デザートについて、紹介者から情報を聞きだし、一品ずつ選び、自分のお気に入り献立を作る。	"This is tuna sashimi. It's so fresh and delicious." (これはマグロの刺身です。とても新鮮でおいしいですよ。) "Where is it from?" (産地はどこですか？) "It's from Shizuoka." (静岡産です)

　小学校教員が各自の専門教科からアイデアを出し、共有していきたい。さらに、日本語で学んだ内容を、英語で復習し、「学びの重層化」を目指したい。

Let's give it a try! -

1. 小学校で学ばれる教科に題材を求め、外国語活動・外国（英）語科の授業のアイデアを出し合いなさい。
2. 歴史上の人物になりきり、クイズ形式で自己紹介しなさい。

10 児童や学校の多様性への対応とICTの活用

目標 児童や学校の多様性への対応についての基礎的な事柄やICT等の効果的な活用法について理解し、指導に生かすことができる。

◇◇

学びのキーワード □個人差　□心理的・認知的要因　□多様性　□ICT　□特別支援

〈1〉 第二言語習得における学習者要因

　同じ環境で第二言語を学びながら進捗や到達度に大きな個人差が表れるのには、多様な要因が関係している。その根底をなすといっても過言ではないのが、動機である。学習スタイル（典型的な学習方法）や学習ストラテジー（目的や状況に応じて学習者によって意識的に選択される行為、またはその特性）、言語適性（新たな知識やスキルを習得する潜在能力）などの心理的・認知的要因が外国語学習で生かされるためには、児童自ら外国語を理解したい、学びたいという動機をもっていることが前提となる（Dörnyei, 2005）。

　第二言語学習における動機付けは、外発的動機（親や先生から褒められたいなど報酬を得ることを目的とする欲求）と内発的動機（学習・理解すること自体を目的とする欲求）に区別されることがあるが（Deci & Ryan, 1985）、教室においては後者の高まりがより重視される。内発的動機が高い児童は、他者とコミュニケーションを図る意思が強く（八島, 2004）、外国語を用いた受信・発信を繰り返す中で自信や有能感を高めていく。

　動機や自信が高まることで、音声インプットを受ける際の児童の情意フィルター（「不安」、「自信喪失」など、言語入力を制限する心理的な障壁）が低下し、外国語の習得が促されやすくなる（Krashen, 1984；**5**参照）。学習者の動機は必ずしも固定的ではなく、学年進行や環境の変化に伴い外発的動機や不安が高まるなど、性質が変化することもある（林, 2015）。

　そのため、指導者は、学習状況を肯定的に評価して児童の自己効力感を高めたり、児童同士が学び合う場面を設定したりするなど、発達段階に応じた情意的支援を継続的に行い、外国語を学びやすい環境づくりを行うことが大切である。

学習者の個人差には、言語適性の影響も大きいと考えられている。言語適性を測定する代表的なテスト（MLAT: Modern Language Aptitude Test）を開発したCarroll & Sapon（1959）によると、言語適性は以下の4要素から構成されている（サンプル問題 URL: http://lltf.net/mlat-sample-items/）。1980〜90年代の研究では、MLAT得点が高い学習者は言語習熟度も高いという正の相関関係が、学習環境や指導法（㊵参照）が異なる研究において一貫して報告されている。

- phonetic coding ability（音を記憶し、符号化して認識できる能力）
- grammatical sensitivity（文中での語の働き、文構造に対する感受性）
- inductive reasoning（データの中から言語の規則を見つけ、新たな文章を作成する能力）
- associative memory capacity（第一言語と第二言語の語彙を結びつけて記憶する能力）

　言語適性と併せて、第二言語によるインプット処理（気づき、理解など）に重要や役割を担うとされるのが、ワーキングメモリ（作業記憶）である（Wen & Skehan, 2021）。ワーキングメモリは、情報の一時的な保持（1、2秒程度）と処理の並列処理を行い、例えば、レストランでチップの額を暗算して渡す、聞いている／読んでいる内容と既存の知識を絶えず照らし合わせながら対話／読解を円滑に進めるなど、日常生活における様々な認知的活動を支える目標指向型の記憶システムである（Miyake & Shah, 1999）。

　ワーキングメモリの構成要素（Baddeley & Hitch, 1974; Baddeley, 2000, 2012）の中でも、音韻情報の保持と処理を司る音韻的短期記憶は、外国語の語彙学習に重要な役割を果たすといわれている。音韻的短期記憶が優れた児童は、音と文字を結びつける音韻処理が効率よく行えるため、聴解力や、語彙、文構造の習得を測定する言語課題において高い成績を収める傾向が見られる（Kormos & Smith, 2012）。

　一方で、音韻処理の効率性が低い児童は語彙学習や初期のリテラシー活動（読み聞かせなど）を困難に感じ、外国語学習への不安や心配が増す可能性がある。指導者は、児童のワーキングメモリプロフィールを考慮し、個に応じた外国語学習の指導・支援を行うことが推奨される。

〈2〉多様な学び方に対応した指導や支援

　インクルーシブ教育システムの理念の下、通常学級の中には、発達障害を含む障害のある児童が在籍している学級もあり、そこでは、単に物理的な空間や設備が共有されるのではなく、同じカリキュラムや学習活動において共に学ぶことが追求される。指導者は、児童一人ひとりの特性や教育的ニーズに応じたきめ細かな指導・支援ができるよう、障害の種別のみならず、各教科等の学びの過程における困難さ（【情報入力】見えにくい、聞こえにくい、【情報統合】色（・形・大きさ）が区別できない、【情報処理】短期記憶ができない等）に対する指導や支援の工夫を行うことが求められる。

　外国語活動及び外国語科では、以下のような困難さと対応策が考えられる（文部科学省，2016；Kormos & Smith, 2012）。

1. 音声を聞き取ることが難しい場合

- 外国語と日本語の音声の違いへの気付きを促すべく、外国語の音声を文字で書く、リズムやイントネーションを記号や色線で示す、手拍子を打つ、音の強弱を手を上下に動かして表すなどの配慮をする
- 異なる文法機能をもつ単語や語句（人、動作など）を色分けして提示する（音声インプットから規則性を推論することが困難な場合）
- 授業で行う活動の流れを黒板（図１）やワークシートに記載しておく

図1. 提示例（授業の流れ）

Today's Lesson

Greeting （あいさつ）

Warm-up
1. 先生の自己紹介を聞こう
2. 果物ビンゴをしよう
3. めあてを書こう

Activities
4. アルファベットを探そう
5. 【Let's Chant】
　　 Alphabet Chantを元気に歌おう
6. キーアルファベットゲーム

ふり返りタイム

Goodbye

2. 読む手がかりをつかんだり、細部に注意を払うことが困難な場合

- 外国語の文字を提示する際は字体を揃える。線上に文字を書く
- 語彙・表現などを記したカードなどを黒板に貼る

3. 発音と綴りの関係（音と文字の結びつき）の不規則性による苦手意識

- 文字情報と音声情報を一体化して指導し、当該単語を繰り返し見たり発音したりする機会を十分に確保する
- 動作化（ボールを投げる動作をしながら 'O' の文字を覚える）、絵（'C' の文字でネコの絵を描く）、口頭での反復など、多感覚を使って音と文字を関連付けるようにする

4. 授業の流れや活動の変化に対応することが困難な場合

- 教科・科目などの枠を超え、板書の仕方に規則性をもたせる
- 授業の流れに統一感をもたせる
- ワークシート等を活用し、児童がノートに書く情報を最小限にとどめる

〈3〉ICT の活用

　ICT の活用は、多様な児童の実態や教育的ニーズに配慮しながら、外国語コミュニケーション能力の高まりを保証するための手段の１つである。ICT は全教科等で推進されているが、「ICT（を使う）のための授業づくり」ではなく、（ICT 機器の活用方法と意義を把握した上で）「学習効果を高めるための ICT の活用」という視点を貫いた指導・支援の計画・実践が重要となる。外国語教育の分野においては以下のような利点から導入が進められている（『小学校外国語活動・外国語研修ガイドブック』実践編）。

- 実物や写真等を大きく見やすく提示することで、児童の集中力を高める
- 世界各地の映像や動画等の素材を用いて児童の興味・関心を高める
- 英語話者や外国語の発音に触れ、日本語との音声の違いに気付かせる
- プレゼンテーション用ソフトを使用し、文字や文構造等の指導のポイントを明確に示す
- 個々の学習の履歴を記録し、繰り返し再生して振り返る
- タブレット PC を用いて児童同士で情報を収集したり、発表を録画して意見交換をしたりするなど、お互いを高め合う学びが促進される

　上記の利点は、特別支援を要する児童への有益な指導・支援につながる。

デジタル絵本の読み聞かせを例に考えてみよう。通常の絵本を実物投影機などを利用して、大画面テレビや電子黒板に映し出すことで、フォントサイズや画面の解像度及び明るさ、背景の色、必要／不必要な情報の焦点化／遮断などの調整を行うことができ、児童の集中力や興味・関心を高めることができる（Hayashi & Kuradomi, 2017; 久保・金森・中山, 2012）。

　絵本を扱う単元では、終末活動として「絵本の場面を選んでスキットをする（やり取り）」、「オーディオブックを作る（発表）」（資料1参照）などの活動が考えられる。両活動とも「話すこと」が中心となり、読み書きを伴う活動に比べ困難さが軽減される。しかし、集中力や音韻的短期記憶に困難がある児童は、長い文章を聞き取って話すことに不安を感じることがある（Kormos & Smith, 2012）。その場合、Small Talk のような語句や短い文章を用いて発話を促す活動を多感覚で行い、児童の自信を高める支援を行う。

資料1.
オーディオ
ブックを作る

　そのほか、コミュニケーションの社会的な側面（共感する、比喩や冗談を理解するなど）に困難さを感じる児童に対しては、グループで表現の工夫（声の大きさや抑揚など）を考えたりリハーサルを行ったりするなど、多様な学習スタイルを認め合いながら協力し合う場を設定する配慮が必要である。

Let's give it a try!

1. 先行研究や自身の経験をもとに学習者要因の中から特に重要だと思うものを選び、具体的にどのように指導に生かしていくべきか考えなさい。
2. 外国語活動または外国語科の授業で実施するICTを活用した言語活動を考え、予想される困難さと対応策についてまとめなさい。

11 題材の選定と指導計画の作成

目標 題材の選定、教材研究の仕方について理解し、適切に題材選定・教材研究ができる。学習到達目標に基づいた指導計画について理解し、学習指導案を立案することができる。

学びのキーワード □教材 □題材 □指導計画 □短時間学習

〈1〉教材の選定

　教材選定の観点に関する第一の配慮事項として、小学校学習指導要領（H.29年度版）p.133に次のように示されている。

> ア 教材は、聞くこと、読むこと、話すこと［やり取り］、話すこと［発表］、書くことなどのコミュニケーションを図る基礎となる資質・能力を総合的に育成するため、1に示す五つの領域別の目標と2に示す内容との関係について、単元など内容や時間のまとまりごとに各教材の中で明確に示すとともに、実際の言語の使用場面や言語の働きに十分配慮した題材を取り上げること。

　ここから読み取りたいメッセージは3点ある。1点目は、教材が、「聞くこと」、「読むこと」、「話すこと［やり取り］」、「話すこと［発表］」、「書くこと」の領域別の目標を実現するためのものでなくてはならないということである。

　2点目は、（1点目の実現のためにも）、教材に、五つの領域別の目標と「内容」で示されている（1）英語の特徴や決まりに関する事項（知識及び技能）と（2）情報を整理しながら考えなどを形成し、英語で表現したり、伝え合ったりすることに関する事項（思考力、判断力、表現力等）とがどのように関連しているのかが明確に示されなければならないということである。

　具体例を示そう。外国語科の「話すこと［やり取り］」の目標である「イ　日常生活に関する身近で簡単な事柄について、自分の考えや気持ちなどを、簡単な語句や基本的な表現を用いて伝え合うことができるようにする。」という目標を達成するとする。教材では「情報を整理しながら考えなどを形成し、英語で表現したり、伝え合ったりすることに関する事項（思考力、判断力、

表現力等）」の「ア　身近で簡単な事柄について、伝えようとする内容を整理した上で、簡単な語句や基本的な表現を用いて、自分の考えや気持ちなどを伝え合うこと。」に相当する活動を設定する必要がある。自分が好きな食べ物についてお互いの考えや気持ちを伝え合う活動が、その例として挙げられる（例：児童Ａ：Do you like sukiyaki? 児童Ｂ：Yes, I do. What do you like?）。

　その活動の内容には「英語の特徴や決まりに関する事項（知識及び技能）」のエ「文及び文構造」の（ア）（d）「疑問文のうち、be動詞で始まるものや助動詞（can, doなど）で始まるもの、疑問詞（who, what, when, where, why, how）で始まるもの」などの条件を満たすようにする。例えば、「一般動詞の文の場合には、doを文頭に付ける」、「be動詞や助動詞の場合には、主語とbe動詞若しくは助動詞を倒置させる」などのルールである。このように、教材には、五つの領域別の目標、「知識及び技能」、「思考力、判断力、表現力等」がどのように関連しているのかが明確に示されなければならない。

　３点目は、（１点目の実現のためにも）教材に、「内容」で示されている（3）言語活動及び言語の働きに関する事項で②言語の働きに関する事項の「ア　言語の使用場面の例」や「イ　言語の働きの例」が十分に配慮されていなければならないということである。上述の例であれば、場面は家庭での生活のような児童の身近な暮らしに関わる場面であり、言語の働きとしてはDo you like sukiyaki? やWhat do you like? などの質問をすることによって、相手の行動を引き出すということである。

〈2〉題材の選定

　題材選定の際の配慮事項として、小学校学習指導要領(H. 29年度版)pp.134-135には以下のように書かれている。

> イ　英語を使用している人々を中心とする世界の人々や日本人の日常生活、風俗習慣、物語、地理、歴史、伝統文化、自然などに関するものの中から、児童の発達の段階や興味・関心に即して適切な題材を変化をもたせて取り上げるものとし、次の観点に配慮すること。

　ここから読み取りたいメッセージは２つである。１点目は、題材として、①英語を日常的に使用している人々（例：アメリカ人、イギリス人、オーストラリア人など）、②日常的には英語以外の言語を使う人々（例：韓国人、ケ

ニア人、メキシコ人など）、③日本人、のそれぞれの日常生活、風俗習慣、物語、地理、歴史、伝統文化、自然などを取り上げなければならないということである。世界には英語を使って生活している人々よりも、英語以外の言語を使用して生活している人々の方が多い。したがって、世界の人々を理解するためには、英語を使っている人々だけではなく、英語以外の言語を使用している人々のことについても、知る必要がある。さらに、日本人の日常生活などとの比較を行うことは、世界をより深く理解することにつながる。

　2点目は、日常生活、風俗習慣、物語、地理、歴史、伝統文化、自然等を題材として取り上げる際には、児童の発達の段階や興味・関心に配慮するということである。このとき、家庭での生活、学校での学習や活動、地域の行事などを中心とした題材を扱うことが望ましいだろう。また、他教科で学んだ知識や体験を生かして授業を展開することも可能であろう。

　題材の選定に関しては、以下の3つの観点も示されている。

> ア　多様な考え方に対する理解を深めさせ、公正な判断力を養い豊かな心情を育てることに役立つこと。
> イ　我が国の文化や、英語の背景にある文化に対する関心を高め、理解を深めようとする態度を養うことに役立つこと。
> ウ　広い視野から国際理解を深め、国際社会と向き合うことが求められている我が国の一員としての自覚を高めるとともに、国際協調の精神を養うことに役立つこと。

　ここから読み取りたいメッセージは、題材を選択するにあたって、日本や外国の文化を取り上げ、多様な考え方に対する理解、公正な判断力、豊かな心情を育てるようにしなければならないということである。そして、国際社会に重要な役割を果たす我が国の一員としての自覚を高めるとともに、国際協調の精神を養うことに役立つことなどにも配慮して題材を選択することも忘れてはならない。

〈3〉 指導計画の作成

　学習指導要領（H. 29年度版）には、指導計画の作成上の配慮事項として以下のように書かれている。

> （1）指導計画の作成に当たっては、第3学年及び第4学年並びに中学校及び高等学校における指導との接続に留意しながら、次の事項に配慮するものとする。

指導計画を作成する際には、小・中・高等学校の一貫した英語教育を実現するために、以下の7つの事項に配慮することが求められる。

ア　主体的・対話的で深い学びの実現（**1**、**2**を参照）
イ　学年ごとの目標の設定（**1**、**2**を参照）
ウ　知識及び技能の定着（**7**を参照）
エ　短時間学習
オ　言語活動で扱う題材（**9**を参照）
カ　障害のある児童などの指導（**10**を参照）
キ　指導体制の充実と指導方法の工夫（**3**を参照）

　ここでは、エの短時間学習についてのみ言及する（その他の6つの事項については、他の章を参照のこと）。語句や表現等は繰り返し使うことで、定着が進んでいく。そのため10分から15分の短時間学習を週3、4回取り入れ、目標とする語句や表現に出会わせるということは理にかなっているといえる。短時間学習に適している活動としては、場面設定をした上で、最終活動に必要な語句や表現を繰り返し聞いたりすることであろう。歌やチャンツ、ゲーム、文字や単語をなぞったり、書き写したり、何度も書いたりといった活動も短時間学習の例としてよく挙げられる。それらの練習活動があってこそ、最終の言語活動が成立すると考えられるからである。
　しかし、短時間学習を計画する際は、それぞれの活動が単元の目標や最終活動にどう関連しているのかを常に意識しなければならない。したがって、児童に単元の最終活動への見通しを持たせた上で、短時間学習を実施したい。

Let's give it a try! -

1. 『Let's Try!』や『NEW HORIZON Elementary』の中から1つのUnitを選び、そのUnitに、5つの領域別目標、「知識及び技能」、「思考力・判断力・表現力等」がどのように関連しているのかを示しなさい。
2. 小学校への通学方法を題材とし、世界の人々と日本人を比べてみよう。そのような比較を通して、どのようなことを児童に身に付けさせたいのか考えなさい。

12 学習状況の評価（パフォーマンス評価や学習到達目標の活用を含む）

目標　学習状況の評価（パフォーマンス評価や学習到達目標の活用を含む）について理解している。

学びのキーワード　□ PDCA サイクル　□観点別評価　□評価規準 / 基準
□パフォーマンス評価　□ルーブリック　□記録に残す評価

〈1〉学習評価の考え方

学習評価は、学校における教育活動に関し、子供たちの学習状況を評価するものである（「中教審答申、2016年12月」）。「評価」の捉え方は、時として、5段階や3段階の「評定」のために実施しているとの狭い見方をされることもあるが、本来、「子供たちにどういった力が身についたか」という学習の成果を的確に捉え、「教員が指導の改善を図るとともに、子供たち自身が自らの学びを振り返って次の学びに向かうことができるようにするため」（「中教審答申、2016年12月」）に行われるものである。つまり、学習評価を行うねらいは、次の二つであるといえる。

学習評価のねらい
①教員が指導の改善を図る
②子供たち自身が自らの学びを振り返って次の学びに向かう

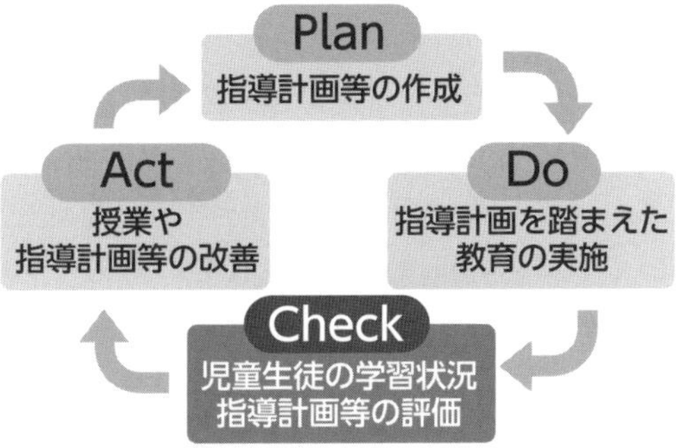

図1. 学習指導と学習評価の PDCA サイクル
中教審答申補足資料（2016）より抜粋

学校における教育活動では、教科の目標や内容に基づいて、通常、教師が児童の実態を踏まえ指導計画の作成を行い（Plan）、作成した指導計画に基づいて教育を実施し（Do）、児童の学習状況を把握し指導計画に照らしてその達成度を判断する学習評価を行う（Check）。しかし、「計画の作成」「教育の実施」「評価」にとどまらず、図1に示されているように、

学習評価の結果、実施した学習指導のあり方を見直したり、授業や指導計画の改善を行ったりすることにより（Action）、再び、指導計画を練り直し（Plan）、教育実践に向かう（Do）というサイクルを繰り返し、不断の授業改善を行うことが必要である。これら一連の教育実践のあり方はPlan-Do-Check-Actionの頭文字をとってPDCAサイクルと呼ばれ、指導と評価を一体化した教育実践のあり方を示したものである。

　このようなサイクルを繰り返すことにより、きめ細かい学習指導の充実と児童一人ひとりの学習内容の確実な定着を目指す教育実践が可能となる。そのための重要な役割を評価が担っているということがわかる。小学校外国語科においては、学習状況を分析的に捉える「観点別評価」も総括的に捉える「評定」も、学習評価のねらいである①②につながるものとする必要がある。小学校外国語活動においても学習評価の捉え方は変わるものではないが、数値による評価はなじまないとされており、学習指導要録においては、小学校外国語活動は、顕著な事項について文章の記述により評価するとされている（文部科学省，2011）。ただし、教科としての外国語科では数値による評価も求められ、それらの具体的な評価のあり方について『「指導と評価の一体化」のための学習評価に関する参考資料』（文部科学省、2020）に示されている。

〈2〉評価の観点、評価の規準と基準

　学習状況の評価は、学習の目標に照らして行われるものである。つまり、小学校外国語科・外国語活動の評価は、学習指導要領に示された各領域の目標に対応させて実施される。学習指導要領では、学力の三要素である「知識・技能」「思考力・判断力・表現力等」「主体的に学習に取り組む態度」についてそれぞれ目標が設定されていることから、評価についてもこれら三つの観点に注目して、それぞれの領域で「観点別評価」を実施することになる。「知識・技能」の観点では、言語材料についての理解の状況を「知識」として評価し、言語材料の理解に基づいて、実際のコミュニケーションで各領域の技能が使える状況を「技能」として評価することになる。「思考・判断・表現」の観点では、コミュニケーションを行う目的や場面、状況に応じて、児童が実際に聞いたり、読んだり、話したり、書いたりする様子を評価し、同時に、目的や場面、状況に応じて粘り強い取り組みを行おうとしている側面を「主体的に学習に取り組む態度」として評価することになる。「主体的に学習に取り組む

態度」においては、上記に加え、粘り強い取り組みを行う中で，自らの学習を調整しようとする側面についても状況を把握し評価を行うことになる。

　実際の評価に当たっては、より具体的な「評価規準」や「評価基準」を設定する必要がある（文科省、2011）。「評価規準」は、児童が学習指導のねらいに到達している場合、何ができるようになっているか、児童の学習状況を具体的に示したものである。単元の学習到達目標や学習内容などを関連付けて、実際の活動場面などを想定しながら設定した「具体的な子どもの成長の姿」を文章で表したものであり、各学校において設定されるものである。一方「評価基準」は、「評価規準」で示された具体的な「つけたい力」が、どの程度まで習得されているのかを見極める判断の基準を表したものである。

〈3〉評価の方法

　小学校外国語教育の評価においては多様な言語活動に対応するため、ペーパーテストのみに依存しない多面的・多角的な評価を行うことが求められる。

⑴「観察による評価」(observation based assesment)

　日々の授業における様々な言語活動では、児童は5領域（外国語活動では3領域）にわたり様々な「英語を使う」活動を行っている。指導者である教師は、最も間近で児童の様子や進歩の度合いを観察（observation）により把握することができる。また、日頃の活動の「観察による評価」では、児童の日々の活動を妨げず、不必要な緊張を強いることなく学びの状況を見取ることができる。学習のねらいや子供のこれまでの学習状況の理解の上に立ち、「あらかじめ設定した評価規準に注目した」観察、また、その記録の積み重ねによる評価は大変有効な評価方法となりうるものである。

　毎時間の授業で、教師は目標に向けて指導を行い、学習状況を確認し、指導改善を図る（「指導に生かす評価」）。そして、単元の適切なタイミングで「記録に残す評価」を実施する指導と評価の計画を作成し、見通しを持って評価を行うことが大切となる。

⑵「ポートフォリオによる評価」(portfolios assesment)

　児童の学習の過程や成果などの記録や作品を計画的にファイル等に集積し評価する方法である。集積する材料として、子供が制作した作品や学習で使

用したワークシート、振り返りシート（図２参照）などが挙げられる。 集積された材料を活用して児童の学習状況を把握するとともに、学習の進歩の様子を見取ることができる。さらに、「ポートフォリオ」を活用した評価は、教師自身が指導の改善を図る材料を得られるばかりでなく、保護者に児童の成長を示したり、子供自身が自らの成長を実感できる機会となりうる。今後ICTの活用により、録音した音声や動画などをデータとしてファイルに加えることで、さらに活用の幅が広がる可能性がある評価方法である。

⑶「自己評価」(self-assessment)

　児童が自らの学びを振り返り自己評価を行う方法である。教師が、適切な評価項目を示し児童に自己評価を行わせることで、自らの学習の達成度を把握したり、学習の進め方を見直しながら今後の目標を設定したりする機会となり、学習の自己調整を図り「主体的に学習に取り組む態度」を育むことができる。

　例えば、自己評価を実施する前段階として、児童同士がペアでお互いの学びの良い点を認め合ったり、今後の目標を確認し合ったりすることなどが考えられる。児童が、自ら評価のポイントや目標の立て方などを理解し、より良い自己評価が行えるよう、自己評価力の育成やそのためのステップを指導の中に組み込んでいくことが大切である。

図２. 振り返りシート（自己評価表）の例（５年生）

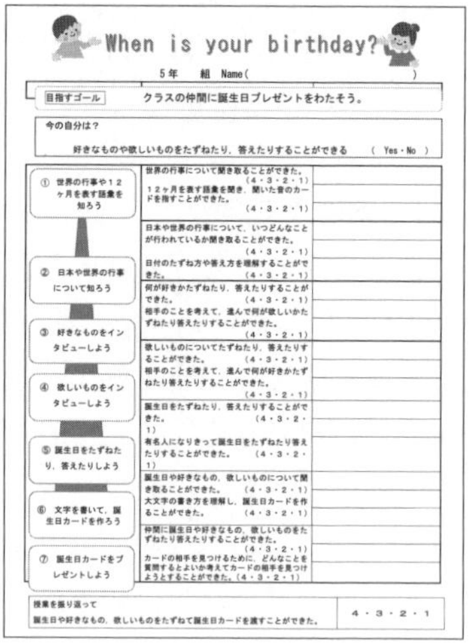

⑷「パフォーマンス評価」

　子どもたちが実際に英語を話している様子や英語で書いた作品などを対象として行う評価方法である。児童同士の会話の場面や英語によるプレゼンテーション（発表）の様子、教師と児童、ALTと児童とのやり取りなどの場面が考えられる。これらの場面は、個々の児童を対象にしたインタビューテストのような評価のために実施する活動に限らず、授業中の活動の一場面や授業中の児童の発話を評価の対象とすることも考えられる。ただし、パフォーマンス評価では、それぞれのパフォーマンスをどのような視点で評価するの

かを明確にすることが大切であり、主観的な評価にならないように評価規準やその判断基準をしめした表である「ルーブリック」の活用などが考えられる。「ルーブリック」は、「成功の度合いを示す数レベル程度の尺度と、それぞれのレベルに対応するパフォーマンスの特徴を示した記述語（評価規準）からなる評価基準表」（中教審論点の整理, 2015）である。表1は、「行ってみたい国や地域」を題材にした単元における「話すこと［発表］」のパフォーマンスを評価する際の「ルーブリック」の例である。

表1.「話すこと［発表］」のパフォーマンス評価用ルーブリック例

尺度	a（十分に満足）	b（おおむね満足）	c（努力を要する）
記述文	自分の行きたい国や地域について、既習の表現を正確に用いながら、その国や地域でできることや行ってみたい理由などについて、聞き手にわかりやすく伝えている。	自分の行きたい国や地域について、既習の表現をおおむね意味が伝わるように用いながら、その国や地域でできることや行ってみたい理由などについて、伝えている。	自分の行きたい国や地域について、その国や地域でできることや行ってみたい理由などを十分伝えていない。

　これらの規準や基準を生徒と教師が共有することにより、パフォーマンス評価を教員が指導方法や内容の振り返りを行う材料とし、子どもたちが自らの学びの状況や伸びを自覚し、次の学習に向かう目標を確認するための材料とすることができる。

Let's give it a try!
- -

1. 「評価規準」と「評価基準」の違いについてまとめなさい。
2. 小学校5・6年生の教材から1単元を選び、単元の目標に合わせた「評価規準」と「評価基準」の例を作成しなさい。
3. 『「指導と評価の一体化」のための学習評価に関する参考資料』（外国語・外国語活動）に示された評価事例のうちのひとつを取り上げ、「記録に残す評価」を行う場面と評価基準をまとめなさい。

13 授業観察：小・中・高等学校の 授業映像の視聴や授業の参観

目標 授業観察の意義、授業観察の視点・方法・手法などを理解している。

◇◇

学びのキーワード □観察の意義 □観察の視点 □観察の方法

〈1〉授業観察とその意義

　授業観察とは「小・中・高等学校の授業映像を視聴したり、実際の授業を参観したりして、授業の観察と分析を行うこと」である（東京学芸大学, 2017, p. 112）。指導法の授業（例：小学校英語の指導法）において、実際の授業を参観する機会が確保できるとよいが、授業参観をするには、受け入れ態勢の確保の問題がある。さらに、授業参観時に学生が他の授業を欠席しなければならなくなり、他の授業の学習機会の保証という点での問題も大きい。したがって、モデル授業や実際の授業を収録したビデオ映像の視聴が重要な役割を担う。授業の映像を視聴する場合と実際の授業を参観する場合では、得られる効果は異なると思われる。ここでは、その差に言及するのではなく、両者に共通する、観察の意義、観察の事前準備、観察の視点、観察の方法・手法について、記述する（詳細は米山・多田・杉田, 2013や加藤・杉山・荒木, 2020を参照のこと）。

　米山他（2013, p. 18）は観察の意義を以下のようにまとめている。

　　経験を積んだ教師の授業は、目標の設定、復習、新教材の導入、言語活動、教科書本文の説明等のどの活動にも工夫が凝らされている。このような指導のテクニックを大学で得た理論に照らし合わせて、確認し、会得することが観察によって可能になる。

　このような効果は、観察する側が何の目的も持たず、漫然と教室にいるだけでは得ることは難しいだろう。したがって、視点を絞って授業を観察し、適宜メモを取りながら、そのメモを整理・分析することを通して、有意義な情報が得られる。

〈2〉授業観察の事前準備

　授業観察の事前準備として大事な点を2つ挙げたい（米山他，2013を参照）。1点目は、目的の明確化である。つまり、授業観察を通してどんなことを学ぼうとするのかを明確にするということである。授業観察は、指導法の授業（例: 米山他，2013，p. 18と同じ）、教育実習の事前指導、教育実習中など様々な場面で行われ、それぞれ観察の目的や視点が異なる。例えば、指導法の授業の中で授業観察が行われるのであれば、大学で学んでいること（例: 第二言語習得のプロセス）が実際の授業場面でどのように生かされているのかを確認することが目的となることが多い。教育実習の事前指導や実習中に授業を観察する場合は、生徒の反応などを把握することが大事になってくる。

　事前準備として大事な2点目は、教科書等の内容確認・把握である。観察する授業で教科書のどの部分が扱われているかを事前に確認し、目を通しておくことで、授業観察のより高い効果が得られる。また、観察する授業の学習指導案に事前に目を通すことができればなおよい。さらに、授業観察の効果を高めるために、指導法の授業において学生自身が指導案を作成することを勧めたい。指導案を自分自身で作って、自分の指導案と観察する授業の指導案や授業と比較しながら観察すれば、より高い効果が得られるであろう。

〈3〉観察の視点

　米山他（2013）は授業観察の視点として、以下の14点を挙げており、校種によらず非常に参考になる（加藤他，2020も参照）。なお、③における文法は小学校では扱わない。⑥⑫におけるリーディングについても、小学校では「音声で十分に慣れ親しんだ簡単な語句や基本的な表現の意味がわかるようにする」程度にとどめる。

① Warm-up（ウォームアップ）

　Warm-upは、授業の初めに行われる挨拶や出欠の確認などを指す。教師がどのように児童・生徒の学習意欲やレディネスを喚起したかに注目したい。

②復習

　復習は、いわば、前時と本時の橋渡しである。前時の内容を思い出させ、本時にどのように関連させているのか、教師のテクニックに注目したい。

③新教材の導入

新しい文法や語彙がどのような目的、場面、状況が意識されたコミュニケーションで導入されているのかを注視したい。

④練習

練習は、知識や技能を向上させる目的で行われる。機械的な練習と意味を考えて行う練習に分けられるが、それぞれどのような練習を行うのか、両者のバランスなどに注目するとよい。

⑤コミュニケーション活動

練習が新教材の理解や表現力の向上が主目的なのに対して、コミュニケーション活動は、実際的な目的を持って英語でコミュニケーションを行うことを指す。具体的には、ロールプレイ、スピーチ、ディベート、ディスカッションなどが考えられる。（下線は小学校では行うことにはなっていない）

⑥リーディング

教師はどのような手順で生徒の読みを深めているのかを観察したい。

⑦ICTの活用

デジタル教材、CD、DVDなどの様々な視聴覚教材やICTをどのように効果的に活用しているかに注目したい。

⑧黒板

電子黒板が普及しているが、従来の黒板も重要なのは言うまでもない。新教材を導入するときにどのような板書を行っているのか、チョークの色使い、下線や囲みなどの使い分けに注目したい。

⑨質問

教師は、生徒の理解度、場面や状況に応じて、様々な質問を使い分けている。様々な質問の機能を考えてみるとよいだろう。

⑩誤り

生徒の誤りに対して、いつ、どのように対処しているのかを観察するとよい。

⑪指示

教師のクラスルーム・イングリッシュ（**17**を参照）やティーチャー・トーク
（**42**を参照）に注目したい。

⑫授業の構成

授業の展開（Warm-up、復習、新教材の導入、練習、リーディング等）や
それぞれにかける時間などを確認したい。

⑬激励・注意

教師がいつどのように生徒を激励・注意するのかそのテクニックを学びたい。

⑭生徒の様子

生徒がどのように授業に参加していたのかをじっくり観察したい。

〈4〉観察の方法・手法

　指導法の授業や教員研修で最も多く利用されているのは、メモ方式と場面
再現方式であろう（その他の方法は米山他，2013；加藤他，2020も参照）。メ
モ方式というのは、〈3〉の視点に基づいて観察したことを、学習指導案やノー
トにできるだけメモをするというものである。場面再現方式とは、教師や
生徒の発言をそのまますべてノートに書き留めるというものである。

　大事なことは、メモを取ったり、書き留めたりするだけでなく、それらを
振り返ったり、学生（教師）同士で話し合ったり、授業者から指導の意図を
教えてもらったりする機会を設けることである。観察しただけで終わらず、
振り返る機会を設けることで、前述の観察の意義を深められるはずである。

| Let's give it a try! |
----

1. 授業観察を行うことの意義について、これまでの授業や経験を振り返り、
　話し合いなさい。
2. 観察の視点の中で、どれに注目して授業観察を行いたいか、またその理由
　は何か考えなさい。

14 授業体験：授業担当教員による指導法等の実演（学生は児童役として参加する等）

目標 授業担当教員が行う指導法や授業を円滑に進めるためのクラスルーム・マネジメント・スキルを体験し、授業に生かすことができる。

学びのキーワード □指導法 □クラスルーム・マネジメント・スキル □ Small Talk
□ピクチャー・カード □授業を見る観点リスト

〈1〉指導法の実演について

　学生自身が教壇で授業を行うまでに、「①指導法に関して学ぶ→②模範授業を参観する→③自分で授業を行う」という流れが自然であろう。指導法に加えて、設定する授業のねらい、選定する題材、指導に用いる教具、授業を進める教室英語やクラスルーム・マネジメント・スキルに着目して授業に参加する。その際、以下の点などに留意したい。

①指導者が示すモデル

　指導者自身や音声教材のモデルを示す際は、一回だけでなく、複数回聞かせることに留意したい。一回聞いただけですぐ言えるようになることは中学校の生徒でも困難な場合が多い。また、Say/Repeat after me.（私のあとについて言いなさい／繰り返しなさい。）と指示されなくても児童があとについて言う雰囲気を心がけたい。

②活動の指示

　授業言語とも言える教室英語については、常にブラッシュ・アップを心がけたい。また、長い英文で説明することをできるだけ避け、"First,……
Second (Then),……" など簡潔な短文を重ねて指示したい。

　小さく音楽を流し、活動を行う気分を盛り上げることも考えられる。また、あらかじめ児童と取り決めた特定の音楽を流したら、児童は活動を止めて席についたり整列したりする実践も多くの小学校で見られる。指導者が突然「Five. Four……」とカウントダウンを始めるアイデアがある。カウントダウ

ンに気づいた児童が途中から声を合わせて加わっていく。だんだん声が揃って大きくなっていくが、0 (zero) のときは全員の声のボリュームが0になり、静かな状態に落ち着くようにする。

③ Small Talk (スモール・トーク)

　Small Talk は、一人で話すモノローグ (monologue) の形式や ALT や地域の英語指導の支援者などとの対話 (dialogue) の形式が考えられる。パペットなどを用い、一人二役で Small Talk を行う場合もある。

　教師の Small Talk をきっかけに、概して5年生では教師と児童、6年生では児童同士のやり取りが期待されている。その内容は、スポーツ選手の活躍など社会の最近の出来事、旬の話題や教師の身の回りに起こったことなど、児童に聞かせたい話題を普段から主に既習の易しい英語でまとめておき、担任主導で行うことが求められている。ALT や地域の支援者にも、Small Talk に使えそうな話材を普段から提供してもらうようにお願いしたい。雑談の中から Small Talk のヒントを得たりした場合は、"That's interesting. Please tell us about it in the classroom." (それは面白いですね。教室で話して下さい。) と依頼するとよい。

④ わからないことに対する我慢強さ

　概して外国語学習には、わからないことに対する我慢強さ (ambiguity tolerance) が必要とされている。わからないことがあってもあきらめて投げ出さず、わかった部分をつなぎ合わせて全体像を理解していくことが外国語学習には望ましいとされる。また、コミュニケーションには、言葉による側面 (verbal communication) と、ジェスチャーや顔の表情など言葉によらない側面 (non-verbal communication) がある。Small Talk においても、すべてがわからなくても、言葉以外の情報をヒントに、聞き取れた言葉をつなぎ合わせ、話の全体像を伝えたり、理解したりしていくよう児童に促したい。

　音声・映像教材に関しても、映像もヒントにしながら、二回目の提示で一回目の時より多くの情報を得るよう促したい。児童一人では理解が難しい場合は、ペアやグループ単位で、各自が聞き取った情報を持ち寄って全体像をつかみ、内容を発表し比較する活動も考えられる。

⑤ピクチャー・カード

　英語スピーキング能力をはかるテストとして、絵の描写（picture description）が採用されていることが多い。その初歩段階として、英語の名詞、動詞、形容詞などを表すピクチャー・カードを利用する指導法がある。1つの物や1人の人物のカードから複数の物や人が描かれたカードへ、さらには動作を伴った人のカードなど、より複雑な絵や写真へと移行していく。

　ある小学校では、ピクチャー・カードのセットを学年で作成している。その際、学年のクラス数よりもう1セット多く作成し、児童たちが卒業して進学する中学校に寄贈している。その中学校の英語科教員は、そのピクチャー・カードを適宜活用し、中学校での環境の変化や学習の高度化に対応するのに困難を感じる、いわゆる「中一ギャップ」を軽減する一助としている。

⑥フラッシュ・カード

　カードを一瞬見せることから「フラッシュ」という言葉が使われている。カード上の文字や絵は一瞬しか見えないので、児童は意識を集中させて、見えた文字や絵を英語で言う。

　通常、児童と対面する教師は、カード複数枚を重ねて持つ。マスキング・カードにより、児童から見て先頭のカードは見えないようにしておく。それぞれのカードを一瞬だけ見せることで、発音を練習させたり、意味を言わせたり、絵を見て英語を言わせたりする。

⑦英語の歌

　授業のウォーミング・アップに歌が使われることも多い。歌は歌詞とメロディーで構成されているが、なじみのあるメロディーや覚えやすいメロディーの歌は、英語の歌詞に集中すればよいため使いやすい。替え歌は、公教育の学校においては許容されるので、覚えた英文1つだけを繰り返して歌ったり、少しずつ知的負荷を高めたりして、替え歌を活用することができる。例えば、Seven Steps の原曲は1から7までの数字が歌詞に入っているが、1から10までの数字の歌に変えて歌う。

　学校に外国から訪問客がある際も、客は英語圏からだけに限られない。事前にその国の言葉で1から7までの数字を言えるようにし、覚えやすいメロディーにのせて、当日は訪問客も交えて1つの歌を合唱し国際交流の一助とすることもできる。

〈2〉設定する授業のねらい

①授業を見る観点リスト

　以下は、外国語活動・外国語の授業に児童役で参加するにあたり、授業を見る観点リストの一例である。自分が授業者になる場合も想定して授業に参加したい。

○年○組（曜日）第○限目　　　　　　　　　　　授業者（　　　　　　　） 授業観察者（　　　　　　　）	
(1) 児童の実態を鑑み、本時の目標が適切に立てられている。	☐
(2) 児童が英語を聞きたくなる、話したくなる雰囲気ができている。	☐
(3) 授業者は平易な教室英語を的確に使い、児童に多くの英語を使わせることを意識している。	☐
(4) "Say/Repeat after me." などの指示をしなくても、複数回モデルを示すことにより、児童が自然と教師の英語を繰り返している。	☐
(5) 意味あるやり取りの場が設定されている。	☐
(6) 説明が長くならず、簡潔な英語で指示を行っている。	☐
(7) Small Talk について、その意義を理解し、授業に適切に盛り込んでいる。	☐
(8) 変化に富む繰り返しに留意している。	☐
(9) 楽しい活動にとどまらず、児童が学び気づく場が設定されている。	☐
(10) 本時の授業を終えて、児童は目標とした姿になっている。	☐
その他のコメント：	

Let's give it a try!

1. 自分が授業を行うことを想定し、授業を円滑に進めるための工夫を挙げて共有しなさい。
2. 最近の身近な出来事を、「児童同士のやりとりを促すSmall Talk」としてクラスメートに英語で話しなさい。

15 模擬授業：1単位時間（45分）の授業 あるいは特定の言語活動を取り出した模擬授業

目標 指導計画に基づいて1単位時間あるいは特定の言語活動の模擬授業を実践することができる。

学びのキーワード □授業設計 □単元観 □合理的な授業 □教材の導入

〈1〉模擬授業の基本的な手順

　模擬授業は、クラスメート（児童役）を相手に、授業担当教員として1単位時間（45分）の授業或いは特定の言語活動（10〜15分程度）を実際に行う活動である。模擬授業を進める基本的な手順として、計画（Plan）→ 実施（Do）→ 振り返り（Check）→ 改善に向けた検討・修正（Act）（→ 再計画）を繰り返す、授業改善のためのPDCAサイクルを活用するとよい。

　計画（Plan）の段階では、逆向き設計（backward design）（**38**参照）に基づき、単元計画を行う。年間指導計画における当該単元の位置づけ（題材配列、既習事項や次単元の学びとの関連など）を理解し、当該単元の最終到達目標と評価方法における本時の位置づけを明確にする。本時の準備では、教材研究、学習指導案作成、教具・ワークシートの準備、（ティーム・ティーチングの場合）ALT等との役割分担や打ち合わせの準備などを行う。

　一般的に1単位時間の指導は表1のような流れで進められる。授業設計ではストーリー性が重視されなければならない。つまり、指導者は、目標達成に迫る学習活動と働きかけ（指導・支援）が計画されているか、目標と一致した評価計画（評価規準と評価方法）であるかなどと自らに問い、目標、評価、指導／学習活動の一貫性・系統性が確保された授業の計画、実践を行い、振

表1. 指導過程の例

1. はじめの挨拶	5. 練習
2. 帯活動、ウォームアップ（復習）	6. 展開
3. 導入	7. 振り返り・次時の予告
4. めあての提示・確認	8. 終わりの挨拶

り返りにつなげることが大切である（**38**参照）。

　目標と評価の一体化について、『NEW HORIZON Elementary ⑥』Unit 3 My Weekend. の単元計画を例に考えてみよう。本単元の目標の１つである「お互いの生活をよく知るために、週末や休日にしたことを伝え合おうとする（主体的に学習に取り組む態度）」は、単元のどの段階で適切に見取ることができるだろうか。

　「主体的に学習に取り組む態度」は情意、態度に係る観点であり、児童が自ら学習の見通しを持ち、進め方の確認や改善など学習に関する自己調整を行いながら、粘り強く知識・技能を獲得したり思考・判断・表現しようとしたりしているかを見取ることが求められる（『「指導と評価の一体化」のための学習評価に関する参考資料（小学校・外国語編）参照）。したがって、他者に配慮して夏休みの思い出を伝え合おうとする主体的な態度は、「思考・判断・表現」を伴う音声によるインプット（受信）・アウトプット（発信）を繰り返し行う中で得られた「知識・技能」や自信の高まりを通して育まれるものであり、単元の冒頭ではなく、単元の終盤（まとめとなるコミュニケーション活動）で見取ることに留意したい。

　つまり、１単位時間ではなく、一連の学習内容のまとまりを通した学びの深まりを明確に見通す単元観が一層重要となる。

〈2〉特定の活動を取り出した授業
―他教科と連携した活動―

　１単位時間の授業で児童が取り組む学習活動は、そのねらいや形態によって様々である。したがって、模擬授業では各活動の時間配分や活動のつなぎ方（言葉掛け）などを確認することと併せて、特定の活動を取り出し、その進め方や時間配分、活動のねらいと趣旨の一貫性などを確かめることも重要である。45分授業と15分の短時間学習を組み合わせて時間割を編成する学校も見られることを踏まえ、模擬授業では、15分を目安にどのぐらい活動が進むかを把握するとよい。

　外国語活動・外国語科の授業実践の特長は、他教科等の指導も担当し児童の特性をよく理解している学級担任が主導で行うため、他教科等の学習内容や題材と関連した合科的な授業をデザインしやすいことである。高学年の教材には、道案内（『NEW HORIZON Elementary ⑤』Unit 5）や町紹介（『NEW

表2. 5年生 Unit 5 Where is the post office?　第4時の主な活動例

【Let's Sing】Excuse me?, 【Let's Chant】Turn right. Small Talk: Where is your treasure? Starting Out で見つけた treasure の場所を各自で決めさせ、互いにその場所に案内させる。 【Let's Listen ②】道案内の音声を聞いて、やり取りの内容を理解する。

A【Let's Try ④】	B
○誌面地図を見てペアで道案内をして、相手を目的地に案内する。	○学校周辺の地図を用いて、相手を目的地に案内する。

【Sounds and Letters】Let's Listen② や、Let's Try④で扱った語彙を用いて、小文字の書き取りやアクセントの学習を行う。

『HORIZON Elementary ⑤』Check Your Steps 2) の単元が収載されているが、両者とも、総合的な学習の時間で取り扱う地域学習と関連づけることができる。例えば、前者では、誌面地図（表2 A）、あるいは地域（小学校周辺）の地図を用いて道案内をし合う活動を行い（表2 B）、児童の生活や学習場面との関連性が一層高まった指導を展開することができる。

　表2 B は、観光客からの質問カード（資料1）を用意し、小学校をスタート地点、最寄りの駅を終点とし、その区間で最善のルートを選び（資料2）、目的地に案内する活動である。資料を活用して、場面設定や事柄の順序等を考えながら表現し合う活動は、国語科で育まれる「思考力・判断力・表現力等」とも密接に関係し、双方の学びが深まる活動である（小学校学習指導要領第1節国語第2 各学年の目標及び内容 2内容［思考力、判断力、表現力等］A 話すこと・聞くこと）。

　日本語と外国語の発音や語彙、統語的特徴（文構造）への気付きや関心を高める活動も、国語科教育との連携に寄与する。外来語を扱う音声指導を例に考えてみよう。年々増加する外来語は「カタカナ英語（英語の発音を単にカタカナに置き換

資料1. 質問カードの例

えたもの)」(例: 'catchphrase', キャッチフレーズ)と「和製英語(原義とかけ離れ正用法と認められないもの)」(例: 'low calorie', カロリーオフ)に分類される。和製英語はさらに、2つの言語を起源とする混成語('gas ＋焜炉'ガスコンロ)や、前方省略語('platform' ホーム)や後方省略語('department store' デパート)、順序入れ替え語('cabbage roll' ロールキャベツ)などに分類される(須部, 2013)。

資料2. 道案内(地域編)ワークシート

You are here.

　授業では、これらの外来語の仲間分けを行う、和製英語が伝わりにくい場面をALTとのやり取りで示すなどの活動を設定し、言語の多様性への興味・関心を育むことが望ましい。その他の外来語については、『和製英語事典』(亀田・青柳・クリスチャンセン, 2014)や市販の教材(『バナナじゃなくて banana チャンツ 1, 2』)等も参考になる。

〈3〉特定の活動を取り出した授業—教材の導入—

　教材の導入は、音声インプットを豊富に提供したり、英語を用いて児童に問いかけたり反応したりするなど、教師が外国語学習者の良きモデルとして、英語を積極的に使用する場面(練習)になる。その際、児童が自身との関連性を見出し、本時の学びへの見通しや意欲をもって聞くことができるよう、既習の語彙・表現を用いながらなじみのある活動の中で英語に触れる機会を提供することが大切である。

　このような点を踏まえ、絵本教材『In the Autumn Forest』を扱う3年生の単元(『Let's Try! 1』Unit 9「Who are you?」)では次ページのような導入活動が考えられる。

例

【1】指導者の好きな動物について、絵カードやPowerPointの資料等を用いながらスリーヒント・クイズを行う。

▷ 絵本の内容と同様に、動物の身体の一部を隠しながら、'What's this?'、'What color/shape is this?'、'(Would you like some) Hints?' などと質問をし相互交流的に進める。

▷ 何問か行い、最後に絵本に出てくる犬を登場させる。(Dog: I am a popular pet. I like walking. I go woof-woof.〈鳴いてみせるか、デジタル教材の音声を聞かせる〉What am I?)

▷ 最後に登場した犬が主人公の絵本を読んでいくことを伝える。

【2】果物、スポーツ、動物などの既習語彙を用いたキーカテゴリー・ゲーム（**22**参照）を行う。

▷ 最後のキーカテゴリーを動物に設定する。たくさんの動物が登場する絵本を読むことを伝える。

　外国語活動及び外国語科の授業では、他教科と共通する指導技術のほかに、教室英語の使用が求められる。授業を全て英語で行うということではないが、外国語学習者の良きモデルとして、簡潔な表現を用いながらゆっくりはっきりと積極的に英語を使用する姿勢を示し、児童が安心して楽しく英語を学べる雰囲気づくりや、英語を聞こうとする態度の育成を図ることが肝要である。指導者は研修ガイドブック付録の音声教材や、文部科学省MEXTチャンネル（YouTube）に掲載されている研修動画を活用して日頃から英語の音声に触れるようにし、初期のうちは特に、使用する英語表現（褒め言葉、指示、発問など）を書き留めた学習指導案（細案）を作成して模擬授業に臨むことが望ましい。

Let's give it a try!

1. 『外国語活動・外国語研修ガイドブック』授業研究編Ⅱ（pp. 102-103）を参考に、高学年の単元における他教科等と関連した活動を計画し、15分間の模擬授業で実践しなさい。

2. 〈3〉の例を参考に、夏休みの思い出を題材とする単元の導入を計画し、実践しましょう。

第 **1** 部

小学校における英語教育
[2] 英語科に関する専門的事項

16 聞くこと

学びのキーワード □リスニング　□トップダウン処理　□ボトムアップ処理
　　　　　　　　□インタラクティブ処理

〈1〉リスニングの過程

　聞くこと（リスニング）は、言語習得やコミュニケーションを支える基本的
な技能として位置づけられる。そのメカニズムについては、（1）耳で聞い
た情報（発話音声）にどのような音が含まれているかを認識する「知覚」段階
と（2）聞き取った（認識した）情報をもとにその内容を理解する「理解」段階
の2段階に大別できる（図1）。理解の段階では、意味の解釈に向けてボト
ムアップ処理とトップダウン処理による情報処理が行われる。ボトムアップ
処理では、発話音声に含まれる最小の単位である個々の音、音韻から始まり、
単語→ 語句（フレーズ）→ 文章と階層的に処理し、全体的な意味が組み立て
られる。一方、トップダウン処理では、既存の背景的知識「背景的知識
（background knowledge, schema)や文脈の情報などの高次の情報を手掛かり
として意味を形成する。インタラクティブ処理では、ボトムアップ処理とトッ
プダウン処理が同時に働き、双方の相互作用によって理解が促進される（図1）。

図1．リスニングにおける知覚と理解

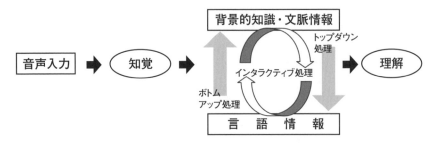

※門田（2015: 17）と和泉（2016: 172)」を基に筆者が作図

第一言語による聴解の場合、これらのプロセスはほぼ自動的、無意識的に行われるが、外国語の場合、特に、聞き手が初中級レベルの学習者の場合、より意識的で修正的な処理が必要となる。例えば、語彙や文構造の知識の欠如からボトムアップ処理の段階でつまずき、意味理解が阻害されてしまう。そこで、自身のスキーマ（schema, 背景的知識）や状況知識を利用し言語的知識の欠如を補う、またはその逆で、スキーマの欠如を言語知識で補うというように、強い方の処理が弱い方の処理を補完しながら聴解が進められる相互補完的なインタラクティブ処理が行われる。つまり、外国語の聴解においては、特定のプロセスの活用に限定するのではなく、目的、場面、状況等に応じて、トップダウン処理とボトムアップ処理を柔軟に組み合わせて聴解が助長されるような聴解ストラテジーの養成が重要になる。

〈2〉音声認識能力を高める学習方法

　話し手のメッセージ（内容、意図）を理解し円滑にコミュニケーションを図るためには、聞き手は、最初の段階である「知覚」において、音を正しく聞き分ける（音声認識）能力が必要である。音声の最小の単位である音素レベルの認識を高めるためには、発音練習が不可欠である。'hat（帽子）– hut（小屋）'のように、カタカナでは「ハット」と1通りで表記できても、英語では下線部の母音はそれぞれ/hæt/、/hʌt/ と発音され2つの異義語となる。子音においても、日本語にはない特殊な音（/θ/ 'think', /ð/ 'mother', /v/ 'violin'など）や音の区別（/l/-/r/, /b/-/v/, /s/-/ʃ/など）が含まれ、音の違いによって意味解釈にずれが生じる場合がある（例: 'fly'〈飛ぶ〉– 'fry'〈炒める〉）（本書❹❺参照）。発音練習では、動画教材（文部科学省MEXTチャンネル〈YouTube〉）や発音方法の解説（『小学校外国語活動・外国語研修ガイドブック』実習編）等を活用して音声を聞き、唇や舌などの位置や動きも意識した練習を継続的に行うことが大切である。

　英語は、強勢を置く位置やその目立たせ方が日本語と異なる（❹❺参照）。語句レベルでは、日本語（カタカナ英語）と強勢の位置が異なる単語や（cóffee）、強勢の位置によって意味が異なる複合語（a gréen càrd:アメリカ永住権、a grèen cárd:緑色のカード）など、日本人学習者にとって聞き分けが困難とされるものに留意し、聞き取りと発話練習を行う必要がある。

　さらに、まとまりのある英語を聞き取る力を身につけるために、次のよう

な文単位の強弱の変化（●○）や語の連結（＿の部分）を意識した発話練習を行い、英語特有のリズムやイントネーションを習得することも大切である。

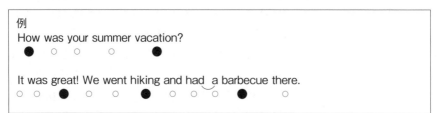

例
How was your summer vacation?
● ○ ○ ○ ●

It was great! We went hiking and had a barbecue there.
○ ○ ● ○ ○ ● ○ ○ ○ ● ○

　指導者は、授業中における児童とのやり取りや、授業外でのALTとの打ち合わせなどの場面でリスニングを行うことが多い。そのため、教室英語表現やALTとのより良い関係構築に向けた日常会話の聞き取りや発話練習を行うことが重要である。

　まずは、『教室英語表現集』と付属CD等を活用して、目的や場面（例「児童への指示」、「ALTに依頼する」など）に応じた個々の表現を音読し、段階的に、個々の表現を組み合わせて用いる連続発話の練習へと移行する（図表1）。これは「話すこと」が中心となるが、発話（音声化）の練習を続けること

図2. 教室英語（連続発話）とALTとのやり取り例

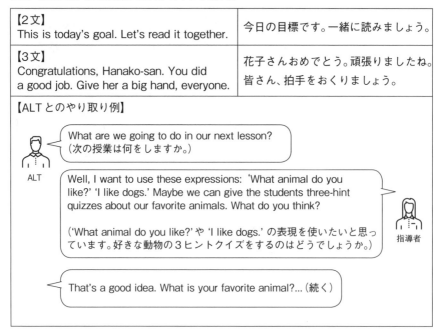

【2文】 This is today's goal. Let's read it together.	今日の目標です。一緒に読みましょう。
【3文】 Congratulations, Hanako-san. You did a good job. Give her a big hand, everyone.	花子さんおめでとう。頑張りましたね。皆さん、拍手をおくりましょう。

【ALTとのやり取り例】

ALT: What are we going to do in our next lesson?
（次の授業は何をしますか。）

指導者: Well, I want to use these expressions: 'What animal do you like?' 'I like dogs.' Maybe we can give the students three-hint quizzes about our favorite animals. What do you think?

（'What animal do you like?' や 'I like dogs.' の表現を使いたいと思っています。好きな動物の3ヒントクイズをするのはどうでしょうか。）

ALT: That's a good idea. What is your favorite animal?...（続く）

で、実際に耳にする際により速く、無意識的に（多くの注意を払わなくても）知覚できるようになる（音声知覚の自動化）。これらの練習は、ALTを講師として校内研修（英語力向上研修）の一環で実施するほか、日本人の指導者同士でも、学年単位や有志者同士で勉強会を開き、短時間学習（15分程度）として定期的・継続的に行うことが望ましい（『小学校外国語活動・外国語研修ガイドブック』研修指導者編参照）。

　音声知覚の自動化には、シャドーイングも効果的である。シャドーイングとは、耳から聞こえてくる音声を影のように追いかけ、意味を考えながらできるだけ即座に繰り返す行為を指す。シャドーイングの訓練により、音声知覚が自動化し、復唱の正確さや、一定の時間内で復唱できる語句や英文の数が増加する。そして、復唱により一時的に保持・記憶された音声を手掛かりとして、内容理解が促進されリスニング能力の発達につながると考えられる（玉井, 2005）。母語で同様の経験をすることは少ないため、初期にストレスや負担を感じないよう、自身のレベル (i) よりも易しい (i-1, i-2) ものを素材として選んで行うことが大切である（門田, 2015；**40**参照）。

〈3〉内容理解のためのリスニング

　コミュニケーションの場面では、話者が発する情報を一語一句正確に聞き取ることよりも、その要旨を理解することが重視される。そのためには、音声インプットの95％以上を理解する必要があり、80％を下回ると、内容理解が疎かになるといわれている（Nation, 2013）。したがって、内容理解のためのリスニングでは、自身の現段階のレベルに合った理解可能な英語（i もしくはi +1レベル）を聞く学習を日常的かつ継続的に進めることが大切である。加えて、興味・関心のある洋画を見るなどの娯楽的に取り組む活動と、音声情報の詳細（言語項目、意味）を聞き取ることを目的とした能動的な学習を組み合わせることが効果的である（Flowerdew and Miller, 2005）。通勤／通学中や会議の合間などの限られた時間でも活用できるよう、紙媒体に加え、携帯端末（スマートフォンやタブレット）にも対応した英語学習教材を使用するとよい。その際は、以下に示すような日本語によるスキーマを活用できる教材を選び、無理なく続けられるようにする（その他の目的別のリスニングについては**40**を参照されたい）。

- 日本語（母語）で学んだニュースの内容をレベル別に英語で聞く（例: News in Levels（https://www.newsinlevels.com/#）, EnglishCentral（https://ja.englishcentral.com/videos））
- 日本語で鑑賞したTV番組や映画を英語（字幕版）で見る
- 日本語で読んだことのある本の英語版オーディオブックを聞く

　指導者は、内容理解のために行うリスニングの（修正的）プロセスについて理解すると同時に、自身のボトムアップ処理、トップダウン処理、さらに、それらの相補的活用の効率化を図ることが重要である。そのためには、ただ単に英語をたくさん聞くのではなく、理解可能な英語を日常的、継続的に聞くようにし、それと併せて語彙力や発音、文法能力など英語運用能力の総合的な向上を図る必要がある。

〈4〉リスニング指導

　では、指導者としてどのようにリスニング指導を行うとよいだろうか。小学校外国語活動及び外国語の授業では、身近で簡単な事柄について、視覚情報や文字情報を手掛かりに大まかな内容や具体的な情報を聞き取る活動や、語彙・表現の音、意味、文字の対応への気付きを促す活動が設定されている（表1）。

表1. 小学校学習指導要領(H.29年度版)「聞くこと」の言語活動

外国語
(ア)　自分のことや学校生活など、身近で簡単な事柄について、簡単な語句や基本的な表現を聞いて、それらを表すイラストや写真などと結び付ける活動。
(イ)　日付や時刻、値段などを表す表現など、日常生活に関する身近で簡単な事柄について、具体的な情報を聞き取る活動。
(ウ)　友達や家族、学校生活など、身近で簡単な事柄について、簡単な語句や基本的な表現で話される短い会話や説明を、イラストや写真などを参考にしながら聞いて、必要な情報を得る活動。

（次ページに続く）

外国語活動

(ア) 身近で簡単な事柄に関する短い話を聞いておおよその内容を分かったり
する活動。

(イ) 身近な人や身の回りの物に関する簡単な語句や基本的な表現を聞いて、
それらを表すイラストや写真などと結び付ける活動。

(ウ) 文字の読み方が発音されるのを聞いて、活字体で書かれた文字と結びつ
ける活動。

　日本語と外国語の音声やそれぞれの特徴の違いへの気付きを促すリスニン
グ指導として、キーワード・ゲームに準拠した「キーカテゴリー・ゲーム」の
実施が考えられる。まず、児童の生活場面に関わる既習の絵カードを一式黒
板に提示する（資料1）。聞く対象が食べ物、動物、スポーツ、人物と、複数
のカテゴリーにまたがるため、1単語ではなく「食べ物」をキーワードとする。
そのほか、文字認識を高めるために、first letter（例：'s' で始まる単語）をキ
ーワードとして設定することもできる。

　キーワード・ゲームでは、キ
ーワード以外の単語に十分な注
意が向けられないという課題
がある。そこで、カテゴリーを
用いることで正解が複数に増
え、児童は音声だけでなく1
語1語の意味も意識しながら
集中して聞き、文字が添えら
れた絵カードと対応させていく
意欲的な取り組みが期待できる。

資料1. キーカテゴリー・ゲーム用教材
(Let's Try!1 Unit5)

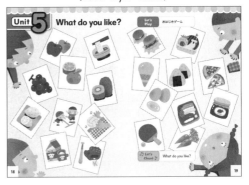

　音声と綴りの対応関係の指導は中学校外国語科の範疇になり、小学校の段
階では、英語の文字の名称の読み方（/ei/ /bi:/ /si:/）と活字体を結びつける
指導を行う。音の読み方（/æ/, /b/, /k/）については、児童の実態に応じて、
ジングル（『NEW HORIZON Elementary』デジタル教材）や始まりの音、終
わりの音（『NEW HORIZON Elementary』Sounds and Letters）等の活動で代
表的なものや音声で十分に慣れ親しんだ単語の音を取り扱い、文字認識力の
高まりを図るようにする。

　内容理解のためのリスニング指導では、リスニングとその前後に行う活動

のつながり（関連付け）が重要である。

『NEW HORIZON Elementary ⑤』Unit 6「At a restaurant.」を例に考えてみよう。本単元の導入段階において、誌面化されている活動（Starting Out）の場面を抜粋し、指導者とALTによる基本表現を用いたロールプレイを聞く活動を設定したとしよう（図2）。活動前にFoods Jingleや、What food do you like?をテーマとするSmall Talkなどのプレ・リスニングを行うと、既存知識が活性化される。

ポスト・リスニングでは、基本表現を引き出すほか、既習表現 'What do you want?'との違いや、応答の際の '..., please.'の役割などについて日本語と比較して考えさせながら、内容の聞き取りと併せて、英語にも場面や状況に応じた丁寧な表現があることを理解させたい。

図2. リスニングの指導過程

プレ・リスニング
○Jingle
○チャンツ
○Small Talk など

⬇

リスニング
○指導者とALTの
　やり取り
○Let's Watch and
　Think など

⬇

ポスト・リスニング
○語彙や表現の確認
○内容や言葉の働きに
　関する発問 など

Let's give it a try!

1. 『小学校外国語活動・外国語研修ガイドブック』実習編を参考に、3〜6年生の単元で、授業前の準備と授業後の評価を行うALTとのやり取り（3往復以上）を1つずつ考え、ペアでロールプレイをしなさい。

2. News in LevelsのWebページ（資料2参照）で以下の英文を聞き、シャドーイングを3回行いましょう。シャドーイングの音声は録音し、各回の再生率（正しく再生できた語数／総語数）を計算して比較しなさい。

資料2

In Britain, two men recently turned 110 years old. They share the record for the oldest living men in Britain. One man lives in Scotland, and the other lives in southern England, so they called one another to celebrate. The man in Scotland was a farmer and he talked about the changes that he saw in farming during his long life. He even shared his secret to his long life: eating porridge every day! The man in Hampshire said that it was not his ambition to live this long, but his life was always interesting and the years just went by. (101 words)

17 話すこと

目標 様々な話題について、目的や場面、状況等に応じて英語で話すこと（やり取り・発表）ができるような力を身につけている。

◇◇

学びのキーワード □やり取り □発表 □クラスルーム・イングリッシュ

〈1〉授業実践に必要な話す力―CEFRの観点から―

　教師は授業実践に必要な話す力（やり取り・発表）を身に付ける必要がある。しかし、そのような力を明確に定義することは難しい。小学校教員養成課程外国語（英語）コア・カリキュラム解説によれば、目標とする英語力はCEFR B1レベル（英検2級）程度と提示されている（東京学芸大学, 2017, p. 102）。話すこと（やり取り・発表）に関するCEFR B1レベルというのは、以下の通りである（和田・高田・緑川・柳瀬・齋藤, 2013）。

> **やり取り**
> 　その言語が話されている地域であれば、旅行中に起こりうるたいていの状況に対処できる。例えば、家族、趣味、旅行、時事問題などで、なじみ深く個人的にも関心があり、日常生活に関連したトピックであれば、準備がなくても会話に入っていける。

> **発表** [注]
> 　過去の経験や出来事、将来の夢や希望、抱負を表現するために、句を単純につなぎ合わせることができる。意見や計画の理由や説明を、簡単ではあるが表現することができる。物語を伝えたり、本や映画のあらすじを伝え、自分の感想を表現できる。

注）和田ら（2013）はCEFRのproductionを「表現」と訳しているが、本稿では、小学校学習指導要領(H. 29年度版)に対応させるため、「発表」と訳出する。

　このようなCEFR B1レベルの記述やそれに相当する外部試験の点数や級（例：英検2級、TOEFL iBT 42-71、TOEIC L&R／TOEIC S&W 1150~1555、GTEC CBT 960~1189）は、どのような英語力を教員養成段階で身に付ける必要があるかの目安になるだろう（https://www.mext.go.jp/b_menu/houdou/30/03/__icsFiles/afieldfile/2019/01/15/1402610_1.pdfを参照）。しかし、必

ずしも、小学校における授業実践を行う英語力（特に話すこと）を直接的に示しているわけではないことに注意したい。例えば、英検2級のスピーキングであれば、日常生活での出来事について説明したり、用件を伝えたりすることができる能力を測定している。そのため、小学校の教員に必要な話す能力の測定という意味では、妥当性は低いということとなる（26を参照）。しかし、どのような英語力（特に話すこと）を教員養成段階で身に付ける必要があるかの目安として、参考になるだろう。

〈2〉授業実践に必要な話す力
―コア・カリキュラムの観点から―

　授業実践に必要な話す力を考える上で、より具体的で参考になるのが、小学校教員研修外国語（英語）コア・カリキュラムの解説に関する記述である（東京学芸大学, 2017, pp. 81-82, 122-124）。それによると、小学校における外国語活動・外国語の指導に必要な英語力を育成するために、7つの研修項目が挙げられている（実際は8項目だが、板書や掲示物における正しい英語の表記の項目は、話すこととは直接関係がないので、ここでは取り上げない）。

①授業で扱う主たる英語表現の正しい運用

　指導者が授業で扱う語句や表現を正しく話すことは、児童が外国語に触れたり、習得したりする際に重要である。外国語活動や外国語科の授業においては、一般的に、各単元に言語材料（語句や表現）が提示されている。それらについては事前に練習したり、授業中にALTの後に続けて発音したり、目的や場面・状況を踏まえた言語活動の中で使うことで、正しく話すことができるようにしたい。

②発音や強勢・リズム・イントネーションを意識した発話

　pineapple［páinæpəl］やbanana［bənǽnə］は強勢が日本語と英語では異なること、mi-ru-kuと3拍ではなく、/mílk/と一音節で発音すること、What animal do you like?のようなwh疑問文では文末を上げるのではなく下げて発話すること等の音声の基本を身に付ける必要がある。

③ALT等と授業について打ち合わせをするための表現

　ALTとの打ち合わせに必要な英語表現はそれほど多くないので、それらのパターンをぜひ身に付けたい。文部科学省 (2017) には以下の 7 つのパターンが示されている。

(a)　スケジュールについて（例: Please come to XYZ Elementary School by 9 o'clock.）

(b)　場所について（例: Today, we will have class in the library.）

(c)　カリキュラムと授業について（例: This is the curriculum for the fifth grade.）

(d)　授業の評価について（例: What did you think of today's lesson?）

(e)　次時以降について（例: This is the lesson plan for the next class.）

(f)　教材の作成等について（例: Could you make a worksheet on the computer?）

(g)　授業以外について（例: Could you have lunch with the students?）

④クラスルーム・イングリッシュを土台にした意味のあるやり取り

　本章〈3〉を参照

⑤児童の発話や行動に対する適切な言い直し

　外国語を話す際に誤りはつきものである。㉑で詳細は述べるが、児童の発話の誤りに対して、児童の意図を変えずに、正しく言い直すリキャスト (recast) ができるようにしたい。

⑥児童の理解に合わせた適切な言い換え

　㊷で述べるが、指示や説明、課題の提示を児童が理解できていない場合、わかりやすく言い換えるなどのティーチャー・トーク（teacher talk）のスキルを上げることも重要である。

⑦児童の発話や行動に対する即興的な反応

　児童の発話に対する反応を即興で返すことができるよう、既習表現やクラスルーム・イングリッシュを使い、臨機応変な受け答えの準備も心がけたい。

　これら 7 項目から、外国語活動・外国語科の授業実践に必要な英語力において、話すことがいかに重要だと考えられているかがわかるだろう。音声を意

識しながら、語彙や表現を正しく使い、児童の発話や理解に応じて即興的に反応(言い直し、言い換えを含む)することができる英語力もぜひ身に付けたい。

〈3〉クラスルーム・イングリッシュ (Classroom English)

前述した研修項目④に書かれているクラスルーム・イングリッシュとは、「あいさつや指示、質問、依頼、激励など、英語の授業等で使われる表現」のことを指す(文部科学省, 2009, p. 86)。文部科学省 (2017) によれば、クラスルーム・イングリッシュは12種類が挙げられている（米山, 2011は16種類を挙げている）。

①授業の始まり
例: Good morning. How are you? Are you ready? Let's begin.

②活動の始まり
例: Let's play a game. Put one eraser between you and your partner.
Let's sing a song. Put away your textbook.

③活動中
例: Make pairs. Any volunteers? Make groups of five. Let's play rock, paper, scissors. One, two, three!

④カード・ゲーム
例: Don't show your cards to anyone. Take one card. Pass the card to the next person. Bring your cards to me.

⑤聞くことを中心とした活動
例: Listen. Can you hear the CD clearly? Let's listen to Suzuki-sensei. Listen carefully and connect the dots.

⑥読むことを中心とした活動
例: Let's read a story. Did you enjoy the story? Let's read together. This is the end of the story.

⑦書くことを中心とした活動

例： Watch and copy carefully. Put your pencil down. Choose the phrase you want to copy and write it carefully. Write the words on your worksheet.

⑧活動の終わり

例： Time's up. How many cards do you have? How many times did you get bingo? Who has five points?

⑨児童への指示

例： Draw a line. Let's count from one to ten. Draw a line between the picture and the character. Can you find the dog in this picture?

⑩授業の終わり

例： That's all for today. See you next time. Let's review today's class. Take out your reflection sheet.

⑪ほめる

例： Wonderful! Let's give her a big hand. You are doing fine. That's right!

⑫励ます

例： Close! You can do it! One more time. Take your time.

　指導者は、教室で日常的に使うこのような表現を積極的に使用することによって、英語の授業の雰囲気づくりを心がけたい。

〈4〉指導者として話す力を向上させるために

　指導者のスピーキング能力の向上を図るために、2点紹介したい（文部科学省, 2017, p.143 も参照のこと）。第1点目は、英語を口にすることに慣れるということである。指導者であれば、上述したクラスルーム・イングリッシュの中から今日はこれを使うと決めて、意識的に使ってみるとよいだろう。**21**のアウトプット仮説の節で述べるように、意識して使っているうちに、自然に流暢になるものである。

また、ALTとの打ち合わせも、英語に慣れる絶好の機会である。確かに、英語を話すことに不慣れな指導者は最初戸惑うかもしれないし、ALTによっては日本語が流暢な人もいるかもしれない。しかし、ここは絶好のコミュニケーション場面であると考え、ALTに助けも得ながら、積極的にコミュニケーションをとってみよう。上述のように、ALTとの会話例はある程度パターン化されているので、すぐ慣れることができると思われる。動画配信サイトYouTubeの文部科学省公式チャンネル (http://jp.youtube.com/mextchannel) には、クラスルーム・イングリッシュ、基本英会話、Small Talk の例が挙げられていて、小学校の外国語活動や外国語を担当する指導者にぜひ身に付けてほしい語句や表現が網羅されている（文部科学省, 2017 も参照のこと）。

　学生であれば、外国語の指導法や外国語に関する専門的事項に関する講義や演習だけではなく、「英語コミュニケーション」などの英語科目の中で、まず、どのようなクラスルーム・イングリッシュやティーチャー・トークが使われているのか意識してみてはどうだろうか。また、上述の文部科学省公式チャンネルを視聴して勉強するのもよい。クラスルーム・イングリッシュやティーチャー・トークの観察や視聴だけではなく、指導法の授業等で、模擬授業やマイクロティーチングが計画されているので、その中で意識して使ってみるとよいだろう。また、外国人教員、交換留学生、近隣に居住・勤務している外国人などと積極的に英語で交流する機会を設けることで、話す力を向上させてほしい。大学によっては、英語以外は使用してはいけないイングリッシュ・カフェ（ルーム）を用意しているケースもあるので、積極的に活用しよう。

　指導者のスピーキング能力の向上を図るために紹介したい2点目は、英語の音声をできるだけ正確にまねてみるということである。カタカナ英語、英語の母音、日本語にはない特殊な子音や子音の連続などを中心に意識してまねてみるとよい。その際、YouTubeの文部科学省公式チャンネルの発音トレーニングを参考にするとよいだろう。

Let's give it a try!

1. 小学校の教員の英語力が外部試験の点数や級では捉えることができない理由を、話し合いなさい。
2. 文部科学省（2017）のクラスルーム・イングリッシュの一覧を見て、まだマスターしてないものをチェックしなさい。また、他に役に立ちそうな表現を考えて追加しなさい。

18 読むこと

目標 小学校中学年で慣れ親しんだ英語の音声を下地とした「読むこと」の授業実践に、必要な読む力を身につけている。

◇◇

学びのキーワード □活字体の大文字・小文字　□カルタ　□看板・標識　□絵本
□英字新聞

〈1〉高学年の読むことの指導

　「平成26年度小学校外国語活動実施状況調査」によると、中学1年生に対して、小学校外国語活動が中学校でどのように役立ったかと問う質問で、「アルファベットを読むこと」が役立ったと回答した生徒が88.8％であった。さらに、小学校の外国語活動でもっと学習しておきたかったこととして、中学1年生の80.1％が「英単語を読むこと」、79.8％が「英語の文を読むこと」と回答しており、英語を読むことに対する意欲はかなり高いと思われる。

　小学校中学年において、児童はすでにローマ字を学習しており、ローマ字で書かれた人の名前や地名などを読む活動を行っている。厳密にはローマ字は日本語をアルファベット表記したものであり、英語ではないが、スポーツなど世界で活躍している選手名がアルファベット表記されているのを見る機会も多く、児童は英語の文字を読むことに対して関心も高まっている。小学校学習指導要領（H. 29年度版）は外国語科の読むことに関して、以下の目標を掲げている。

> ●活字体で書かれた文字を識別し、その読み方を発音することができるようにする。
> ●音声で十分に慣れ親しんだ簡単な語句や基本的な表現の意味が分かるようにする。

　小学校学習指導要領（H. 29年度版）における小学校高学年への読むことの指導に関しては、「読むこと」から「書くこと」へ移行するという、本来の自然習得の順序とは逆の順序で指導ができることも考えられる。つまり、音声で十分に慣れ親しんだ単語・短文を「書き写し」、それを読めるようにするのである。

This is my hero. She is my sister. She can play the flute well. She is good at playing the piano, too. She is cool. She is my hero. (『We Can! 1』p. 72)

音読に関しては、上記の英文中では、例えば、oo のつづりの発音には以下のようなフォニックスのルールがあることをを、指導者として知り、適切に使い分けることができるようになることが推奨されよう。

/u:/ cool, fool, too, tool,　　/u/ book, cook, good, look

〈2〉読むことを指導する活動例

小学校学習指導要領（H. 29年度版）には、読むことを指導する言語活動について、次の（ア）〜（エ）に該当すると述べられている。

> （ア）活字体で書かれた文字を見て、どの文字であるかやその文字が大文字であるか小文字であるかを識別する活動。

> （イ）活字体で書かれた文字を見て、その読み方を適切に発音する活動。

/ei/ を含む文字	A, H, J, K,	/i:/ を含む文字	B, C, D, E, G, P, T, V, Z
/e/ を含む文字	F, L, M, N, S, X	/ai/ を含む文字	I, Y
/ju:/ を含む文字	Q, U, W	その他	O, R

また、その文字に親しみを持たせるため、26個のアルファベットの文字について、共通に含まれる音に注目して分類する活動も考えられる。

大文字Bの上部をとると小文字のbになるが、小文字dは、第1画目の丸の方向からして大文字Dとは異なるので、慎重に指導したい。

英語の活字体は、大文字（capital letters）と小文字（small letters）に分けられる。伝統的に印刷所では、大文字が上方の活字ケースにあり、小文字が下方の活字ケースに保管されていて、活字工などがケースから活字を拾って印刷作業をしていた名残から、大文字を uppercase letters、小文字を lowercase letters と呼ぶこともある。

大文字が使われるのは、固有名詞の語頭、英文の文頭、あるいは、personal computer（PC）や automatic teller machine（ATM）のように本来複合語を短縮して表す場合に用いられ、cat や dog のような名詞など通常の

英単語は小文字で表記されることが普通である。

　牧野（1990）は、母音の発音に関して、同じ発音の母音であっても長さが異なることを、データを示して説明している。つまり、以下の表の①アルファベットの読み方に子音が入らない文字及び②「子音＋母音」型である文字の母音が一番長く、③「母音＋有声子音」型である母音、④「母音＋無声子音」型である母音の順で、母音の発音が短くなっていく。

	アルファベットの文字のつくり	アルファベットの文字の例
①	読み方に子音が入らない文字	A, E, I, O, R
②	「子音＋母音」型である文字 例：Bは /bi:/	B, C, D, G, J, K, P, Q, T, U, V, W, Y, Z
③	「母音＋有声子音」型である文字	L, M, N
④	「母音＋無声子音」型である文字	F, H, S, X

〈3〉大文字、小文字を書いたカードを使った活動

　大文字を書いたカード、小文字を書いたカードでカルタ取りを行う際、小文字のbとq にはそれぞれ下線を引くなどして、上下がわかるように配慮しておきたい。

　各個人の机上に、26枚の文字カードを並べて、「個人戦」も考えられる。例えば、読み手が読んで児童が取った複数の文字カードを並べ替えて、意味のある英単語にする活動にも発展させられる。

　k, q, xなどの文字は、単語のつづりの中で目にする頻度は高くない。kは通常/k/と発音される役をcに奪われており、q はquiz, queen, questionなど通常 quとなる。xはxylophone, xeroxなどはあるが、通常語頭に来る単語は少ない。

　このように、他の文字が同じ音を出して役割を奪っていたり、特定の文字が後ろに来るなど条件が限定されていたりして、出番が少ない文字がいくつか存在する。日本語でしりとり遊びをする場合、「ぷ」や「る」で始まる言葉を探すのに子供は苦労することがあるが、それに似ているといえよう。大文字・小文字のカルタも実践されているが、読み手が発音した際、取り手も必ず発音して取るなどのルールを加えることも考えられる。

〈4〉文字が集まった単語レベルの情報を得る活動

　さらに、「読むこと」の活動について、以下の記述がある。この活動は、

（ウ）日常生活に関する身近で簡単な事柄を内容とする掲示やパンフレットなどから、自分が必要とする情報を得る活動。

文字を読むことに留まらず、文字が集まった単語レベルの情報を得る活動になる。例えば、中心街へ出かけると、多くのお店に"SALE"と書かれた張り紙や看板を見つけるだろう。こうした、英語の看板や掲示をさがす活動も含まれる。

　日本の道路標識に似たものや、イラストがヒントになるもの、色や形で大まかに区分されている標識などがあるので、全体で何を言っているのかを推測する活動を行う。

（エ）音声で十分に慣れ親しんだ簡単な語句や基本的な表現を、絵本などの中から識別する活動。

　以下は街中や公園で見かける看板等である。同様に意味を推測する活動を考えたい。

　小学校外国語科における、「読むこと」の発展形として、英語の読み物を活用する活動が挙げられている。音声で十分に慣れ親しんだ表現や、繰り返し出てくる表現が多いと児童は容易に理解できるだろう。

〈5〉英語の絵本や英字新聞を活用した活動

①英語の絵本の活用

　低学年時に国語科で学習した『たぬきの糸車』を題材に、ある小学校の児童たちが英語の紙芝居を作成し、担任教師とALTが協力して易しい英語でお話をつけ、読み聞かせを行った。図工との合科学習で、小枝や木の葉を貼り付けるなどして、かなり立体的な紙芝居が出来上がった。

　スイミー（Swimmy）など、もともと他言語で書かれ、日本語に翻訳された作品もある。この英語の文章は、小学生にとってはかなり難解なものと思われるので、ALTに依頼して易しい英文にするなどの工夫が必要となる。その際、登場人物の台詞を多くして話を展開することも一法である。

　また、ある小学校にオーストラリアの姉妹校から英語の絵本がプレゼントされた。さっそくALTが読み聞かせを行ったが、原文のままの読み聞かせは高学年の児童にもやや難しく、内容もよくわからなかったことが、複数の児童への聞き取りで判明した。これは、英語と絵本のあらすじの2つの要素で児童にとってなじみがうすかったためと考えられる。もし、読み聞かせの前にこれはオーストラリアの「トトロ」のような生き物のお話だと、背景を児童に知らせていたら、文化的な理解も深まり、絵をヒントにして、絵本の内容をもっと理解できたのではないかと思われる。

　小学校の国語の教科書に載っている作品や、児童になじみのあるお話で英語版になっている絵本も活用できる。朗読された音声CDが付いているものもあり、音声CDを聞きながら、挿絵をヒントに、本文中の読める単語を指差す活動も考えられる。

　絵本がDVDになっているものもある。DVDの朗読の音声は、日本語、英語のモードに加えて、教師やALTが肉声で読み聞かせられるように、カラオケのようにBGMだけが残されているモードを備えたものもある。児童が興味を持つ絵本を選び、多様な形態で読み聞かせを行い、英語の音声に十分慣れ親しんでから、将来的に児童自身の英語を「読む」意欲へとつなげていきたい。また、図書館で購入する図書や学級文庫として、英語の絵本を購入することなども検討したい。

②英字新聞の活用

　小学校入学前の幼児が、ひらがなに興味を覚えはじめた頃、日本語の新聞を見せて、自分が知っている「の」などのひらがなを探させる「遊び」がある。

紙面には大量の文字が印刷されており、漢字も多いため、全部読めることはありえない。そんな状況で、一つでも文字が読めたり、ひらがなの短い単語が見つけられたりしたときの喜びは、さらに読める単語を探してみようとする意欲につながるであろう。同様に、英語で書かれた新聞を活用し、まずは大文字・小文字を文字レベルで探してみる。次に単語レベルでわかる単語を探してみる活動も考えられる。次の新聞記事の見出しの中では、小学生は、筆者が施した太字の単語を見つけることが期待される。

"SoftBank-led trio develop **robot** that can transform into **car**"

(The Japan Times, April 26, 2018)

ただし、この場合はパンフレット等と違い、文字と実物が併記されていないので黒板に車の絵とつづり (car) 等のカードを貼るなどの配慮が必要である。

〈6〉指導者の読む力

　指導者自身が、英語を読むことに抵抗を持たないように、英語を読むことを楽しむことを心がけたい。英語の読書量は読書の質へと変わっていくことが期待される。ファッション、スポーツ、旅行など、自分が興味があり、背景的知識（background knowledge, schema）も少なくない分野の英文をホームページ、英語で書かれた新聞や雑誌記事を読むことから始め、英語を読むことに対する苦手意識を取り去り、読めたという達成感をまず指導者が味わいたい。その際、〈1〉から〈5〉に示した児童が読む活動をするための材料を探しながら読むことも重要である。

| Let's give it a try! |

1. 身のまわりの英語表記の看板で、小学生に意味を理解させるのに適切と思われる看板の写真を持ち寄り、看板の意味のヒントを考えなさい。
2. 小学生が読むのに適切と思われる英語の絵本のブックレポートを作成しなさい。
3. 英字新聞を用意し、写真などをヒントに、小学生が理解できそうな英単語を探しなさい。
4. 指導者が興味を持って読めそうな雑誌や新聞記事を持ち寄りなさい。

19 書くこと

目標 小学校中学年で慣れ親しんだ英語の音声を下地とした「書くこと」の授業実践に必要な力を身につけている。

学びのキーワード □文字指導 □書き写す □書く □ TPR □フォニックス

〈1〉小学校における書くことの目標

　文字を書き写すことから始まる英語の文字指導であるが、文頭や固有名詞は大文字で書き始めることの指導に加えて、一人称Iも常に大文字で書くことを指導する。この理由に児童が疑問を持った際、太田垣 (1999) や石戸谷・真鍋 (2008) の説明が参考になる。つまり、かつて英語の一人称のIは、現在のドイツ語やフランス語と同様に小文字で表記していた。しかし、小さく目立たなかったため、目立たせようと大文字にして現代に至っている。

　小学校学習指導要領 (H. 29年度版) の、外国語科における「書くこと」の目標は次の2点である。

> ア　大文字・小文字を活字体で書くことができるようにする。また、語順を意識しながら音声で十分に慣れ親しんだ簡単な語句や基本的な表現を書き写すことができるようにする。
>
> イ　自分のことや身近で簡単な事柄について、例文を参考に、音声で十分に慣れ親しんだ簡単な語句や基本的な表現を用いて書くことができるようにする。

〈2〉無理なく段階を踏むための4つの活動

　さらに、「書くこと」の指導に関して、易から難へ無理なく段階を踏むべく4つの言語活動の例が示されている。

> （ア）文字の読み方が発音されるのを聞いて、活字体の大文字、小文字を書く。

　「読み方が発音される」というのは、アルファベット名称読みのこと（Aを/ei/、Bを /biː/) である。英語学習初級者が英語を書くために、伝統的に4本

線を施したノートが使用されてきた。第3線を基線（地面）とし、アルファベットの大文字・小文字を書くのに、基線からの高さを意識して指導するよう心がけたい。令和2年度から小学校で正式に使用される4本線欄は、基線から「地上1階」までの幅が他より広く、この空間に13個の小文字がおさまる。

大文字はすべて「地上2階建て」である。誤って左右逆の文字を書いてしまいそうなBについて、「1+3=B」などをヒントにするのも、文字指導の知恵の一つである。文字の形を体で覚えるため、米山（2011）が解説する全身反応法（TPR）を応用して、ペアで大文字を作る活動も考えられる。

高さ	小文字
①地上2階建て	b, d, f, h, k, l
②地上1.5階建て	i, t
③地上1階建て	a, c, e, m, n, o, r, s, u, v, w, x, z
④地上1.5階、地下1階建て	j
⑤地下1階建て	g, p, q, y

比較的単純で、日常生活でもよく目にするアルファベットの大文字に比べて、高さや点の有無など、様々な特徴を持つ小文字の指導には、より多くの時間を割く必要があることは想像に難くない。小文字の認識力を高めるため、特に小文字の高さを意識して、身体を使って学習する活動も考えられる。

以下の③を基本ポジションとし、②と④は拳を握って頭上にのせる。

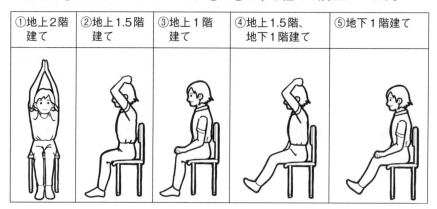

①地上2階建て	②地上1.5階建て	③地上1階建て	④地上1.5階、地下1階建て	⑤地下1階建て

①は両手を合わせて頭上高く上げ、⑤は座った姿勢から足を伸ばす。

高学年児童は、3年生でローマ字を学習し、世界的に活躍するスポーツ選手のローマ字表記の名前を読んだり、自分の名前や地名などローマ字で書い

たりすることを経験していると思われる。高学年の外国語科で、児童は英語としてのアルファベットの文字を書く学習をする。

これまでも英語のアルファベット学習で、ABCを /eibi:si:/ とアルファベットの名称読みを学んだあと、単語になったらcatを /si:eiti:/ とは読まず、/kæt/ と音（おん）読みすることの説明に英語科教員は苦慮することがあった。小学校学習指導要領解説（H. 29年度版）では、文字の「名称読み」、語の中の「音読み」とを区別している。

小学校学習指導要領解説（H. 29年度版）は、電話で活字体のメールアドレスを伝え合う活動を紹介している。かつて、日本語で電報を打つとき、発音する口が見えない電話のやり取りの中で、「いろはのい」などと伝えていた。英語でも同様に、"d as in dog" や "dog d" 等、誤って伝わらないよう工夫をすることがある。

日本語のひらがなでもかがみ文字と呼ばれる誤表記があるが、英語も同様である。誤表記が予想される（bとd）及び（pとq）の文字組に関して、以下のイラストをヒントに誤表記を防ぎたい。小文字のgとj等、筆記具を下に走らせてからどちらに曲がるか間違えやすいので、丁寧に指導したい。

左手で小文字のb　　右手で小文字のd　　右手で小文字のp　　左手で小文字のq

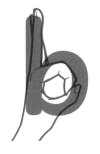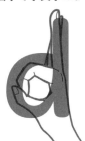

ローマ字学習において、SapporoやTottoriのように促音「っ」を表記するのに子音を重ねていた。例えば英語の母音字 "i" には主として /i/ と /ai/ の発音がある。グリーシー・矢ノ下（1988）は、dinner のように英語で子音を重ねる（重子音）場合、強勢のある下線部の文字は /i/ と発音され、diner のように子音を重ねない場合、強勢のある下線部の文字は /ai/ と発音されることを示している。重子音の前は短母音となる英語の規則が働くからである。このようにローマ字と英語では違う規則が働くことを意識して指導したい。

（イ）相手に伝えるなどの目的をもって、身近で簡単な事柄について、音声で十分に慣れ親しんだ基本的な表現を書き写す。

　基本的な語句や表現に音声で「十分」に慣れ親しんでくると、児童がそれらを書きたくなることが期待される。そうした「知的飢餓感」を生かし、書き写す活動へと移行したい。教育課程企画特別部会で示された調査報告（2015）では、中学１年生に対して、小学校の外国語活動でもっと学習しておきたかったことが示されている。8割前後の生徒が英単語や英語の文を書くことをしたかったと回答しており、この学習意欲の高まりを生かしたい。

　単語の中で不要なすき間ができていたり、単語と単語の間に適切なすき間が確保されずに英語が書かれていたりすることは上級学校の生徒の英語にも見られることがある。小学校高学年段階から、英語を書くことに関して丁寧に指導したい。

（ウ）相手に伝えるなどの目的をもって、語と語の区切りに注意して、身近で簡単な事柄について、音声で十分に慣れ親しんだ基本的な表現を書き写す。

　小学校学習指導要領（H. 29年度版）解説では、行ってみたい国を紹介するカードを書く活動例が紹介されている。例えば、イタリアを紹介するカードを書く場合、国旗やスポーツや食べ物のイラストなどとともに、以下のような英文を書き写すことが考えられる。

　I want to go to Italy.（私はイタリアへ行きたいです。）I like soccer.（私はサッカーが好きです。）I want to play soccer there.（私はそこでサッカーをしたいです。）I also like pizza.（私はピザも好きです。）I want to eat pizza in Italy.（イタリアでピザを食べたいです。）

（エ）相手に伝えるなどの目的をもって、名前や年齢、趣味、好き嫌いなど、自分に関する簡単な事柄について、音声で十分に慣れ親しんだ簡単な語句や基本的な表現を用いた例の中から言葉を選んで書く。

　（イ）（ウ）では「書き写す」であったものが（エ）では「書く」という文言に変わっていることに注意したい。この「書く」には「例の中から」「言葉を選んで」という「枕詞」がついていることから、純粋な英作文としての「書く」活動ではなく、「例の中から言葉を選んで自分に関する事柄について書き写す」ことであることを銘記したい。

例えば、ある夏休みの一日について相手に伝える場合、お手本となる基本パターン"I went to〜." (〜へ行きました)を書き写し、また音声で十分に慣れ親しんだ場所を表す単語を例から「選んで書き写す」(lakeやmountainなど)ことから始めたい。さらに"I enjoyed〜." (〜を楽しくやりました)や"It was fun." (楽しかったです)など、やったこととそれに対する自分の感想・評価の一文を「選んで書き写し」(I enjoyed eating sushi. It was delicious.など)、結果的に単元の終わりには首尾一貫した英語の短い文章が出来上がる。

そして、そうやって書き写した文や表現については、何とか「読める」ようになっていることが期待されるのである。書く語句・表現については、十分すぎるほど聞いたり、話したりしていることが前提である。加えて、例えば事前に"A Sailor Went to Sea"の歌を聞かせたり、歌ったりして、"went to〜"等の「まとまりのある表現」に十分親しませておくと活動につながりができる。

〈3〉語順の指導

目的語を含む文に関して、日本語の語順は「主語 (S) ＋目的語 (O) ＋動詞 (V)」となることが多いが、英語の語順は「主語 (S) ＋動詞 (V) ＋目的語 (O)」となることが多い。この日英語の語順の違いを複数の例をそれぞれ挙げて、児童に気づかせるのも一法である。特に日本語と異なり、英語はほとんどの場合、主語が生じる言語なので、まず最初に来る語 (主語) が動作主 (何かをする人) であることに気づくことが重要である。

田地野 (2011) は、「が」「を」などの格助詞が主語や目的語を決める日本語と異なり、英語は固定語順言語とし、文法用語を使わずに、様々な文型の英文を作る「〈意味順〉英作文」を提唱している (**30**参照)。すなわち、音声で慣れ親しんだ単語や表現を、次の5つの四角に入れて英文を作っていく。すべての四角に言葉が入らない英文もある。

だれが	する (です)	だれ・なに	どこ	いつ
I	live		in Aoi City.	

〈4〉動詞の指導

概してイメージを持ちやすい名詞に対しては、児童は深く慣れ親しんで

るケースがよく見られる。一方、動詞に関しては、指導者が意識して接する頻度を高めなければ、十分慣れ親しんだ状態にはならないだろう。しかも、例えば日本語で「〜をする」であっても英語ではdoを使わない場合もあり、適切な動詞を選択することを含めて動詞に慣れ親しむ活動も重要である。

　小学校では登場する動詞が偏りがちになるので、"Simon says"などTPR（米山, 2011）の原理を生かした活動により、動作を表す動詞に十分慣れ親しませる手立てが考えられる。これは、"Simon says"に続いて命令した動作のみ行い、"Simon says"のつかない命令文には従わないゲーム的活動である。全員が起立した形態から始め、"Simon says"がつかない命令文の動作をしてしまった児童が着席していくという流れとなる。

英語の指示	意味	指示に
"Simon says, 'raise your right hand'."	サイモンが言います。「右手を挙げなさい。」	従う
"Walk in place."	その場で歩きなさい。	従わない
"Simon says, 'stop it'."	サイモンが言います。「（動作を）止めなさい。」	従う
"Touch your shoulders."	両肩に触れなさい。	従わない

〈5〉フォニックスの理解

　ひらがな・カタカナ・漢字と、表記に用いる文字数の多い日本語と異なり、英語は幼児から成人までが、アルファベットの26文字のみを使って表記する。わずか26文字のアルファベットで、単語のすべてを英語では表記するから、特に"a, e, i/y, o, u"の母音を作る主な文字については、複数の読み方が存在する。

　いわば、母音に限らず「文字の置かれた環境」であるつづりによって文字の読み方が決まることが多いため、例外も少なくないが、文字のつづりと発音のルールを体系化して読み書きに生かす指導があり、これがフォニックス（phonics）の指導である。発音とつづりに関する本格的な指導は中学校で行われるが、指導者がフォニックスの知識を持つことは、英単語のつづりを丸暗記することではなく、ある程度体系的に文字と音（おん）の関係を指導できるようになることが期待される。

　例えばbike, cute, takeなどのように、一音節の単語がeで終わる場合、語

末のeは発音されないが、遡って前の子音のさらに1つ前の母音字をアルファベットの文字の名称読みで発音させる。これは、"Silent e"や"Magic e"と呼ばれ、フォニックスの基本的なルールの1つである。以下の表は、つづりと発音のルールの例である。音節が複数ある単語は、強勢のある音節にこのルールが当てはまる。

発音	つづり	単語例
/ɔː/	au / *aw	August, auction, daughter / saw, straw
/au /	ou	out, about, shout,
/uː /	oo	cool, too, room, boots, fool, food,

＊もともとwは、uが2つでdouble uであり、awは語末が多い。

〈6〉つづりの共通項

　あるつづりが共通に含まれる英単語群があり、押韻（rhyming）している場合に着目すると、英語の音の美しさや面白さに気づかせられ、将来的に発音を介して単語のつづりを覚えやすくする一助となりうる。丸暗記するのではなく、共通項に気づき、それを意識して学習することにつなげたい。以下、共通のつづりを持つ単語群の例である。

つづり例	単語例
old	old, cold, fold, gold, hold, mold, sold, scold, told
air	air, chair, fair, pair, stair
all /alk	ball, call, fall, hall, mall, small, wall / chalk, talk, walk

　指導者は〈1〉〜〈6〉で示したことを理解するとともに自らの学習、そして指導のための一助として訓練を積むことが重要である。

| Let's give it a try! | ---

1. 自分が行きたい国で、どんな活動をしたいか、イラストなどを盛り込んだ
　　A4版カードを作って発表しなさい。
2. ペアで"Simon says"を練習しなさい。
3. 共通の発音やつづりが含まれる英単語群をまとめなさい。

20 英語に関する基本的な知識
（音声・語彙・文構造・文法・正書法等）

目標 英語に関する基本的な知識（音声・語彙・文構造・文法・正書法等）について理解している。

学びのキーワード □音声 □語彙 □文構造 □文法指導 □正書法 □書くこと

　外国語科では、外国語活動における学びを踏まえ、「読むこと」「書くこと」を加えてより総合的・系統的に言葉のしくみへの気付きを促す教科指導を行い、中学校外国語科への円滑な接続を図る。そのために指導者が身に付けるべき英語の基礎的な知識について、小学校段階において育成すべき「知識及び技能」の内容（表1）を基に、以下で概観する。

表1. 学習指導要領における「知識及び技能」の内容

	知識	技能
外国語活動	⇨言語を用いて主体的にコミュニケーションを図ることの楽しさや大切さ ⇨日本と外国の言語や文化についての理解	⇨聞くこと、話すこと（発表）、話すこと（やり取り）
外国語	⇨外国語の音声や文字、語彙、表現、文構造、言語の働きなどについての気付き、理解	⇨聞くこと、話すこと（発表）、話すこと（やり取り） ⇨読むこと、書くことへの慣れ親しみ

〈1〉音声に関する知識

　音声指導を行うにあたり、指導者は、学習指導要領（H. 29年度版）で示される以下の事項（ア）～（オ）についての専門的知識を身に付ける必要がある。加えて、『小学校外国語活動・外国語研修ガイドブック』の付属CDや文部科学省MEXTチャンネル（YouTube）を活用し、実践的な発音・発話力を培うことが大切である。

(ア) 現代の標準的な発音

　特定の国や地域の発音や口語的な発音に偏らない、標準的な発音を指導することを踏まえ、指導者は、以下の特徴に留意して、口の動きや舌の位置などを意識して発話・発音を行うようにすることが求められる（『小学校外国語活動・外国語研修ガイドブック』実習編参照）。

- 日本語にない英語特有の母音や子音：/æ/（apple）, /ə/（breakf<u>a</u>st）, /θ/（<u>th</u>ree）, /v/（ele<u>v</u>en）, /r/（lib<u>r</u>ary）など
- 日本語の基本的な音節構造「子音＋母音」（ミルク /mi ru ku/〈3音節〉）とは異なる、子音で終わる構造（/milk/〈1音節〉）

(イ) 語との連結による音変化

　(ア)の特徴は単語内に限らず、語句や文単位でも表していくことが大切である。その際は、以下に示す音の連結（【1】,【2】）や脱落（【3】）にも留意して流暢にかつ明瞭に発音できる発話力を身に付けることが重要である。

【1】 'I ha<u>ve a</u> pen.' は、下線部分を連結させてヴァ /və/ と発音する
【2】 'What woul<u>d you</u> like?' は、'd' と 'ju:' を連結させてジュ /dʒ/ と発音する
【3】 'I li<u>k</u>e cats.' は、'like' の '/k/' を脱落させて発音する

(ウ) 語や句、文における基本的な強勢

　単語や句、文章において目立つ部分を「アクセント」という。日本語は声の高さ以外に変化が見られない「高さアクセント」の言語であるのに対し（例：<u>マクドナ</u>ルド /ma ku do na' ru do/）、英語は、強弱で変化をつける「強さアクセント（強勢）」（MacDónald /məkdá:nəld/）の言語である（川越, 2007）。授業において英語特有のアクセントへの慣れ親しみを促すことができるよう、指導者は単語だけでなく、文アクセントも意識して発話を行うことが大切である。文章では、意味内容をもつ語（動詞、名詞など）は強さや長さを足して発音し、主に文法的な機能を示す語（人称、助動詞など）は弱く短く（圧縮して）発音することで英語特有のリズムが生まれることに留意する。次ページに例を示す（アクセントを置く部分を●で示す）。

●　　●
I like cats.（弱強強型）

●　●
Yes, I do.（強弱強型）

●　　●
That's great.（強強型）

●　●
She can play tennis.（弱弱強強型）

（エ）文における基本的なイントネーション

　英語のイントネーション（発話における声の上がり下がり）は、日本語と同様に話者の意図やその場の状況などに応じて使い分けられるが、日本語と異なる使い方があることへの気付きを促すよう発話を行う必要がある。上昇調（ ↗ ）はyes-no疑問文（以下の例文③）や列挙文（⑤）において見られ、下降調（ ↘ ）は、命令文（①）や平叙文（②）、さらにwh疑問文（④）において見られることが多い。

①Go straight. ↘　　　　②I always get up at six. ↘
③Are you good at basketball? ↗　④What sport do you want to watch? ↘
⑤I like apples ↗, strawberries ↗ and bananas. ↘

　指導者は、自身のイントネーションの向上と併せて表現（音声）のもつ意味と用法が結びつくための働きかけを行うことが大切である。例えば、ALTとのやり取りや音声教材を児童に見せた後で、「先生はバスケットボール（basketball）について話す時どんな言い方をしていたかな？」（③）と考えさせたり、活動中に④を用いてやり取りを進めていた児童の例を全体で共有するなどの指導技術を活用すると良い。

（オ）文における基本的な区切り

　文の区切りを扱うことにより、１文を連続して聞く活動に比べて、聴解の際に児童にかかる認知的な負担が軽減できるほか、児童がわかりやすく自分の思いや考えを相手に伝える工夫の手がかりを得ることにもつながる。指導者は、指導用教材を活用して、I usually jog（ジェスチャーを添える）/ with my dog / around the pond.（池の絵カードを指す）というように長い文は区切り（児童の実態に応じて視覚補助）を入れながら発話練習を行ったり、可能な範囲でALTの先生に聞いて（確認して）もらうなどして、自身の音読スキルや発話力を高めることが大切である。

〈2〉語彙知識

　外国語科の授業で取り扱う語彙は、聞いて理解する受信語彙と話して表現できる発信語彙から構成される600～700語程度（外国語活動で慣れ親しんだ語彙を含む）とされている。しかし、この語数は上限ではなく、単元の目標達成に向け、児童の発達段階やそれぞれの思いや伝えたい内容に応じて取り扱う語彙・表現が加わる。そのほか、活用頻度の高い連語（get up, have a bathなど）や円滑なコミュニケーションを図るための慣用表現（How about you?, I see.など）を選定し、受信・発信を繰り返し定着を図る指導力が求められる。

　このように語彙指導を実践するにあたり、指導者には、単に英単語をたくさん知っているという量的な知識（広さ）だけではなく、それらを詳しく、多面的に知っているかという質的な知識（深さ）も求められる。小学校段階で特に重要と思われる質的な側面を表2に示す。

表2. 語彙知識の側面

言語形式	音	⇨発音を聞いて認識できる ⇨自分で発音することができる
	文字	⇨文字で見て認識できる ⇨綴りを書くことができる
意味	形式と意味の対応	⇨単語（音と文字）が指す意味を理解している（例: hot→暑い、辛い） ⇨特定の意味を表すための単語（音と文字）を正しく選ぶことができる。（例: 辛い→hot）
	連想	⇨関連する（もしくは代用できる）ほかの単語を知っている。（例: tasty, delicious, good）
	コロケーション（共起語）	⇨一緒に用いられる語や語句を知っている。 （例: ○ play soccer, △ play karate.)
用法	文法的な機能	⇨文章の中で、文法的に正しく使うことができる。 （例: ○ I'm good at cooking. △ I'm good at cook.)
	用法	⇨使用される目的・状況・場面を理解している。

＊ Nation（2013）をもとに、一部簡略化させて作成

　例えば、'astronaut'を例に挙げると、指導者は、その単語の発音（/ǽstrənɔ̀:t/）を聞いて認識できるだけでなく、自分で/ǽstrənɔ̀:t/と発音し、正しく書く（綴る）ことができるようにする。

　そのほか、連想語の知識も重要である。例えば、語彙や表現に慣れ親しむ過程で、「ワサビの鼻にツーンとくる感じは英語でどう言うのかな」、「You can buy…めずらしい食べ物」など、児童が伝えたい内容（意味）をうまく英語で表現できないことがある。その際に、連想される言葉（既習語彙・表現）で言い換えて指導を行うと（例：ツーンとくる→辛い→hot、珍しい→　特別

→ special)、児童はあきらめることなく自分の伝えたい思いを活動につなげることができる。さらに、他者に配慮しながら伝え合う力の育成を図る上で、'How about you?'や 'That sounds good!'などの慣用表現の習得も欠かせない。指導者はそれらの表現の目的・場面・状況に応じた用法を理解し、日頃の授業で積極的に活用するほか、Small Talk などの言語活動を通して指導することが大切である。

　指導者が豊富な語彙知識を有していても、児童が用いるであろう語彙を最初から全て網羅して指導することは不可能に近い。単元を通して広がる児童の思いを指導に結び付けることができるよう、振り返りカードを活用し「次の時間に使ってみたい表現」や「ALT の先生に聞いてみたい表現」欄を設けるなどして、単元を通して児童の実態把握に努めると良い。

〈3〉文・文構造の指導に関する知識

　外国語科の授業では，'She can run fast.', 'We went to the mountains.', 'I'm good at playing tennis.' など、代名詞や過去形、動名詞を含む文章を指導するが、これらは、基本的な表現として、言語活動の中で繰り返し触れさせ、聞いたり話したりして活用できるように指導する。つまり、文脈から切り離した文法解説や動詞の変形練習など、「動名詞」や「過去形」の用語や用法を指導する「文法指導」は意図されていない。代名詞 She/He の導入を例に挙げると、She/He を含む文章と視覚補助（絵カードや写真など）を用いて、その場にいない身近な人々を口頭で紹介する場面設定を行い、多感覚な言語活動を通して用法についての理解を促すことが大切である（**5**参照）。

　文構造についても、独立して指導するのではなく、音声によるコミュニケーション活動を通して、日本語とは異なる語の配列や表現の意味に気付かせる指導が意図されている。そのため、指導者は外国語科の授業で扱う文構造

資料1. 語順カードの例

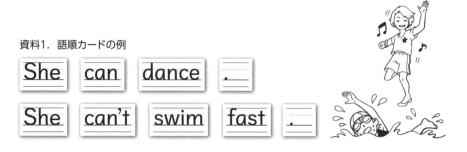

| She | can | dance | . |
| She | can't | swim | fast | . |

について例文と対応させ（【主語＋be動詞＋名詞】例文：Her name is Sakura.）、各要素の機能と意味を理解することが必要である。

　また、教材提示の工夫も必要である。例えば、資料1のようなカードを用いて語順に沿って表現を提示し、英語は最初に主語（だれ）が置かれることや、その次に「する／です」を表す語が置かれる等、日本語とは異なる文構造への気付きを促す手立てが必要である。児童の実態に応じ、「Let's Listen」や「Watch and Think」（NEW HORIZON Elementary）などの活動で聞き取った内容に沿ってカードを選んで置く、全体を並び替えるなどの操作をさせることで、語順を意識した活動へとつながる。

〈4〉正書法の知識

　小学校外国語科において「書くこと」を指導するにあたり、指導者は、正書法（英語を書く際の基本的な規則）を理解することが大切である。英語は、音と文字との対応の規則性が低い「深い正書法」（例：7通りの'a'の発音→ make, cat, watch, father, village, wall, again）である。一方、日本語は音との対応が規則的で「浅い正書法」の仮名（例：1対1（〈「か」〉→/ka/）の対応：「かじ」、「てくか」〈無意味語〉）と、「深い正書法」の漢字（1対多の対応：「河」→ 河/kawa/、河川/ka/、大河/ga/）が混在している（小森, 2006）。

　そのほか、英語には、「四線上に左から右に書く」、「語と語の間にスペースを置く」、「コンマ（, ）の後ろは半角スペースを置く（が前は置かない）」、「文や固有名詞（人名や地名）の最初は大文字を使う」、「文の終わりには終止符（ピリオド）を打つ」など、日本語とは異なる約束事がある。このような日本語との違いを踏まえると、英語を書くことは決して容易な活動ではなく、個人差も出やすいため、十分な時間を確保することが大切である。

　指導者は大文字と小文字を四線上に書く指導を行う際のポイントを押さえることが重要である。例えば、ペンマンシップ教材や練習帳等を活用し、「文字の形、大きさ、高さ」に言及しながら大文字と小文字を比較する方法（例：同じ形だけど高さが違うC）や、四線の上から3番目の線まで使う小文字のグループ化（例：地上2階建て b, d, f, h, k, l、地上1.5階建て i, t、地上1階建て a, c, e, m, n, o, r, s, u, v, w, x, z、地上1.5階＋地下室 j、地上1階＋地下室 g, p, q, y）についての知識を得るようにする（⑲参照）。これらのポイントを指導する際は、デジタル教材（資料2）や空書きなど多感覚で関連付けると、

楽しく定着を図ることができる。加えて、特別支援の観点から、混乱を招きやすい文字の組み合わせ（dとb、uとn）は同時に扱わないことや、文字が統合された絵（資料3）を活用して慣れ親しんだ音と文字の対応を促すなどの指導技術を身に付けることも重要である。

資料2.『We Can! 1』デジタル教材

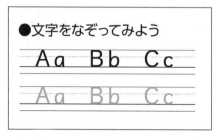

資料3. 絵を用いた指導支援例

Let's give it a try!

1. 例を参考に、次の①〜③の音の組み合わせを新たに4つ探し、口を覆ってペアで発音し合い、意図した単語が伝わるか確認しなさい。
   ①　/l/ - /r/（例）lead – read
   ②　/f/ - /h/（例）folder – holder
   ③　/s/- /ʃ/（例）sea – she
2. 以下の英語の早口言葉に挑戦しなさい。
   ○ Red lorry, yellow lorry.（3回繰り返す）
   ○ She sells seashells by the seashore.
   ○ He threw three free throws.
3. 小学校高学年の外国語教科書から1単元選び、文構造への気付きを促す言語活動を考え、模擬活動で実践しましょう。

21 第二言語習得に関する基本的な知識

目標 第二言語習得に関する基本的な事柄について理解している。

◇◇◇

学びのキーワード □インプット □アウトプット □インタラクション

〈1〉インプット仮説 (The Input Hypothesis)

　第二言語習得に関する研究に最も影響を与えたのは、Stephan Krashen が提唱した、「インプット仮説」であろう (Krashen, 1985)。インプット仮説とは、学習者の現在のレベルをわずかに超える「理解可能なインプット (comprehensible input)」を受け取ることが、言語習得の必要条件であるという考えである。このインプットが理解可能であるということは、他者からの発話を聞いたときに、その発話の意味を推測できる場合を指す。We、singing、tug of war（綱引き）、enjoy、play の意味を知っている児童が、小学校の思い出の行事（運動会、音楽発表会等）について指導者が話しているのを、聞いている場面を想像してほしい（『NEW HORIZON Elementary ⑥』Unit 7参照のこと）。指導者が We enjoyed singing. We played tug of war. という発話をしながら、音楽発表会の課題曲を口ずさんだり、綱引きのジェスチャーを見せたりすることで、児童は指導者の発話（インプット）の意味内容を推測することが可能である。

　また、児童が、友だちの夏休みの思い出に関する文章を読む際、I enjoyed dancing. という文に出会ったと仮定しよう（『NEW HORIZON Elementary ⑥』Unit 4 も参照のこと）。このとき、通例、enjoyed では、en は /in/、joy は /dʒɔi/、d は /d/ の音（おん）をそれぞれ持っていることを児童は学習している。また、児童は、この授業の前に音声を通して十分に /indʒɔid/ という語に慣れ親しんでいる。このような状態で、児童が、enjoyed というスペリングを見るからこそ、その単語が enjoyed(/indʒɔid/)なのだろうと推測できるのである。

　このような推測を通してインプットの内容を理解するプロセスを何度も児童が経験することによって、言語のルール（ここでは規則動詞の過去形）も自然に（無意識的に）習得していくというのが、インプット仮説である。

インプット仮説に基づけば、言語習得に必要なのはインプットであり、学習者が話すことや書くことを通して言語をアウトプットすることではない。アウトプットは、言語習得の結果として、可能になると考えられている。したがって、インプット仮説に基づけば、外国語活動や外国語科の授業はインプットを中心にゆっくりと進めるべきであり、話すこと（アウトプット）を早急に求めてはいけない。

〈2〉アウトプット仮説 (The Output Hypothesis)

　アウトプット仮説とは、学習者が第二言語で話したり、書いたりするアウトプットが第二言語学習に重要な役割を果たすという考え方である。この仮説を提唱したのがMerrill Swainである。この仮説は、目標言語であるフランス語で様々な教科を学習するカナダのフレンチ・イマージョン・プログラムの成果に基づいている。当該プログラムに通う児童・生徒は、聞くことや読むことを通して十分なインプットを受けているのにもかかわらず、彼らのフランス語能力は母語話者よりも劣っていることが報告された。

　この結果の原因として、まず、イマージョン・プログラムの児童・生徒は話したり書いたりするアウトプットの機会が少ないことが挙げられている。また、言語的に間違った表現を使っても教科の学習が優先されるために正しくアウトプットするように求められないことも挙げられる。これらのことから、Swainは、言語習得にはインプットだけではなく、アウトプットも必要であると論じた (Swain, 1985)。

　Swainは、言語習得におけるアウトプットの様々な役割について述べているが、ここでは、外国語活動や外国語科に関連が深いと考えられる自動化（automatization）と文法処理を促進することについてのみ取り上げる。自動化とは、繰り返しアウトプットを行うことで、流ちょうに話したり書いたりすることができるようになるということである。例えば、外国語活動において、学習目標項目（例えば、I like oranges / basketball / onions.やDo you like blue / baseball/ milk?）を、友達と尋ね合ったり、好きなものの紹介をし合ったりしながら、当該表現を繰り返し話すことで、流ちょうになっていく（『Let's Try! 1』, Unit 4も参照のこと）。また、ワークシートでなぞったり、書き写したりすることで、大文字や小文字の活字体を正しくスムーズに書くことができるようになっていく。

アウトプットが文法処理を促進するとは、学習者自身が話したり書いたりすることが、自らの文法に対する意識を強くするということである。例えば、学習者が、We went to the zoo. We saw animals. という英文を読む場合、文頭は大文字で始めるとか、単語と単語の間にスペースが必要であるとか、文末にピリオドが必要である、等のルールに彼らが注意を払うことはあまりない。一方、同様の意味内容の英文を書き写そうとすると、これらのルールに意識が向くと考えられる（『NEW HORIZON Elementary ⑥』Unit 7も参照のこと）。また、I (eagle) eat snakes. I (snakes) eat frogs. I (frogs) eat grasshoppers. のような文を聞いたりしながら、動詞の後ろの目的語に相当する箇所に絵カードを置いたり、イラストを選択したりした上で、文を書き写す（つまり、アウトプット）活動を学習者が行うことは、日本語と異なる英語の語順への意識を高めてくれると考えられる（『NEW HORIZON Elementary ⑤・⑥』の語順パズルを参照）。

　このように、外国語活動や外国語科の授業において、話すことや書くことの指導に関する指針を与えてくれるのがアウトプット仮説である。

〈3〉インタラクション仮説 (The Interaction Hypothesis)

　「インタラクション」とは、主に言葉を通してメッセージを伝え合うやり取りのことを指し、やり取りが言語習得を促進するというのが「インタラクション」仮説である。指導者とのやり取りにおいて、児童は理解可能なインプットを受け取ったり、アウトプットを産出したり、アウトプットに対するフィードバックを受け取って様々な気付き（noticing）を得たり、あるいは指導者の応答（誤りに対するフィードバックを含む）に対してアウトプットを修正したりする。この指導者との一連のプロセスが言語習得を促進させると考えられており、近年、児童同士のやり取りでも言語習得が促進されると主張されている。外国語活動や外国語科においてペアやグループ活動が多いのはそのためである。

　また、インタラクション仮説に基づけば、指導者は児童とやり取りをしながら、児童に理解可能なインプットを提供したり、児童にアウトプットの機会を保証したりすることになる。例えば、児童が興味・関心のあるアニメやキャラクター等のイラストや実物を用いながら、I like ～. Do you like ～? などの学習項目を、やり取りを通して導入する場面を考えてみよう（『Let's Try! 1』Unit 4も参照のこと）。

1. 指導者：(実物のアニメの写真を黒板に貼りながら) I like Beyblade. (ハートマークのジェスチャーをする)。Do you like Beyblade, Kon-san? Yes or no?
2. 今さん：Yes.
3. 指導者：Okay. You like Beyblade. Taira-san, how about you? Do you like Beyblade. Yes or no?
4. 平さん：I like (/la i ku/) Beyblade.
5. 指導者：I see. You like (/laik/) Beyblade, too.
6. 平さん：Yes, I like (/laik/) Beyblade.

　まず、指導者が学習目標であるI like ～. やDo you like～？という文を提示(インプット)する(1)。ここでは、指導者が実物を見せたり、ジェスチャーを加えたりすることで、児童が推測できるように工夫し、理解可能なインプットにつなげる。次に、指導者は、児童(今さん)に疑問文で問いかけるが(1)、これらの表現が新出であることを考えれば、児童はYes/Noのみで答えたり、首を縦に振ったり、横に振ったり、日本語で好きと答えたりするだろう (2)。また、別の児童のように、英文では答えたもののlikeの発音を間違う等が考えられる(4)。英語(文)で言えなかったり、間違ったりしたケースで、指導者がどのように応答(フィードバック)しているのかを着目してほしい。児童が言いたかったこと (私はBey Bladeが好き)を、Okay/ I see. You like/laik/ Bey Blade.とフィードバックしているということである (3、5)。このように、児童が言えなかったことや間違ったことを、意味内容は変えずに、正しい英語で直すことを、リキャスト (recast) と言う。このリキャストを受けると、児童は、自身の間違った発話 (言えなかった発話)と指導者の正しい発話のギャップに気付き、自身のアウトプットを修正することになる(6)。このようなやり取りを通して、言語の習得が促されると考えるのが、インタラクション仮説である。

Let's give it a try! -

1. あなたの言語習得観に一番近いのはどの仮説か、また、理由を考えなさい。
2. 授業を視聴し、指導者がどのようなインプットを与え、どのようにアウトプットを促し、児童の誤りにどう対処しているのかを、分析してみよう。それぞれどんな意図があったのかを考えてみよう。

22 児童文学等題材の選定

目標 児童文学（絵本、児童向けの歌や詩等）について理解している。

◇◇

学びのキーワード □初期リテラシー □第二言語習得 □読むこと □児童文学
□絵本の読み聞かせ □歌・チャンツ

〈1〉小学校外国語教育における初期リテラシー活動

　中学校の外国語教育において４技能（５領域）の統合的活用を通したコミュニケーション能力の育成が図られることを踏まえると、小学校段階で文字への慣れ親しみを促し、外国語における初期リテラシー（読み書き）の素地を養うことが重要である。外国語活動では、児童の学習負担に配慮しつつ、音声によるコミュニケーションを補助するものとして文字を取り扱う（『小学校学習指導要領解説外国語活動編』）。例えば、発音される文字の名称の読み方（/ei/）と活字体で書かれた小文字（a）や大文字（A）を線で結ぶ活動や、音声と（綴りが添えられた）絵カードを結びつけるキーワード・ゲーム、ポインティング・ゲーム、絵本の読み聞かせを行うなど、英語特有の音声やリズムに触れる活動の中で児童が楽しみながら文字に慣れ親しんでいくよう留意しなければならない。

　外国語科では、外国語活動の内容を踏まえた３領域の言語活動に、「読むこと」「書くこと」への慣れ親しみが加わり、系統的・総合的に学習することが目指される。例えば、音声で十分に慣れ親しんだ表現（'She can run fast.', 'I want to be a teacher.'）をもとに、自分が伝えたい思いや内容に合う単語や語句を（絵カードや語彙リストなどから）選んでなぞる、例を参考に書き写す（'She can play basketball well.', 'I want to be a police officer.,'）などの活動を行う。段階的な初期リテラシー指導を行うことにより、日本語とは異なる語順や書き方（句読法）への気付きを促すことができるほか、音声で慣れ親しんだ表現の形、意味、使用が結びついた言語能力の向上を図ることができる。

〈2〉児童文学教材の効果

　段階的、系統的な初期リテラシー指導を実践する上で、文学（絵本）教材の活用が重要な役割を担う。外国語活動を例に挙げると『Let's Try! 1』『Let's Try! 2』それぞれにWho are you? (Unit 9)とThis is My Day. (Unit 9)という物語を扱う単元が収載されている。高学年の教科書では、単元内に物語を扱う活動が誌面化されている例や、巻末資料で提供されている例が見られる。これらの教材は、語彙や文法事項を文脈から取り出して分析する指導や、文を適切に区切りながら読む音読活動（中学校外国語におけるスラッシュ・リーディングなど）を意図するものではない。小学校の段階では「読書」に音声や視覚補助が加わった読み聞かせを中心とし、まとまりのある英語の中で慣れ親しんだ語句や表現に繰り返し出会い、それらの音声的特徴（強勢、リズム、イントネーションなど）や、意味、働きについて体験的に理解を深めることが重視される。そのほか、絵本の活用には以下のような効果が挙げられる（『小学校学習指導要領解説外国語活動・外国語編』（H. 29年度版）、文部科学省『中学年を対象とした、絵本活用に対する基本的な考え方』参照）。

- 文字のみでなく、絵や写真なども手掛かりとしながら、児童に過重な負担をかけることなく内容理解を促すことができる。
- 場面の様子や次の展開を推測しながら聞く力や、英語を聞いて大意をつかむ力、及び、それらに向けた意欲的な姿勢が育まれる。
- 国語科で既習した物語や、図書室や学級に置かれている絵本など（母語によるスキーマ）を活用し、合科的に内容理解を深めることができる。
- 世界各国の作家によって書かれた昔話や児童書を扱うことで、世界の国々と日本における言語や文化、生活、伝統などの多様性を知り、異文化理解が促進される。
- 英語に慣れ親しみながら現実の世界では起こりえない絵本特有の世界や価値観を体験することができ、外国語学習への意欲向上につながる。
- 劇やオーディオブック作成など、絵本を題材とした発展活動を設定することにより、場面の描写や登場人物の行動や心情を捉えながら既習語や表現を活用するような、創造性豊かな表現活動につながる。

〈3〉絵本の選定

　文学教材を選定するにあたり、「どのようなインプットを含む絵本で、どのように子供たちに出合わせると学びが深まるか」という視点をもつことが重要である。第二言語習得の観点から考えると、音声インプットに気づくだけではなく「理解されたインプット」、「内在化」など、段階的に理解が深まることにより、その後の「慣れ親しむ」、「伝え合う」段階で活用できる語句や表現の量が増え、内容理解が促される（**5**参照）。このようなインプット処理を促すためには、教材が「理解可能性、関連性、真正性、音声と文字のバランス」に富むインプットを含むものであることが望ましい（村野井，2006）。ただし、これらは中学生の教室言語習得を想定して提案された条件であるため、児童文学（絵本）教材の選定の際には、以下の、各条件に児童の発達段階や授業（単元）設計の観点を加えたものを選定基準として用いるとよい（中学年に特化した基準については、松本〈2017〉を参照されたい）。

1. 理解可能性
a.　既習の語句や表現が多く含まれており、言語材料の難易度が児童の実態に見合ったレベルである。
b.　同じ表現が頻出する繰り返し構造があり、慣れ親しみが生まれやすい。
c.　話の展開（起承転結の構造）が明確である。

2. 関連性
a.　他教科等での学びや生活場面との関連性があり、児童が興味・関心を持てる内容である。
b.　単元全体の学びと関連し、最終到達目標の達成に結びつくものである。

3. 真正性
a.　語学学習のためだけではなく、実際に英語圏や物語の発祥の地において教育用で用いられている絵本である。
b.　ニューベリー賞やコルデコット賞などを受賞した世界的に有名な作品であり、児童文学の言語的、内容的な美しさに（母語だけでなく）英語でも触れることができる。

4. 視覚、音声、文字情報のバランス

a.　音声に対応する視覚情報（絵や写真）や文字情報がわかりやすく提示されているため、多感覚で内容理解を促しやすい（**10**参照）。

b.　特別支援の観点から、情報入力（見る、聞く）、統合（色や形の識別）、処理（記憶する）の過程における困難さに配慮した情報量である。

　上記の条件を最初から全て満たす絵本はそう簡単には見つからないかもしれない。海外の文学教材は原文の難易度が高く、上記の「2」と「3」においては適切であっても、「1」と「4」を十分に満たさないというような場合が少なからず生じる。その場合、物語の内容や構成が損なわれない程度に原文を簡略化したり、一部省略して読み聞かせを行ったりするなどして難易度や文字量を調整することで、絵本教材の選択肢が大いに広がる。絵本を用いた活動に不安を抱く児童が見られる場合、母語で精通している教材を扱うと良い。スキーマ（関連する既存知識）を活用することができるため言語（聴解）処理が進みやすく、「英語版でも理解できた」という自信や達成感につながる。

　表1に小学校の外国語学習において幅広く活用されている絵本を一部示すが、児童の実態や活用方法によっては、特定の学年に縛られず、学年をまたがって活用できるものもあることに留意したい。そのほか、児童文学賞を受賞した作品や、英語に翻訳刊行された日本の児童書は、やまねこ翻訳クラブ資料室や国立国語研究所研究図書室のリサーチ・ナビなどを用いて検索できる。

表1.　絵本教材の例

学年	作品名（邦題*）
低 ⇩ 中 ⇩ 高	The Very Hungry Caterpillar（はらぺこあおむし）
	Brown Bear, Brown Bear, What Do You See?（くまさんくまさんなにみてるの？）
	Today Is Monday（Eric Carle）（月ようびはなにたべる？）
	The Gigantic Turnip（おおきなかぶ）
	Can We Be Friends?
	The Emperor's New Clothes（はだかの王さま）
	The Secret Birthday Message（たんじょうびのふしぎなてがみ）
	Handa's Surprise

*一部、邦題があてられていないものもある。

〈4〉歌や詩の選定

　文学作品と併せて、歌や詩（ナーサリーライム: nursery rhymes）、チャンツなどを活用し、英語特有の音声やリズムへの慣れ親しみを促すことも効果的である。リズムに合わせて歌を歌ったり発音したりする活動を通して、声を出すことの恥ずかしさや英語を発音することへの不安が軽減され、児童の意欲的な取り組みを促すことができる。また、その過程で動作を交えたり、音と絵（イラストや動画など）を関連付けたりするなど多感覚で取り組むことで、記憶への定着を図ることができる。児童が無理なく英語の発音やリズムを身に付けることができるよう、短い表現が繰り返し出てくる簡単な歌を選び、帯活動（単元を貫く短時間の言語活動）として継続的に行うと良い。

　歌教材の選定にあたり、英米を中心とする英語圏の伝承民謡であるナーサリーライム（「マザーグース」ともいう）も積極的に取り入れたい。ナーサリーライムには、日本語でも親しまれている①Twinkle Twinkle Little Star（きらきら星）や②Old McDonald Had a Farm（マクドナルド爺さんの牧場）などがある。①の歌詞'Twinkle, twinkle, little star, How I wonder what you are! Up above the world so high, Like a diamond in the sky...'を用いて韻を踏む特徴（ライム、押韻）への気付きを促しながら発音するなどして、児童の音韻認識の高まりを促すことができる。ライムは、外国語科の教材『We Can! 2』のStory Timeにおいても設定されており、読む活動において、楽しみながら音と文字の関係についての理解が深まるよう意図されている（例：'Pat, the cat, is in the hat.'〈Unit 1〉, 'A big frog on a log and a jogging dog.'〈Unit 4〉）。

　そのほか、①の 'twinkle twinkle（きらきら）' や②で繰り返し登場する 'gobble, gobble'（七面鳥の鳴き声）、'neigh, neigh'（馬の鳴き声）、'E-I-E-I-O'（イーアイイーアイオー）などを取り上げ、英語の擬音語や擬態語に触れる機会も設定すると良い。

〈5〉文学素材の活用方法 ―絵本の読み聞かせ―

　絵本や歌などの文学素材は、単元設計を念頭に置き、以下の点に留意しながら活用することが重要である（『小学校外国語活動・外国語研修ガイドブック授業研究編Ⅱ』参照）。
- 　選択した文学素材は、単元の最終到達目標や本時の目標において適切で

あるか（目標と指導の一体化）

- 指導過程において実施するタイミング（導入、展開）は適切か
- 費やす時間や繰り返す回数は適切か

『Let's Try! 2』Unit 3「I like Mondays」を例に考えてみよう。本単元は、「世界の同年代の子供たちの生活を知るとともに、曜日の言い方や曜日を尋ねたり答えたりする表現を使って自分の好きな曜日を伝え合おうとする」ことを目標とする単元である。

『学習指導案例』（文部科学省, 2018）では、語句や表現への慣れ親しみを促すよう、チャンツや歌が設定されているが、絵本の読み聞かせを取り入れることも可能である。例えば、本単元と関連し、曜日や食べ物を題材とするEric Carle著の『Today Is Monday』を用いて、表2のような単元の導入（1時目）を行うことができる。2時目以降は、曜日や食べ物の語彙や絵の一部を隠しながら、児童との対話を中心に読み聞かせを進めるとよい。

学習指導案例

絵本教材をもとに単元終末のコミュニケーション活動を設定することもできる。Eileen Brown著の『Handa's Surprise』の絵本を用いて考えてみよう。本教材は、主人公のHandaが友人のAkeyoの誕生日に贈る果物をバスケットで運ぶ途中に、次々と動物が現れ果物を取られてしまうが、最後に本当の意味でのサプライズが待っているという、話の起承転結が明確な物語である。

例えば、『Let's Try! 1』Unit 7「This is for you」は、「形や欲しいものを尋

表2. 4年生 Unit 3 I like Mondays の1時目の例

○チャンツ	How's the weather? (Unit 2)
○スリーヒント・クイズ	1週間の給食メニューを題材とするクイズに答え、曜日や食べ物の言い方を知る
○絵本 Today Is Monday の読み聞かせ	Today Is Monday の読み聞かせを聞く。絵本に登場する曜日、食べ物、動物の言い方を確認する
【Let's Chant】	What day is it?
【Let's Listen】	登場人物の子供のある曜日の予定を聞いて、それが何曜日かを誌面にあるイラストをヒントに考え、（ ）に番号を記入する
○歌 Goodbye Song（3年 Unit 2）	

ねたり答えたりする表現を用いて、相手に伝わるように工夫しながら、自分の作品を紹介しようとする」ことを目標とする。単元終末に、「Akeyoへのプレゼントに添えるグリーティングカードを作って紹介しよう」というような、読み聞かせを生かした活動を設定する。そのゴールに向けて、単元の冒頭で絵本を導入し、単元を通して読み聞かせを複数回行う。

その際は、読む目的を与え（「Handaにはどんなサプライズが待っているのか、よく聞いてみましょう」）、既習表現を用いたやり取り（減った果物や、登場する動物を指して "How many pieces of fruit?", "What animal is this?"）を行いながら理解を促すように進める。目的意識を持たせ対話的に進めることにより、絵本独自の世界の中で、語彙、絵、音声、（読み手の指導者が示す）動作などを関連付けながら、楽しく主体的に英語を聞く時間を提供することができる。

絵本の読み聞かせは、まとまりのある英語に触れながら、あらすじを理解する活動である。児童にとって良質なインプットを得る活動となるよう、指導者は、絵本の付属音声CDを用いた音読や、授業者同士（ALTや他の日本人教員）で読み聞かせを行うなどして、継続的に練習を行う必要がある。特に、押韻や、語句や文に置かれる強弱を適切に発話する練習を行い、英語特有の強勢拍リズムが生まれる読み方を心掛けるとよい（**20**、**45**参照）。そのほか、注目させたい箇所はゆっくり読む、次の展開を推測させる発問を行うなど、絵本の世界に引き込むための工夫も大切である。

| Let's give it a try! |
----

1. 高学年の単元で取り扱う歌教材を選び、児童に学ばせたい音声的特徴について話し合いましょう。
2. 『Let's Try! 1』『Let's Try! 2』または高学年の単元で扱う絵本を1冊選び、その選定基準について「理解可能性、関連性、真正性、視覚・音声・文字情報のバランス」の4観点でまとめましょう。

23 異文化理解

学びのキーワード □言語（外国語）の背景にある文化　□共通点　□相違点

〈1〉小学校英語教育導入の経緯

　平成8年の第15期中央教育審議会により、小学校における外国語教育は「国際理解教育の一環として」「総合的な学習の時間」などを活用して、英会話など外国語に触れる機会や、外国の生活・文化などに慣れ親しむ機会を持たせる、との答申がなされた。それを受けて、平成10年に改訂された学習指導要領では、総合的な学習の時間の取り扱いの一項目として、「国際理解に関する学習の一環としての外国語会話等」が実施されることとなった。このように、小学校に英語教育が導入された当初の段階では外国語に関する知識や技能の習得は目標には掲げられておらず、児童が外国語に触れたり、外国の生活や文化に慣れ親しんだりするなど、小学校段階にふさわしい外国語や異文化に触れる体験的な学習を行うことが目指されていたことがわかる。

　平成20年に改訂された学習指導要領では、「外国語活動」が必修化された。「外国語活動」の内容においては、「外国語を用いて積極的にコミュニケーションを図るための内容」と「日本と外国の言語や文化について、体験的に理解を深めるための内容」の二つの柱が設けられた。英語を用いたコミュニケーション能力の素地作りにも目標が広がりつつも、異文化理解が小学校英語教育において重要な部分を占めていることが理解できる。

〈2〉学習指導要領（H. 29年度版）における異文化理解の捉え方

　学習指導要領（H. 29年度版）では、異文化理解に関して、外国語・外国語活動において、それぞれ次の表のように目標を定めている（下線部、筆者による）。

外国語活動【中学年】	外国語科【高学年】
(1) 外国語を通して、言語や文化について体験的に理解を深め、日本語と外国語との音声の違い等に気付くとともに、外国語の音声や基本的な表現に慣れ親しむようにする。 (2) 略 (3) 外国語を通して、言語やその背景にある文化に対する理解を深め、相手に配慮しながら、主体的に外国語を用いてコミュニケーションを図ろうとする態度を養う。	(1) 略 (2) 略 (3) 外国語の背景にある文化に対する理解を深め、他者に配慮しながら、主体的に外国語を用いてコミュニケーションを図ろうとする態度を養う

　外国語活動では、様々な言語に触れたり、日常生活に密着した外国の生活文化などに幅広く触れたりすることにより、日本語や日本の文化を含めた幅広い言語や文化に対する理解を深めることを目指している。一方、外国語科では、中学年における理解の深まりをもとに、対象である外国語（英語）やその背景にある文化の理解を図ることとしている。目標において「言語やその背景にある文化」（外国語活動）、「外国語の背景にある文化」（外国語科）と異なる表現がされているのはそのためである。

　外国語を学ぶことは、その言語を創造し継承してきた文化やその言語を母語とする人々の考え方を学び理解することにつながる。また、母語であるなしにかかわらず、その言語を使ってコミュニケーションを図ろうとする様々な人々が持つ背景にある文化についても理解を深めることが必要となり、外国語教育を通して異文化理解を図ろうとする意義は大きいと言える。

〈3〉異文化理解で扱われる題材と指導の展開

　外国語活動では、児童にとって身近な「食生活、遊び、地域の行事」などについて扱い、日本と外国との共通点や相違点を比較することにより様々な文化の存在を知り、自らの言語や文化をより意識し理解を深めることを目指している。外国語科（英語）では、「英語を使用している人々を中心とする世界の人々や日本人の日常生活、風俗習慣、物語、地理、歴史、伝統文化、自然などに関するもの」の中から児童の実態に合わせて題材を選定すること

されている。それらの題材を通して、（ア）多様な考え方に対する理解を深めさせ、公正な判断力を養い豊かな心情を育てる（イ）我が国の文化や、英語の背景にある文化に対する関心を高め、理解を深めようとする態度を養う（ウ）広い視野から国際理解を深め、国際社会と向き合うことが求められる我が国の一員としての自覚を高めるとともに、国際協調の精神を養うことが目指されている（学習指導要領（H. 29年度版）「教材選定の観点」）。

　異文化理解に関する指導においては、それぞれの題材の知識を伝授することに終始すべきではなく、外国文化の物珍しさのみに焦点をあてた指導や、断片的知識により固定観念が生まれる授業は避けるべきである（福田, 2017）。教師が持つべき指導観として、異文化に関するいわゆる「もの知り」を育てることではなく、異文化について、そこに込められた人々の願いや多様な考え方、様式について想像し、受容し、自分なりの考えを持って尊重する態度を育てるような学習を展開させることが重要である（櫛田, 2017）。これらの学習過程では、知識としての異文化の理解と比較、自らの文化との違いや共通点への気づきなどを経て、互いの文化を尊重し合える態度を生み、異文化を持つ人々との交流へと発展させていくような一連の指導過程を指導者が理解した上で個別の題材の指導にあたることが必要である。

　加賀田（2017）は、取り扱われる様々な題材が「単なる知識の伝授に終始することなく、題材を通じて、多様な文化への理解を促したり、グローバルな課題とともに、子供たちが日々抱えているローカルな課題も認識し、その課題解決に向けて自ら考えた方法で行動に移すことを支援したりすること」が重要であると述べ、指導にあたり留意すべき5つの視点を提案している。

　①文化の紹介
　②文化比較と気づき
　③言語や文化の等価値への気づき
　④相互依存やグローバルな課題とその解決策への気づき
　⑤異言語・異文化を持つ人々との人的交流

　これらの視点は、児童が言語の背景にある文化の理解を深める上での学びのステップを示したものと理解できる。世界の国々の生活・習慣に関する知識理解（①）からスタートし、異文化間の共通点や相違点に気づき（②）自文化中心主義から脱却しそれぞれの言語や文化に優劣はつけられないこと、等

価値であることへの気づきが深まっていく（③）。さらには、日本と諸外国間の相互依存関係や地球規模の課題を認識したり、それらの課題を自分事として考えていったりする姿勢を育て（④）、ALTや地域の外国人との交流を通して（⑤）より深い理解につなげるという提案であり、実際の指導計画の作成や授業実践を行う際の指針となる視点である。

〈4〉異文化理解、指導の実際

　例えば、言語の使用場面のひとつである「買い物」の場面を例に、児童の言語への気づきや異文化理解を深める題材としての活用方法を考えてみよう。

【スーパーでの買い物・会計のシーン】
（レジにて）
客　　：Hello.
店員：Hello.
　　　　（買い物カゴの商品をレジに通して）
客　　：How much?
店員：760 yen.
客　　：Here you are.
　　　　（お金を渡して）
店員：（お金を受け取って）Thank you very much.
　　　　（おつりを準備して）Here's your change.
　　　　（おつりを渡して）Have a nice day.
客　　：Thank you.
店員：Thank you.

【想定される日本語のやり取り】
店員：いらっしゃいませ。
客　　：・・・　（ア）
店員：（商品をレジに通して）
　　　　760円です。
客　　：（お金を渡しながら）
　　　　・・・　（イ）
店員：240円のお返しです。
客　　：・・・　（ウ）
店員：ありがとうございました。
客　　：・・・　（エ）

文部科学省(2017)「新学習指導要領対応小学校外国語教材　『We Can! 1』指導編、及び、デジタル教材」Unit 1 より　（日本語例は筆者による追加）

　児童は上記の内容について、デジタル教材の動画を視聴するなどしてスーパーやコンビニなどでの会計の場面であることを理解する。同時に、お金を手渡すときに"Here you are."の表現を用いることや「おつり」は英語でchangeと言うことに気づいたり、"Have a nice day."の意味を推測したりするなど、買い物・会計のシーンにおける「言語の使用場面」や「言語の働き」を理解する。その後、これらの表現を用いたやり取りの練習で実際に英語を

使った場面を体験するなどの展開が通常予想されるであろう。

　しかし、ここで、児童が日常生活で体験するスーパー、コンビニなどでの日本語のやり取りなどを思い起こさせ、両者を比較させることで異文化理解を深める教材として活用することが可能となる。例えば、児童は「いらっしゃいませ」に対応する英語が見当たらず、"Hello." と言う挨拶がそれに当たるのではないかと気づくであろう。また、「日本語の例」における客の発話「・・・」（ア）（イ）（ウ）にそれぞれどんな表現を入れるかを尋ねてみると、日本語によるやり取りでは、お客から言葉を発することがあまり多くないことに気づく。英語では、はっきりと言葉を発して伝えている場面でも、日本語では「無言」であったり、小声で「どうも」や「ハイ」と言ったり、「かるい会釈」の動作であったりすることが多いのではないだろうか。同じような状況でも日本語と英語では異なる対応をすることに気付くことができる。

　同時に、「かるい会釈」により伝えようとしていることは "Thank you." と同じ気持ちであることに気付かせ、伝えようとする手段は言語により異なるが、それぞれの言葉や動作に乗せて伝えようとしている気持ちには共通点があることが理解される。さらに、児童がこれまでは無言で過ごしていた場面でも「はっきりと『ありがとう』などの言葉で伝えれば、店員さんにより気持ちが伝わるのではないか」との考えを持つなど、自らの習慣や行動を振り返り新たな行動につなげる機会にもなりうる。異なる文化背景を持つ人々との実際の交流においても、臆せず "Thank you." と伝え合おうとする態度の育成が図られることが期待できる。このように、様々な教材や活動場面を「児童が異文化理解を深める機会」として捉えること、また、教師がそれらを児童と共有し、積極的に活用しようとする姿勢を持つことにより、指導者自身の異文化理解を深めることにつながる。

Let's give it a try! -

1. 小学校外国語活動と外国語科における異文化理解の目標の違いについてまとめなさい。
2. 小学校３年生～６年生の教材から１単元を選び、異文化理解を深める指導計画を作成しなさい。
3. 国際理解教育と異文化理解教育は同様の意味で用いられることも多い。一方で、両者が異なるものであるとの考えもある。国際理解教育と異文化理解教育の共通点・相違点を述べよ。

中学校における英語教育
[1] 外国語の指導法

24 中学校学習指導要領

目標 中学校及び高等学校の外国語 (英語) の学習指導要領と3つの資質・能力について理解している。

◇◇◇

学びのキーワード □学力の3要素　□5領域　□見方・考え方　□言語活動

〈1〉学習指導要領とは?

　小学校学習指導要領と同様に、中学校学習指導要領は各学校で教育課程(カリキュラム) を編成する際の基準を文部科学省が定めたものである。各教科の目標や大まかな教育内容などが示されており、昭和22年に初めて編集・刊行されて以来、概ね10年ごとに改訂を重ねてきた。学習指導要領の改訂に伴い、改訂の経緯やその趣旨、教科の目標や内容、指導計画の作成上の留意点などをより詳しく説明した「学習指導要領解説」が各教科で発行されており、併せて参照することで学習指導要領の内容の理解を深めることができる。

〈2〉学習指導要領外国語編(H. 29年度版)の構成

　中学校学習指導要領外国語編(H. 29年度版)は、次のような構成となっている。

第1 目標
第2 各言語の目標及び内容等
英語
1 目標
2 内容　〔知識及び技能〕
〔思考力、判断力、表現力等〕
3 指導計画の作成と内容の取扱い
第3 指導計画の作成と内容の取扱い

　改訂前の学習指導要領 (H. 20年度版) と同様に、「外国語科」についての全体的な目標を示した上で、英語学習の特質を踏まえ、より具体的な「英語科」の目標、内容、及び指導計画の作成と内容の取り扱いについて述べている。

外国語科では英語以外の外国語を扱うことも可能であるが、「英語を履修させることを原則とする」（第3 指導計画の作成と内容の取扱い）とされていることから、その他の外国語については英語に準ずると示されている。

〈3〉「外国語の目標」に見る「3つの資質・能力」

　今回の改訂では、教育課程全体を通して次の3つの資質・能力の育成が目指されている。

ア.「何を理解しているか、何ができるか（生きて働く「知識・技能」の習得）」
イ.「理解していること・できることをどう使うか（未知の状況にも対応できる「思考力・判断力・表現力等」の育成）」
ウ.「どのように社会・世界と関わり、よりよい人生を送るか（学びを人生や社会に生かそうとする「学びに向かう力・人間性等」の涵養）」

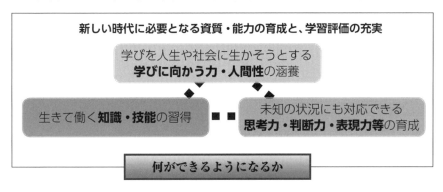

図1. 3つの資質・能力（『幼稚園、小学校、中学校、高等学校及び特別支援学校の 学習指導要領等の改善及び必要な方策等について（答申）【概要】』、2016.12. より抜粋)

　これら3つの資質・能力は教育基本法や学校教育法を踏まえ、子供たちが活躍する新しい時代に必要となる資質・能力として中教審の答申に基づいて示されたもので、すべての教科・領域・校種に共通した要素となっている。
　学習指導要領の「外国語の目標」においては、育成すべき資質・能力を「簡単な情報や考えなどを理解したり表現したり伝え合ったりするコミュニケーションを図る資質・能力」を育成することと示した上で、「3つの資質・能力」それぞれに具体的な目標を次ページのように示している。

(1) 外国語の音声や語彙、表現、文法、言語の働きなどを理解するとともに、これらの知識を、聞くこと、読むこと、話すこと、書くことによる実際のコミュニケーションにおいて活用できる技能を身に付けるようにする。「知識及び技能」

(2) コミュニケーションを行う目的や場面、状況などに応じて、日常的な話題や社会的な話題について、外国語で簡単な情報や考えなどを理解したり、これらを活用して表現したり伝え合ったりすることができる力を養う。「思考力、判断力、表現力等」

(3) 外国語の背景にある文化に対する理解を深め、聞き手、読み手、話し手、書き手に配慮しながら、主体的に外国語を用いてコミュニケーションを図ろうとする態度を養う。「学びに向かう力、人間性等」

（学習指導要領〈H. 29年度版〉より「　」内、筆者追加）

　(1)～(3)は、それぞれ、(1)「知識・技能」の習得、(2)「思考力・判断力・表現力等」の育成、(3)「学びに向かう力・人間性等」の涵養に対応する目標となっている。また、これらの資質・能力は、「外国語によるコミュニケーションにおける見方・考え方を働かせ、外国語による聞くこと、読むこと、話すこと、書くことの言語活動を通して」育成するとしている。「外国語によるコミュニケーションにおける見方・考え方」や「言語活動」については、「英語の目標」と併せて理解を深めていくこととする。

〈4〉英語の目標及び内容等

　改訂前の英語の目標は、「聞くこと」「話すこと」「読むこと」「書くこと」の4技能についてそれぞれ1項目ずつ示されていたのに対して、H. 29年度版では、「話すこと」を［やり取り］と［発表］に分け、「聞くこと」「読むこと」「話すこと［やり取り］」「話すこと［発表］」「書くこと」の5領域に対し、それぞれ3項目ずつ計15項目とし、より詳細に示している。また、これらの記述は、「何ができるようになるか」という視点で整理されている。

　英語の内容においては、「知識及び技能」に関すること「思考力、判断力、表現力等」に関することに分けて示されている。3要素のうちの「学びに向かう力・人間性等」については、これら2つの資質・能力を一体的に育成する過程を通して育成されるものとされている。また、「学びに向かう力・人間性等」のうち「感性、思いやりなど」については、個々の生徒「個人内」での進歩に目を向け、各教科では、生徒の「主体的に学習に取り組む態度」に注

目して指導を行うこととされている。

①内容:「知識及び技能」

　内容のうち「知識及び技能」では、扱われる「(1)英語の特徴や決まりに関する事項」が示されている。いわゆる言語材料が提示されているが、これらの言語材料は単なる知識として理解することにとどまらず、実際に英語を用いた言語活動を通して学ばれるとしている。つまり、これらの言語材料を実際のコミュニケーションで活用できる技能として身につけるように指導することが求められているのである。

　また、小中学校の英語教育の連携を重視し、小学校で学んだ事項について、意味のある文脈の中で繰り返し触れることで定着を図ったり、小学校で学んだ600〜700語に加えて1600〜1800語の新語を用いたより充実した言語活動を実施したりするとされる。

②内容:「思考力、判断力、表現力等」

　思考力、判断力、表現力等に関わる内容は、「知識及び技能」と一体となって「理解していること・できることをどう使うか」、それにより未知の状況にも対応できる資質・能力を育成するという英語の目標に大きく関わる部分である。ここでは、「(2)情報を整理しながら考えなどを形成し、英語で表現したり、伝え合ったりすることに関する事項」と「(3)言語活動及び言語の働きに関する事項」が示されている。

　(2)では、次の「ア 理解」、「イ 表現」、「ウ 伝え合い」を通して、思考力、判断力、表現力等を育成するとされている。

ア　日常的な話題や社会的な話題について、英語を聞いたり読んだりして必要な情報や考えなどを捉えること。

イ　日常的な話題や社会的な話題について、英語を聞いたり読んだりして得られた情報や表現を、選択したり抽出したりするなどして活用し、話したり書いたりして事実や自分の考え、気持ちなどを表現すること。

ウ　日常的な話題や社会的な話題について、伝える内容を整理し、英語で話したり書いたりして互いに事実や自分の考え、気持ちなどを伝え合うこと。
(学習指導要領〈H. 29年度版〉より)

これらア、イ、ウの内容は「外国語によるコミュニケーションにおける見方・考え方」を理解する上でも重要である。例えば、アにおいて「必要な情報や考えなどを捉える」場合に、自分にとって必要な情報は何であるのか、そのときどきの場面において、どのような考えを捉えるべきなのかを思考し判断することが求められる。イにおいても、伝える相手や目的に応じてどのような内容を伝えるのか、状況に応じて伝える内容や表現を取捨選択、判断した上で伝える必要がある。ウにおいては、伝える内容をどのような順序で伝えることが相手に理解されやすいかを考えたり、また、相手の情報を踏まえて自らの考えを再構築したり、新しい考えに至ったりすることなどが期待される。

このような学びを促すような具体的な課題等を設定し、様々な言語活動を通して目標に到達できるよう指導を展開することが必要である。

③言語活動に関する事項

これまでは「言語活動」は、「言語材料についての知識や理解を深める活動」や「考えや気持ちなどを伝え合う活動」を含み広く捉えられていた。しかし、新学習指導要領では、「言語活動」は「実際に英語を使用して互いの考えや気持ちを伝え合うなどの活動」であるとされ、「言語材料について理解したり練習したりするための指導」と区別されている。また、授業を実際のコミュニケーションの場面とし生徒が英語に触れる機会を充実させるために、授業は英語で行うことを基本としているなど（第2 3指導計画の作成と内容の取扱い）、言語活動の充実が図られている。具体的にどのような言語活動を行うかについて、5領域それぞれについて3〜4項目ずつ合計18項目にわたって示されており、授業作りにおいて留意する必要がある。

| Let's give it a try! |
- -

1. 「外国語によるコミュニケーションにおける見方・考え方」を「学習指導要領解説」では、どのように説明しているかまとめなさい。
2. 学習指導要領外国語編 「2内容 (3)言語活動」に示されている言語活動のうち「聞くこと」「読むこと」から1つを取り上げ実際の活動案を作成しなさい。
3. 「外国語の目標」「英語の目標」について、中学校と小学校の学習指導要領を比較し、その相違点をまとめなさい。

25 小・中・高等学校の接続と中学校の役割

目標 中学校外国語科の学習指導要領や教材、並びに小・中・高等学校を通した英語教育の在り方の基本について理解している。

◇◇◇

学びのキーワード □指導目標 □指導内容 □接続 □系統性

〈1〉目標の一貫性

　中学校学習指導要領（H. 29年度版）には、指導計画の作成にあたって、小・中・高等学校を通じた領域別の目標の設定という観点を踏まえ、小学校や高等学校における指導との接続に留意した上で、7つの事項について配慮することと記載されている。ここでは、誌面の都合上、小・中・高等学校の指導目標についてのみ確認する（**2**も参照）。小・中・高等学校の指導目標は、「外国語を使って何ができるようになるのか（CAN-DO）」の観点から、「聞くこと」「読むこと」「話すこと［やり取り］」「話すこと［発表］」「書くこと」の5領域にわたりそれぞれ2、3項目ずつ示されている。具体例として、「話すこと（やり取り）」の目標を取り上げ、小・中・高等学校の段階でどのようなことを指導すべきなのかを明確化する（「聞くこと」に関しては**2**を参照）。

> **小学校外国語科の「話すこと［やり取り］」の目標**
> ア　基本的な表現を用いて指示、依頼をしたり、それらに応じたりすることができるようにする。
> イ　日常生活に関する身近で簡単な事柄について、自分の考えや気持ちなどを、簡単な語句や基本的な表現を用いて伝え合うことができるようにする。
> ウ　自分や相手のこと及び身の回りの物に関する事柄について、簡単な語句や基本的な表現を用いてその場で質問をしたり質問に答えたりして、伝え合うことができるようにする。

　まず、やり取りする話題から比較してみる（上記目標の波線を参照）。小
学校では、「指示（例：道案内）」や「依頼（例：食事での会話）」、「日常生活に
関する身近で簡単な事柄」、「自分や相手のこと及び身の回りの物に関する事
柄」をやり取りすることができるようにするとされている。中学校の「関心
のある事柄」に加え、中・高等学校では「日常的な話題」や「社会的な話題」
についてやり取りすることができるようにするとされている。このことから、
やり取りする話題が、小学校から中・高等学校へと進むにつれて、身近な事
柄、日常的な話題、そして、社会的な話題へと広がっているのがわかる。

　次に、やり取りする内容についてみる（太線を参照）。小学校では「自分の
考えや気持ち」を、中学校では「事実や自分の考え、気持ち」などや「考えた
ことや感じたこと、その理由」を、高等学校では「情報や考え、気持ち」をそ
れぞれやり取りすることになっている。このように、やり取りする内容が、
小・中・高等学校へと高度化されているのがわかる。

　最後に、やり取りする言葉についても確認しよう（一重線を参照）。小学

校では「基本的な表現」、「簡単な語句や基本的な表現」を、中学校では「簡単な語句や文」を、高等学校では「基本的な語句や文」をそれぞれ用いてやり取りする。例えば、指導する語数で比較してみると、小学校は600〜700語、中学校は新たに1600〜1800語、高等学校（『英語コミュニケーションI、II、III』）では新たに1800〜2500語とそれぞれ段階的に増えている。表現や文に関しても、例えば、動名詞や過去形は小学校では「文」の中で扱われているのに対して、中・高等学校では「文法事項」として扱われている。このことが意味しているのは、小学校ではI am good at playing badminton. やI enjoyed walking. のような動名詞やI went to Kyoto. I saw Kinkakuji. It was beautiful. のような過去形を扱うが、それぞれの事項のルールを指導することではない。それゆえ、動名詞や過去形を異なる表現や別の場面でも活用できることまでの定着は求められていない。

一方、中・高等学校では動名詞や過去形のルールを理解して異なる表現や別の場面でも活用できることを意味しているのである。さらに、高等学校では、中学校では基本的なものに限定されていた仮定法や、制限的用法に限定されていた関係代名詞などの様々な制限が外れ、すべての用法を扱わなければならない。このように、小・中・高等学校と段階を経るにつれて、言語面も高度化されていくことがわかる。

〈2〉指導内容の系統性

学習指導要領（H. 29年度版）においては、小・中・高等学校共通して、「知識及び技能」、「思考力、判断力、表現力等」、「学びに向かう力、人間性等」を身に付ける言語活動を行うことが重要になる。誌面の都合上、思考力、判断力、表現力等の育成を例にとって考える（「知識及び技能」の習得に関しては**2**を参照）。「思考力、判断力、表現力等」の育成において、小・中・高等学校を通して、「具体的な課題等を設定し、コミュニケーションを行う目的や場面、状況などに応じて、情報を整理しながら考えなどを形成し、これらを論理的に表現することを通して、次の事項を身に付けることができるように指導する。」と書かれている。このことを図示すると次ページの図のようになる。

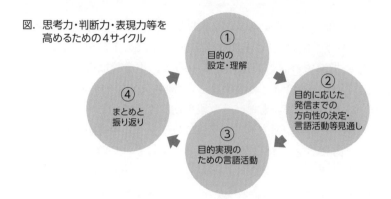

図. 思考力・判断力・表現力等を
　高めるための4サイクル

① 目的の設定・理解

② 目的に応じた発信までの方向性の決定・言語活動等見通し

③ 目的実現のための言語活動

④ まとめと振り返り

　このサイクルについて、令和3年度の『NEW HORIZON English Course ②』の「Unit3」で導入されている不定詞を例にとって解説する。まず、友だちに質問したり、質問に答えたりするというコミュニケーションを行う目的や場面、状況などを理解する（①）。具体的には、職業体験で体験したことや学んだことを発表するという場面が考えられよう。次に、その活動に必要な情報を整理し、それらを表現する語句や表現を調べ、選択する（②）。具体的には、どこに行ったか、目的は何か、何をしたかを考え、それらを表す語彙（例：bookstore, flower shop）や文法事項（例：went to〜, to help the cashier）を調べ、どの語句や文法事項を使うかを決める。そして、目的達成のため、職業体験の内容について読んだり聞いたり、話したり書いたりする活動を行う（③）。具体的には、グループになり、メモを基に、自分の職業体験の内容を発表したり、それに対して質問したり、質問に答えたりするという流れが考えられよう。授業の最後に、まとめや振り返りを行い、活動で得られた情報やそれについての考えやコミュニケーションを体験しての感想などについて発表したりする（④）。その際、コミュニケーション活動の内容面について振り返らせるだけではなく、使用した語句や表現等についても再確認させたい。

Let's give it a try!

1. 「読むこと」「話すこと［発表］」「書くこと」の中から1つを選び、小・中・高等学校の目標を比較してみよう。
2. 『NEW HORIZON English Course ③』の中から1つのUnitを選択し、思考力・判断力・表現力等を高めるプロセスを考えてみよう。

26 指導体制の充実と効果的なティーム・ティーチング

目標 ALT 等とのティーム・ティーチングについて理解し、授業指導に生かすことができる。

学びのキーワード □ティーム・ティーチング □ALT（外国人指導助手）
□JTE（日本人英語指導者）

〈1〉ティーム・ティーチングとALT

　ティーム・ティーチングは、複数の指導者がチームを組み、共同して授業を行う指導方法である。日本の英語授業におけるティーム・ティーチングは、1987年の「語学指導等を行う外国青年招致事業」（The Japan Exchange and Teaching Programme: JET プログラム）開始とともに広まりを見せ、現在は小中高校すべての校種で一般的に用いられている指導形態である。中高では、英語科の教員免許を持つ日本人英語教師（Japanese Teacher of English: JTE）が、「外国語指導助手」（Assistant Language Teacher: ALT）の協力を得て行うティーム・ティーチングが一般的である。

〈2〉ティーム・ティーチングのメリット

　ティーム・ティーチングによって複数の指導者が指導を行うことにより、多様な指導形態を用い、きめ細かい指導を展開することが可能となる。ティーム・ティーチングのメリットは次ページの囲みのようにまとめられる。

①英語使用の必然性、動機付け

　「外国語としての英語（English as a foreign language）」を学ぶ日本の英語学習環境では、生徒は教室外で英語を耳にしたり英語を使用したりする機会が少なく、英語を使用する必然性が感じられにくい。ティーム・ティーチングによりJTEに加え英語母語話者であるALTも指導に加わることにより、授業内での英語使用の必然性を高め、生徒の英語学習への意欲を高めること

(1) 英語使用の雰囲気作りに加え、英語母語話者であるALTが教室内にいることにより英語使用の必然性を教室内に作り出すことができる。【英語使用の必然性、動機付け】

(2) ALTの発音をモデルとした活動が可能となり、生徒の実態に即した音声指導が行える。【音声のモデル】

(3) ALTとJTEにより英語の「やり取り」のモデルを容易に提示することができる。【英語使用のモデル】

(4) ALTと生徒の間で双方向のコミュニケーションが行われ、英語により即興で伝え合う機会の充実が図られる。【即興の伝え合いの充実】

(5) ALTが持つ言語情報により、生徒が必要とする表現や言葉などを場面に応じて即座に提供することができる。【豊かな語彙、表現の提供】

(6) ALTの持つ文化的背景を生かした活動が可能となり、生徒が直接異文化に触れることができる。【異文化理解、異文化交流】

(7) 多様な観点、方法で観察、評価することが可能となり、実際に英語を用いて話したり、書いたりする様子のパフォーマンス評価ができる。【評価の充実】

につながる。

　生徒にとってALTの話す英語を聞いたり、ALTからの問いかけに答えたり、英語を使ってALTに話しかけたりすることは大きなチャレンジであると同時に、実際の英語使用の貴重な経験であり励みとなる。また、ALTからの肯定的なフィードバックや励ましの言葉は、生徒の英語使用に対する自信を高め、それらの体験が積み重なることで、主体的に英語を用いてコミュニケーションを図ろうとする態度の育成につながる。

②音声指導の充実と意味のある場面設定

　ALTの発音をモデルとして用いることができる。しかも、音声指導では、CD等の音声教材と異なり、生徒の学習状況や英語の理解度に応じて、話されるスピードや使用される語彙等の選択がなされたり、聞き手の興味や話し手の伝える意図により強調されたりした発話が可能である。

　また、必要な情報や話の概要、要点を捉えるような活動では、聞き取る内容に意味のある場面や状況を与えることができる。例えば、ALTが週末の出来事を語った次の例を見てみよう。

　リスニング教材として聞いた場合には「I」が誰のことを表しているのかには、聞き手の興味は向けられず、また、雪像がいったい何のキャラクターで

I went to Hokkaido last weekend. It was very cold there, but they had a big festival. I saw many statues. They were all snow statues. They were so beautiful. One of them was a statue of Japanese *anime* character. I was very happy to see the statue because that was my favorite character. It was so big! I took a lot of photos of the statue with me. I had a wonderful time!

あったのか想像する余地はない。しかし、生徒と人間関係のあるALTによって語られることによって、生徒はスピーチを聞き、その場の様子を思い浮かべながら英語を聞くことになる。教材としての音声モデルの役割を超え、場面や状況を伴った生きた言葉として提供されていることがわかる。

③即興性の充実と豊かな語彙・表現の提供

　小学校高学年では、既習表現を用いて日常生活に関する身近で簡単な事柄について、その場で質問や答えを考えながら相手と会話を続けていくSmall Talk（『We Can!指導編』）の活動が行われている。中学校では、Small Talk等で培った英語力を生かして、さらに発展させた即興性の高い言語活動が求められる。ティーム・ティーチングでは、JTEとALTが即興性のある「やり取り」のモデルを示すことができ、また、生徒自身がALTと直接双方向のコミュニケーションを行う機会を持つことが可能となる。

　例えば、ALTと生徒が対抗して交互に意見を述べ合う「Talking Battle」などの活動が考えられる。一定の時間内で、決められたトピックについて、ALTと生徒が交互に発話し、制限時間が来たときに話していた方（ALTまたはクラス全体）が負けとなるゲーム的要素をもったディベートを模した活動である。考えを述べる生徒は特に指名されることなく進んで自由に発言するように働きかける（実際のやり取りの様子は、次ページの対話文参照）。

　ALT対クラスの生徒全体という対戦であり、生徒全員に発話の機会が提供される訳ではないが、この活動後に生徒がペアによる「Talking Battle」を行うことで、全体でのやり取りを参考にして各自が同様の活動を行う機会を保証している。活動においてALTは生徒との会話を継続し即興的な発話を引き出す役割を担っている。一方で、対話文中に下線で示したようにJTEは、やり取りの流れを阻害することなく、対話の中で生徒の誤りを修正するような役割を果たしていることがわかる。このように、ティーム・ティーチングにおいては、指導者が活動のねらいを共有すると共に、それぞれの役割を明

確に把握して指導に当たることが大切となる。

JTE : Today's topic is "Which is better, the sea or the mountains?" Mr.○○ (ALT),
　　　you are "the mountains" side and class, you are "the sea" side. OK? Mr.○○,
　　　you go first.
ALT : Ok. Now, the mountains are better than the sea because the mountains
　　　have many beautiful colors.
S1　 : The sea has many beautiful beaches.
ALT : But there are more things to do at the mountains. For example, I can go
　　　hiking.
S2　 : We can swim in the sea!
ALT : I see but I can swim in the river at the mountains.
S3　 : But we can walk the beach.
JTE : Oh, you can walk along the beach. That's nice!
ALT : Ah, but I can walk among the trees!
S4　 : We can fish.
S5　 : And we can eat fish!
ALT : Well... But the sea is sometimes dangerous and ... (Bleep!)
JTE : Time is up! Students, you won! Congratulations!

---

④豊かな語彙、表現の提供者としてのALT

　学習指導要領（H. 29年度版）では、英語の授業は「英語で行うことを基本
とする」とされている。それは、「授業を実際のコミュニケーションの場面と
するため」で、生徒が英語に触れる機会を授業内で充実させることがねらい
である。生徒が自らの考えや気持ちを伝え合う活動が充実するにつれて、生
徒たちには様々な語彙や表現が必要となる。ネイティブ・スピーカーである
ALTは、生徒が必要とする英語の語彙や表現をその場で即座に提供できる
存在であり、即興性の高い言語活動を行った際には「表現したかったができ
なかった事柄」などを共有し、ALTからのフィードバックを受けて新たな表
現を身につける機会を持ちたい。

⑤異文化理解、異文化交流

　ALTは、英語の母語話者として英語の背景にある文化を持ち合わせた人
物であり、容易に異文化を授業に持ち込み生徒に提供することができる。
様々な情報提供とともに日頃の動作や立ち居振る舞いも含めてALTの存在

そのものが異文化を背景にしたものであることを理解する機会としたい。さらには、ALTが日本の生活や文化についてどのように感じているのかを知ることにより、異文化から見た日本文化について生徒が理解を深める機会を提供することにもなる。

⑥評価の充実

　実際に英語を話している生徒の様子や英語で書いた作品などを対象として行う評価方法はパフォーマンス評価と呼ばれている。生徒同士の会話の場面や英語によるプレゼンテーション（発表）の様子、教師と生徒、ALTと生徒とのやり取りなどを評価することが考えられる。ティーム・ティーチングでは複数の指導者がおり、ALTがパフォーマンス・テストの補助をしたり、生徒がALTに何かを伝えるという場面を設定してその様子を評価することができたりするなどの利点があり、評価の充実を図ることができる。

〈3〉ティーム・ティーチング実施上の留意点

　学校現場では、校務が多忙であることに加え、ALT雇用形態や勤務の条件により十分な授業準備が行いにくい現状がある。しかし、ティーム・ティーチングによる教育効果を最大限に上げるためには、JTEとALTが授業のねらいや活動の内容、それぞれの指導者の役割、評価のタイミングや観点、方法などについて十分に共通の理解を得る必要がある。打ち合わせ時間の捻出や授業準備の効率化を図りつつティーム・ティーチングを実施する必要がある。

Let's give it a try!

1. 英語授業をティーム・ティーチングで行う際にJTE、ALTの指導者としての特性を生かした役割はどうあるべきかをまとめなさい。
2. ALTの特性を生かした即興性のある具体的な言語活動の案を作成しなさい。
3. ALTを活用した「外国語の背景にある文化に対する理解を深める」具体的な指導案を作成しなさい。

27 聞くこと・話すこと（やり取り・発表）の指導

目標 聞くこと・話すこと（やり取り・発表）の指導について理解し、授業指導に生かすことができる。

学びのキーワード □聞くこと □トップダウン／ボトムアップ処理
□話すこと（やり取り・発表） □帯活動 □推論発問 □マッピング

〈1〉「聞くこと」、「話すこと（やり取り・発表）」の目標及び内容

　音声を介して行う「聞くこと」、「話すこと（やり取り・発表）」は、小学校段階から重点的に扱われている技能である。中学校では、小学校の学びを踏まえ、より広範囲な話題について、聞き手や話し手に配慮して事実や自分の考え、気持ちを伝え合う活動を通して「聞く」、「話す」力をさらに伸ばし、高等学校への接続を図ることが目指される（表1）。指導内容については、学習指導要領で示されている言語材料（音声や語彙、表現、文法、言語の働き）を生徒が目的・課題意識をもって活用し、思考・判断・表現することを繰り返す中で定着が促されるよう、言語活動を工夫することが求められる。

表1. 中学校学習指導要領(H. 29年度版)「聞くこと」「話すこと（やり取り・発表）」の目標

> **聞くこと**
> (ア) はっきりと話されれば、日常的な話題について、必要な情報を聞き取ることができるようにする。
> (イ) はっきりと話されれば、日常的な話題について、話の概要を捉えることができるようにする。
> (ウ) はっきりと話されれば、社会的な話題について、短い説明の要点を捉えることができるようにする。

話すこと（やり取り）

(ア) 関心のある事柄について、簡単な語句や文を用いて即興で伝え合うことができるようにする。

(イ) 日常的な話題について、事実や自分の考え、気持ちなどを整理し、簡単な語句や文を用いて伝えたり、相手からの質問に答えたりすることができるようにする。

(ウ) 社会的な話題に関して聞いたり読んだりしたことについて、考えたことや感じたこと、その理由などを、簡単な語句や文を用いて述べ合うことができるようにする。

話すこと（発表）

(ア) 関心のある事柄について、簡単な語句や文を用いて即興で話すことができるようにする。

(イ) 日常的な話題について、事実や自分の考え、気持ちなどを整理し、簡単な語句や文を用いてまとまりのある内容を話すことができるようにする。

(ウ) 社会的な話題に関して聞いたり読んだりしたことについて、考えたことや感じたこと、その理由などを、簡単な語句や文を用いて話すことができるようにする。

〈2〉聞くことの指導

リスニング（聞くこと）は、聞き手が以下に示す情報処理を行うことにより意味や概念理解を形成する能動的なプロセスである（16参照）。

① ボトムアップ処理：小さい単位（音素、発音など）から大きな単位（語句、文）へと段階的に音声内情報を組み合わせて意味を形成する処理

② トップダウン（top-down）処理：関連する背景的知識（スキーマ）を活用したり、内容を推測したりしながら大意を捉えようとする処理

③ インタラクティブ処理：①、②の相互作用によって理解が促される処理

「聞くこと」においては、活動が「本文を聞いて内容理解問題の答え合わせをする」というテスト形式に陥らないよう、生徒が聞く目的や状況に応じて

上記の情報処理を柔軟に活用し理解を深めていく手立てが必要である。

　教科書本文（『NEW HORIZON English Course ②』, Unit 4）を用いた指導例を考えてみよう。本Unitは登場人物のホームステイ先での経験を題材とし、決まり事やアドバイス、未来のことを表す文や表現を学ぶ単元である。同Unit内のDialogueを導入する場面で、本文の一部（資料1）を提示して聞かせ、以下の発問を行う。

資料1. 教科書本文の一部

> **Mrs. Wilson: Well, make your bed and come downstairs.**
>
> **Saki: Make my bed?**

発問例	生徒の回答例
1. When is this? In the morning or evening?	Maybe in the morning.
2. Why?	Mrs. Wilson says, 'Come downstairs.' 自分の家でも朝によく「降りておいで」と言われるから。
3. Why is Saki repeating the phrase 'make my bed'?	She is surprised / confused. She doesn't know the phrase.
4. What is Mrs. Wilson going to do next?	She's going to show Saki how to make her bed. 実際にやって見せる。

　この活動は、「聞くこと」の目標の（ア）及び（イ）（表1）に関連し、英語を聞いて概要や要点を捉える活動である。本文の一部を提示することで、前後の文脈や音声情報（Sakiの発話における上昇調のイントネーション）、語句（make my bed）などを手掛かりとしながら、内容を捉えようとする能動的な活動が生まれる。加えて、短い文章からまとまりのある文章へと段階的に本文を導入することは、英語を苦手とする生徒の不安を軽減する手立てとなり得る。上記の発問4のように、推論発問（本文に直接示されていない情報を尋ね、具体的な理解を促す問い）を用いて、「聞く」、「話す」技能を活用しながら思考を深める技能統合型活動へと発展させることもできる。

〈3〉話すこと（やり取り）の指導

　小学校の外国語科における帯活動（Small Talk）やコミュニケーション活動での経験を生かし、中学校では、日常的な話題や社会的な話題について、

「即興的に」質問したり、考えや理由を伝え合ったりしながら会話を継続・発展させる活動を通して話すこと（やり取り）の技能をさらに高めることが目指される（表1）。しかし、耳から入って瞬時に消え去る音声情報を頭の中で保持しつつ、伝えたい内容を整理して表現することを対話の進行と同時に行うことは決して容易なことではない。したがって、単元目標や学期末のゴール（パフォーマンス課題）と関連付けた即興性のあるやり取りの活動を数多く経験させ、段階的に向上を図ることが重要である。

その具体例として、以下のような帯活動を単元や学期など、時間のまとまりの中で継続して行うことが望ましい。やり取りでは、教科書本文で学ぶ語句や表現に加え、対話を円滑に続けるための慣用表現（例: 感想や共感を示す'That's interesting.', 'I agree with you.'など）が必要となる。そのため、指導者は表現集（資料2）を用いて口頭練習を取り入れ、（やり取りの中で使うことができる）発信語彙を増やす手立てを行うことが重要である。

資料2. 表現集の例 (合瀬, 2018)

- Teacher-student Talk（教師主導）: 授業の冒頭（5分程度）で、教師が身近な話題について生徒と対話をする（例'What did you do last weekend?' 'How was it?'）。'Bread or rice for breakfast?', 'No club activities on weekends. Yes or No.'というように、意見や理由を述べさせるミニ・ディベートへと発展させるテーマを設定することもできる。
- One-minute Talk（生徒同士）: 1分間、特定のテーマ（Which do you like better, cats or dogs? And why?）に基づいてやり取りをさせる。

目標（ウ）（表1）に関連して、ディスカッションを取り入れることも効果的である。例えば、教科書に記載されている推論発問（'What can we do to support the poor children?'『NEW HORIZON English Course ③』Unit 3）に対する回答を、ペアやグループで考える活動が考えられる。さらに、生徒の実態に応じて、'Make a TV advertisement for fair trade products.（フェアトレード商品のコマーシャルを作ろう）'という単元終末活動を設定し、商品を宣伝するスキットを発表させたり、それに向けてグループやクラス全体でアイデアや意見を共有し合う機会を持つと良い。その際は、単元を通して、好きな食べ物や商品、その理由について伝え合う帯活動（One-minute Talk）や、教師のモデル提示、伝えたい内容を簡単な文で言い換える語彙学習・口

頭練習などを行い、段階的に受信、発信活動を進めるようにする。

〈4〉話すこと（発表）の指導

　話すこと（発表）においては、様々な話題について、事実や自分の考えを整理して話す力の育成が目指される。目標（ア）及び（イ）（表1）に関連して、簡単な語句や文を使って即興でまとまりのある内容を伝える帯活動を設定すると良い。例えば、ペアによるOne-minute Talk（やり取り）の直後にReportingを行う。Reportingでは新たな聞き手にわかりやすく伝わるように、話の展開や構成を整理し直して話す必然性が生じる。加えて、人名や'She/He'で始まる文章に置き換えるため、文構造にも意識を向けた言語活動が設定できる。

　目標（イ）及び（ウ）に関連して、簡単なスピーチを取り入れると良い。内容によっては、あらかじめ原稿を用意し、「書くこと」「読むこと」と関連付けて行うものもある。その場合、マッピングの技法を用いて、文章の内容的なつながりや構成などを考えながら、スピーチの構想を膨らませる指導を行うことができる（資料3）。ただし、原稿作成に比重が置かれすぎると、実際のスピーチが「原稿を読み上げる」活動になりかねない。生徒が聞き手の状況や気持ちに配慮して（相手意識をもって）取り組めるよう、単元を通して、書いたメモに基づいて話の概要や主要な点を発信したり質問したりする指導を段階的に行うことが大切である。

資料3. マッピングシートの例 (中山, 2018)

　これらのポイントは単元目標に沿った観点別ルーブリック（成功の度合いを示す数値的な尺度と記述語から成る評価指標）（資料4）として生徒と共有すると良い。それにより、学習の過程において生徒自ら目標に対する自身の学習状況（例：スピーチの善し悪し）を判断し、必要に応じて改善の手立てを考えるなどの自己調整学習が促される（石井, 2015）。

資料4. 佐賀大学教育学部附属中学校
英語科 観点別ルーブリック（1学期目の例）

Let's give it a try!

- -

1. 中学校の教科書から一単元を取り上げ、話すこと（「やり取り」、または「発表」）の活動における指導の手立てと評価方法を考えなさい。

28 読むこと・書くことの指導

[目標] 読むこと・書くことの指導について理解し、授業指導に生かすことができる。

◇◇

[学びのキーワード] □スキーマ □音読 □英文の特徴 □首尾一貫性
□目的・場面・状況

〈1〉読むことの指導

　読むことの指導においては、語彙力を高める指導に加えて、読解の助けとなる背景的知識となるスキーマ（schema）を増やす指導も行いたい。これは外国（英）語科に留まらず、他教科や実体験を含めた日常生活で得るものである。こうして得た知識と実生活の知恵も読解に生かすべきであるという考えに基づいている。

　中学校学習指導要領（H. 29年度版）には、読むことの指導に関して、易から難へと4つのタイプの読むことの言語活動が記述されている。

> （ア）書かれた内容や文章の構成を考えながら黙読したり、その内容を表現するよう音読したりする活動。

　例えば、生徒に対して音読の場を設定する際も、ただ単調に同じような音読を求めていては、活発で創造的な活動とは言い難い。具体例を挙げると、「変化に富む繰り返し」で何度も音読をする活動がある。2人の対話であれば、静粛を求められる公共の場でのひそひそ会話、携帯電話の電波が悪い状態での会話、川を挟んで対岸にいる者同士の会話など、生徒にもアイデアを出させ、場面・状況を変え、意味のある形にすると単調な音読活動にならない。テキストを見なくてもアドリブ等も織り交ぜながら、コミュニケーション活動へと変化させていくことができればより高度な活動と言えよう。

> （イ）日常的な話題について、簡単な表現が用いられている広告やパンフレット、予定表、手紙、電子メール、短い文章などから、自分が必要とする情報を読み取る活動。

　例えば、観光に関して、施設の休館日、交通機関の利用できる期間や出発・到着時刻、料金や一時的な変更の有無など、目的・場面・状況に応じて必要な情報を読み取らせたい。最初は、生徒になじみのある観光施設の英語のホームページや英語のパンフレットなどを読む活動から始めることも考えられる。

> （ウ）簡単な語句や文で書かれた日常的な話題に関する短い説明やエッセイ、物語などを読んで概要を把握する活動。

　外山（2003）は、英語の文章に見られる一般的特徴として、同じ語の繰り返しを日本語以上にきらう傾向が強いことを指摘している。文章中に未知語があっても、以前に出た単語の言い換えではないか、などと推測しながら読み進め、概要を把握する活動を行いたい。

> （エ）簡単な語句や文で書かれた社会的な話題に関する短い説明などを読んで、イラストや写真、図表なども参考にしながら、要点を把握する活動。また、その内容に対する賛否や自分の考えを述べる活動。

　新聞記事などジャーナリズムの英文は、見出し→リード→本文と展開する文章が多い。この特徴を知っておくことは、文章の要点を捉える上で役立つであろう。段落は、最も重要なことを述べるトピック・センテンス（topic sentence）が冒頭に来て、その後、具体例を挙げて証明していくという流れをとることが一般的である。英語の文章のこの展開形式はよく「逆ピラミッド型」と呼ばれる。また、要点を把握した内容と主体的に向き合い、賛否を述べ合う「話すこと」につなげ、領域を統合した指導へと結びつけたい。

〈2〉書くことの指導

　さらに、中学校学習指導要領（H. 29年度版）には、書くことの指導に関して、段階的な4つの言語活動についての記述がある。

> （ア）趣味や好き嫌いなど、自分に関する基本的な情報を語句や文で書く活動。

自分に関する情報を伝えることは、主体的な学びの原点である。その際に、例えば将来の夢を書くのに、'I want to be a veterinarian in the future.' と難語（big words）で書いては、読者に優しい（reader-friendly）英文とは言えないであろう。このとき英語圏の子供向け辞書の活用が有効となる。Crawley 他（2002）において、"vet"（獣医）は "a doctor for animals" と易しい英語で定義されており、これなら読み手もわかりやすいだろう。易しい英英辞典は、単語の意味を調べるというより、むしろ易しい英語で表現するため、学習者のみならず、指導者も難語を言い換えて説明する際に活用する参考書としたい。

　英英辞典に親しみをもってもらうために、すでに自分が知っている英単語の意味を調べて、易しく表現するコツを考えたり、生徒がお互いに英英辞典の定義を読み上げ、何の単語であるかをクイズ形式で当てたりする活動も考えられる。これらは直接表現する英単語を知らなくても、知っている手持ちの易しい単語で相手に伝える能力を養う練習になる。

> （イ）簡単な手紙や電子メールの形で自分の近況などを伝える活動。

　手紙や電子メール等の通信文で、よく用いられる簡単な定型表現も指導したい。例えば、"Thank you for your email." "I look forward to your reply." "Take care." などである。

> （ウ）日常的な話題について、簡単な語句や文を用いて、出来事などを説明するまとまりのある文章を書く活動。

　複数の英文で、まとまりのある短い文章を書く際に、首尾一貫性（coherence）を意識する必要がある。単なる事実の羅列ではなく、読者が興味・関心を示しそうなことについて、論理的・詳細に記述する（elaborate）指導を意識する。

> （エ）社会的な話題に関して聞いたり読んだりしたことから把握した内容に基づき、自分の考えや気持ち、その理由などを書く活動。

　社会的な話題を読んで、学習者自身が考えたこと、感じたこと、その理由を、英語で書く以前に、言語を問わずそれらを思考する機会が学習者に与えられることがまず肝要である。次に、その思考した内容を、自分が使える簡単な語句や表現で書く指導がなされるべきである。

　また、社会的な話題に関しては、個別の分野において頻出する語句・表現

がある。それらをグロッサリー（glossary）の形で指導者が準備することが書くことの一助となる。以下は環境問題に関するグロッサリーの一例であり、ペア・ワークなどの形態で使用することが考えられる。手順は、①日本語訳と英語訳の間で折る、②相手のリストを受け取り、順番に、あるいはランダムに日本語訳を出題する、③相手が英語訳を答えられたものに関して、右端にチェックする、となる。繰り返しのためにチェック欄は複数ある。

環境問題　語彙・表現リスト　　氏名（　　　　　　　　　）		
大気汚染	air pollution	☐☐☐
水質汚濁	water pollution	☐☐☐
使い捨て社会において	in a throwaway society	☐☐☐
環境によい行動をとる	act green	☐☐☐
ゴミを分別する	separate trash	☐☐☐
ビニール袋をもらう	receive a plastic bag	☐☐☐
地球温暖化につながる	lead to global warming	☐☐☐
気候変動	climate change	☐☐☐
環境に優しい	environmentally friendly	☐☐☐
温室効果	greenhouse effect	☐☐☐
森林破壊	deforestation	☐☐☐
二酸化炭素	carbon dioxide	☐☐☐

〈3〉まとまりのある短い文章の構成

　英文を書く上では、目的・場面・状況に応じて、まとまりがあり論理的に自然である首尾一貫性（coherence）が重要視される。断片的な英文の羅列にならないよう留意する。"Which is a better pet for old people, a dog or a cat?"（犬と猫ではどちらがお年寄りによりよいペットか？）のような文に答えるなど、与えられた選択肢から一方を選択し、その理由を述べる短い文章を書いたり、"We can wear any clothes we like at school. Do you agree or disagree?"（私たちは学校で好きな服装をすることができる。あなたは同意するか、同意しないか？）など、与えられた命題について、"I agree with the opinion."（私はその意見に賛成です。）のように、まず賛否の立場を表明して、その理由を述べる短い文章を書いたりする活動も考えられる。以下が

その書き方の例である。

I think that....... I have two reasons for this. First, ... (One reason is that......) Second, ... (The other reason is that......) Therefore, ...

　また、複数の理由が考えられるが、その数を明言しない場合は、次のような変化形が考えられる。I have/There are some/several reasons for this. One reason is that....... Another reason is that.......

　大下（2009）は、意見や考えを述べるための表現である、いわゆる決まり文句（formula）の高い有用性を指摘し、早い時期に教えて、生徒の表現力を向上させることを提唱している。社会的なテーマで短い文章を書く活動をもとに、他領域の指導と結びつけ、ディスカッションやディベートなどのコミュニケーション活動の題材とすることも意識したい。

Let's give it a try!

1. 冒頭に結論を表すトピック・センテンスを書き、その理由を2つ挙げられるようなライティング課題を考えなさい。
2. 謝罪をする状況と苦情を言う状況を考え、それぞれ謝罪する手紙と苦情を述べる手紙を書きなさい。

29 領域統合型の言語活動の指導

目標 複数の領域を統合した言語活動の指導について理解し、授業指導に生かすことができる。

学びのキーワード □5領域 □インプット □アウトプット □インタラクション

〈1〉5領域の分類

　学習指導要領に示されている5領域「聞くこと」「読むこと」「話すこと［やり取り］」「話すこと［発表］」「書くこと」の言語活動を言語の「インプット」「アウトプット」「インタラクション」という観点でとらえると、インプットは聞いたり読んだりして理解すること、アウトプットは話したり書いたりすること、インタラクションは口頭や文字でやり取りをすることに相当する。中学校における5領域の指導においては、それぞれの領域を単独で指導するだけでなく、英語で理解した内容について、要約したり他者に説明したり他者とディスカッションしたりするなど、「インプット」「アウトプット」「インタラクション」を組み合わせた「領域統合型の言語活動」を行うことが求められている。

〈2〉なぜ、領域統合型の言語活動か?

　日常生活で行われるコミュニケーションは、母語、外国語を問わず、単一の領域だけで完結することは少なく、複数の領域が関連することが普通である。例えば、「話すこと［やり取り］」自体が、尋ねられたことに対する応答や口頭での伝え合いであり「聞くこと」「話すこと」の統合であると言える。それに限らず、テレビやラジオで見たり聞いたりしたことを誰かに話す、友達から聞いた話を他の友達や家族に話す（「聞く」「話す」の統合）、新聞や雑誌で読んだ面白い記事の内容を誰かに話して伝えるという行為（「読む」「話す」の統合）なども、日常頻繁に行われているコミュニケーション活動である。

　外国語の学習者は、現実の場面で行われるコミュニケーションを教室内で疑似体験することが必要であり（高島, 2011）、例に示したような様々な「領

域統合型の言語活動」を通してコミュニケーション能力が育成されることになる。ただし、領域統合型の言語活動では、単に複数の領域を並べてつなげれば、学習者にとって有益な学びの場面になるということではない。各領域の言語活動を「有機的に関連させる」ことが重要であり、実際のコミュニケーションに近い言語活動が教室内に作り出され、学習が促進されるように意図された領域統合が求められているのである。

〈3〉「インプット」「アウトプット」の役割

「聞くこと」「読むこと」による「インプット」なしには言語の習得は起こらない。「理解可能なインプット」が豊富に提供されることで、外国語の習得は促進される（Krashen & Terrell, 1983）。同時に、「理解可能なインプット」に加え「アウトプット」が学習者の言語習得上重要な役割を果たすとも考えられている。例えば、学習者が英語を用いてアウトプットを行うことにより、(1)学習者自身が自分の第二言語能力の「穴」に気づく、(2)目標言語と中間言語のギャップに気づく、(3)理解可能なアウトプットを産出する努力が、第二言語能力を「引き伸ばす」、(4)仮説検証の機会が生まれる、(5)統語処理・文法意識化が促される、(6)言語知識の自動化が進む（村野井, 2006: pp. 65～71）ことが期待される。つまり、英語をアウトプットすることによって、学習者は自らに足りない言語知識の存在に気付いたり（(1)、(2)）、言語知識が活性化され、それらがより自由に使えるようになったり（(3)、(6)）、自分の言語知識の正しさを確かめたりすることができ（(4)）、文構造や表現形式により注意深く目を向けることにつながる（(5)）という考え方である。

〈4〉学習指導要領に見る領域統合型の言語活動

中学校学習指導要領（H.29年度版）では、改訂前に比べより具体的な形で領域統合型の言語活動について示されている。領域統合型の言語活動により「学習した語彙や表現等を実際に活用する活動（改訂の趣旨）」の充実を図り、コミュニケーション能力を育成しようとする意図が読み取れる。

「聞くこと」「話すこと」を統合させた「話すこと［やり取り］」はもちろんのこと、それ以外の領域でも、次に示すように複数の領域を統合した言語活動を行うことが明記されている。

「聞くこと」
  (ウ) 友達からの招待など、身近な事柄に関する簡単なメッセージを<u>聞いて</u>、その内容を把握し、適切に<u>応答する</u>活動。
  (エ) 友達や家族、学校生活などの日常的な話題や社会的な話題に関する会話や説明などを<u>聞いて</u>、概要や要点を把握する活動。また、その<u>内容を英語で説明する活動</u>。

「読むこと」
  (エ) 簡単な語句や文で書かれた社会的な話題に関する説明などを<u>読んで</u>、イラストや写真、図表なども参考にしながら、要点を把握する活動。また、その<u>内容に対する賛否や自分の考えを述べる</u>活動。

「話すこと [やり取り]」
  (ア) 関心のある事柄について、<u>相手からの質問に対し、その場で適切に応答したり、関連する質問をしたりして、互いに会話を継続する</u>活動。
  (イ) 日常的な話題について、伝えようとする内容を整理し、自分で作成したメモなどを活用しながら相手と<u>口頭で伝え合う</u>活動。
  (ウ) 社会的な話題に関して<u>聞いたり読んだりしたことから把握した内容に基づき、読み取ったことや感じたこと、考えたことなどを伝えた上で、相手からの質問に対して適切に応答したり自ら質問し返したりする</u>活動。

「話すこと [発表]」
  (ウ) 社会的な話題に関して<u>聞いたり読んだりしたことから把握した内容に基づき、</u>自分で作成したメモなどを活用しながら<u>口頭で要約したり、自分の考えや気持ちなどを話したりする</u>活動。

「書くこと」
  (エ) 社会的な話題に関して<u>聞いたり読んだりしたことから把握した内容に基づき、自分の考えや気持ち、その理由などを書く</u>活動。

(中学校学習指導要領〈H. 29年度版〉「第2 2内容(3)言語活動及び言語の働きに関する事項」より) 下線は筆者が追加

・「聞くこと」…聞き取った内容を把握して応答したり、その内容を英語で説明したりする活動
　　　　　　➡「聞くこと」と「話すこと／書くこと」の統合
・「読むこと」…読み取った内容に対する賛否や自分の考えを述べる活動
　　　　　　➡「読むこと」と「話すこと」の統合
・「話すこと [やり取り]」…聞き取ったり読み取ったりした内容に基づき、読

み取ったことや感じたこと、考えたことなどを伝え、会話を
継続させる活動
　　➡「聞くこと」、「読むこと」と「話すこと」「会話の継続」の統合
・「話すこと［発表］」…聞き取ったり読み取ったりした内容に基づき、要約し
たり、自分の考えや気持ちなどを話したりする活動
　　➡「聞くこと」、「読むこと」と「話すこと」の統合
・「書くこと」…聞いたり読んだりしたことから把握した内容に基づき、自分
の考えや気持ち、その理由などを書く活動
　　➡「聞くこと」、「読むこと」と「書くこと」の統合

　ここで示された領域統合型の言語活動では、いずれの統合においても、
「インプット」と「アウトプット」、または、「インプット」と「インタラクショ
ン」を関連させた領域統合型の言語活動となっている。また、「アウトプット」
や「インタラクション」においても、「話すこと［やり取り］」で示されている
ように、一方的に表現し伝えることで活動が完結するのではなく、互いに関
連した質問や意見を述べ、協力して対話を継続・発展させることが前提とな
っていることに留意する必要がある。中学校学習指導要領（H. 29年度版）の
外国語の目標では、「理解する」「表現する」という「単に受け手や送り手とな
ったりする<u>単方向</u>のコミュニケーションだけでなく、「伝え合う」という<u>双方
向</u>のコミュニケーション」も重視されているのである（下線筆者）。
　このような領域の統合により、学習者は聞き取ったり読み取ったりした内
容から、これまでの考えを振り返ったり、新たな考えにたどり着いたりする。
それらを伝え合うことを通して、思考力、判断力、表現力を高めていくこと
になる。

〈5〉領域統合型の言語活動と思考力、判断力、表現力の育成

　領域統合型の言語活動において、学習者は聞いたり、読んだりして理解し
た情報を整理したり、精査したり、既存の知識と照らし合わせたりして、自
らの考えや新しい見解を構築する。また、そうして得た自らの考えや見解を
伝える際には、考えを整理したり話す内容の構成を考えたり、相手に応じた
表現を選択したりする。このような考えを形成し再構築する過程を通して、

また、目的や場面、状況などに応じた言語の運用を考えることにより、思考力、判断力、表現力が育成されるのである。

　聞いたり読んだりする話題は、「関心のある事柄」「日常的な話題」「社会的な話題」について扱うこととされている。

「関心のある事柄」の例
スポーツ、音楽、映画、テレビ番組、学校行事、休日の計画、日常の出来事など、身の回りのことで生徒が共通して関心を持っていること。

「日常的な話題」の例
生徒自身や家族に関すること、生徒の興味・関心の対象となることや社会生活で必要なこと。

「社会的な話題」の例
自然環境、世界情勢、科学技術、平和、人権問題、ICT の普及、エネルギー問題など、社会で起こっている出来事や問題に関わる話題で、広く国内外で起こっている事象で、多様な考えができるもの。

(中学校学習指導要領(H. 29 年度版)「第2　1目標(1)‐(5)」より)

　これらの話題は、様々な音声媒体や文字媒体により提供が可能であるが、最も手短で共通の素材として考えられるのは、教科書で扱われる題材である。教科書の題材やそれらを深めたり発展させたりするための関連教材を中心に領域統合型の言語活動を充実させ、生徒の思考力、判断力、表現力を育成する指導計画の作成や授業作りが重要である。

| Let's give it a try! |
- -

1. 「インプット」「アウトプット」の言語習得上の役割をまとめなさい。
2. 生徒の英語力を考慮した上で、「関心のある事柄」「日常的な話題」「社会的な話題」について、それぞれどのような事柄、話題が想定できるか例を考えなさい。その上で中学校の教科書に取り上げられている各課の事柄、話題を分類しなさい。
3. 中学校英語科教科書の単元のまとめの言語活動を示したページから、領域統合型の言語活動を探し、どのような領域が統合されているか分析しなさい。

30 文法に関する指導

目標 文法に関する指導について理解し、授業指導に生かすことができる。

◇◇◇

学びのキーワード   □文法事項　□コミュニケーション　□フォーカス・オン・フォーム
□明示的指導　□帰納的／演繹的学習

〈1〉学習指導要領における文法事項と文法指導の位置づけ

　中・高等学校外国語科の授業は英語で行うことを基本とし、教師が英語を積極的に用いて生徒とやり取りを行い、領域統合型の活動を通して生徒の英語使用を促すことが目指される。

　つまり、授業全体をコミュニケーションの場として、生徒が英語に触れる機会を保証する指導が求められている。その中で扱う文法事項（次ページの表1）についても（音声や語彙などの他の言語材料と同様に）コミュニケーションを支えるものとして位置づけられる。

　したがって、明示的な説明や本文の和訳などの言語形式に偏重した指導ではなく、有意味な文脈の中で規則性や構造への気付きを促す導入や、コミュニケーションの目的、場面、状況と関連付けて文法事項を活用（使用）する領域統合型の活動を通して文法知識の習得を促すことが求められる。

〈2〉文法指導の方法―どこに焦点を当てるか―

　文法指導は、文法形式への焦点の当て方の違いによって、①形式重視型（Focus on FormS: FonFS）、②意味重視型（Focus on Meaning: FonM）、③意味と形式の両方の習得を図る方法（Focus on Form: FonF）の3つに大別できる（**51**も参照）。①を代表する指導法として次ページに示す(a)、(b)が挙げられる。②は生活場面での言語使用や学校での教科内容の学習（例：イマージョン教育）など、意味理解を中心に据えた自然な言語使用において文法の定着を図る指導方法である。

表1. 中学校・高等学校学習指導要領の文法事項

中学校	高等学校
a 代名詞 　(a) 人称や指示、疑問、数量を表すもの 　(b) 関係代名詞（主格の that、which、who、 　　　目的格の that、which の制限的用法） b 接続詞* c 助動詞* d 前置詞* e 動詞の時制及び相など 　現在形や過去形、現在進行形、過去進行形、 　現在完了形、現在完了進行形**、助動詞などを用いた未来表現 f 形容詞や副詞を用いた比較表現 g to不定詞 h 動名詞 i 現在分詞や過去分詞の形容詞としての用法 j 受け身 k 仮定法のうち基本的なもの**	a 不定詞の用法 b 関係代名詞の用法 c 関係副詞の用法 d 接続詞の用法 e 助動詞の用法 f 前置詞の用法 g 動詞の時制及び相 　など h 仮定法

*『学習指導要領』の改訂で新設の文法事項として扱われるもの、** 新規で追加されたもの

(a) 明示的文法指導：日本語を用いた文法規則の解説や英文を日本語に訳出して内容理解を図る文法訳読法

(b) ドリル活動による指導：反復や模倣、練習によって言語知識の自動化を図る（教師主導の）パタン・プラクティスや（生徒同士による）対話型のコミュニケーション・ドリル（166ページの資料2）

①（FonFS）は、文法規則についての分析的な理解(a)や文法を操作する効率(b)が向上するというメリットがある。その一方で、文脈や話者の意志が軽視された機械的な演習に留まり、実際のコミュニケーションの場面で応用できる文法知識の習得は図りにくいという難点がある。

②（FonM）では、目標言語を用いた意味のやり取りが重視され明示的な文法指導は行われないため、発話の流暢さは向上しても正確さや複雑さは伸び悩むという課題がある。さらに、②の場合、学習指導要領で示されている、関連のある文法事項をまとまり（「時制」、「（後置）修飾」など）で整理した指導が欠けてしまい、断片的な文法知識の習得に陥る可能性もある。

このような①と②の課題点を補強するのが③のフォーカス・オン・フォーム（FonF）であり、意味伝達を重視した言語活動において、必要に応じて言語形式に学習者の注意を向ける指導を指す（Long, 1991）。以下は、やり取りの中でさりげなく（暗示的に）誤りを訂正する言い返し（recast）の例で、小・

中・高等学校を通じて広く実践されているFonFの指導形態の１つである。意味重視のやり取りの中で文法事項の形式、用法、意味の結びつきを図ることができる一方（Larsen-Freeman, 2003）、注意の向け方が暗示的では、生徒は、自身の発話が修正されたこと（自身と教師の発話との違い）に気付きにくいという課題点も指摘されている。

[言い返し(recast) の例]

Teacher: What time did you go to bed last night?

Student: I go to bed at nine.

Teacher: You <u>went to bed</u> at nine（<u>修正的な言い返し</u>）. That's early for you, isn't it?

〈3〉文法指導の手順

　文法指導では、「提示（Presentation）→練習（Practice）→産出（Production）」（PPP）の３段階による指導手順が用いられることが多い（**38**参照）。第１段階では、生徒が関連性を見出せる文脈の中で新出文法を提示し、その形式、意味、用法への気付きを促すことをねらいとする。つまり、豊富な例文（個々の具体例）に触れる中で一貫する規則を見出す学習（帰納的学習）が促される。

　例えば、現在進行形を指導する際は、日常生活や学校生活など身近な場面における動作を収めた動画を見せながら 'He is playing the guitar.' と言い、音声と文字、視覚情報を用いて多感覚に導入することが考えられる。中学校学習指導要領（H. 29年度版）で新設された仮定法（表1）においても同様に、次のように直接法の文章と比較しながら有意味な文脈の中で例文を提示し気付きを促すようにする（稲毛・田中・西原・藤岡, 1999）。

- 直説法（発話時における単純な仮定、条件）
  If it stops raining now, I'll go for a run.（雨が止む可能性がある。）
- 仮定法（現実とは逆の想定・仮定・願望）
  If it stopped raining now, I would go for a run.（雨は止みそうにない）
  If I were a bird, I would fly to you.（実際には I'm not a bird.）

文法事項の形式、意味、用法の結びつきが促されるよう、豊富な例文を提示し、文構造がシンプルなもの（例: He is dancing.）から複雑なもの（例: They are playing soccer in the playground.）へと移行するなど、生徒の実態に応じた提示の工夫も必要である。提示（導入）後の練習に入る前に、短時間で明示的指導を行い、現在進行形の形式・構造・規則について整理する（FonFSの）時間を持つと良い。特に、語順や意味順カード（資料1）（田地野, 2011）を用いた板書は、日本語との対比を通して英語固有の語順や正書法（主語を置く、語と語の間をあける、句読点を置くなど）の理解を深める一助となる。

資料1. 意味順カードを用いた板書例

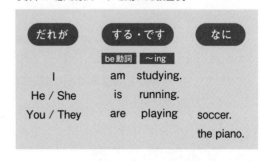

　練習の段階では、パタン・プラクティス（例: 提示した例文の口頭練習）や対話型のコミュニケーション・ドリル（資料2）などの演習を行い、生徒が新出の文法事項に慣れ、実際の言語使用の場面で運用できるようにする。ここでは、提示の段階で学んだ規則を個々の具体例に適用して運用能力を高める学習（演繹的学習）が促される。

資料2. 対話型コミュニケーションドリルの例

【対話例】
…の部分を変えながら
練習する

S1 : What is Miki doing?
S2 : She is practicing basketball.

　産出の段階では、当該文法事項を統合的に活用する自己表現や伝え合いの活動を行い、文法知識の定着と運用能力の向上を図る。以下に例を一部示す。

- テーマ（例: 'If you could go back in time, what would you do?'）に基づく対話（やり取り）やスピーチ（発表）を行う
- 家族や友人との写真を持参し、be動詞＋〜ingを用いて描写し合う
- 伝え合った内容を要約して書く

上記の活動は、意味伝達を重視する活動が多い。知識定着や自己調整（振り返り）を促す観点から、（相互交流の流れを阻害しない程度に）活動中もしくは活動後に、基本文や共通してみられる誤用例を取り上げ、形式と意味の再確認を行う形式重視の活動を行うとよい（高島, 2011）。

〈4〉指導上の留意点

　本章で概観した異なる文法指導や学習の方法については、優劣をつけたり、形式と意味のどちらを取るかという議論をしたりするのではなく、それぞれの長所や短所を理解した上で折衷的に用いることが現実的である。本章で概観した指導過程PPPは、導入の段階で帰納的学習が促され、練習、産出へと進む。これは、小学校段階でも用いられる指導過程であることから（⓯参照）、PPPは文法指導をコミュニケーションの基盤として位置付ける視点に加えて、小学校との学びの接続の観点からも有効な指導手順であるといえる。提示・練習の段階で十分に文法事項に慣れずに、「産出」段階で技能統合型活動に取り組むのは困難である。指導者は、PPPの指導過程を弾力的に用いて、コミュニケーションの目的や場面における文法事項の必要性や有用性を実感させる受信・発信活動を効果的に組み合わせ、段階的に知識の定着を図る授業デザインを行うことが大切である。

| Let's give it a try! |
- -

1. 学習指導要領の改訂で「新設 (*)」または「追加 (**)」された文法事項（表1）の中から1つ選び、PPPの各段階における指導計画を立て、効果的な文法指導について話し合いなさい。
2. 文法事項（表1）を1つ選び、板書を生かしてその形式・構造・規則を整理する（FonFS）活動（5～8分程度）を計画し、模擬活動を行いなさい。

31　異文化理解に関する指導

目標　異文化理解に関する指導について理解し、授業指導に生かすことができる。

学びのキーワード　□外国語の背景にある文化　□国際共通語としての英語　□多様性

〈1〉異文化理解の重要性

　学習指導要領（H. 29年度版）おいて「外国語の背景にある文化に対する理解を深める」ことは外国語の目標の大きな柱のひとつである。改訂前の歴代の学習指導要領においても一貫して文化を理解することの重要性について言及されてきている。

　特に、「情報技術の飛躍的な進化等を背景として、経済や文化など社会のあらゆる分野でのつながりが国境や地域を越えて活性化し、多様な人々や地域同士のつながりはますます緊密さを増してきている」（中教審答申〈2016〉p. 9）現在の社会の情勢を踏まえ、相手の外国語の文化的背景を理解しコミュニケーションを行えることは重要な資質・能力であるといえる。このようにグローバル化が急速に進展する中で、「他者を配慮し受け入れる寛容の精神や平和・国際貢献などの精神を獲得し、多面的思考ができるような人材を育てること」(学習指導要領解説〈H. 29年度版〉)は、外国語科の大きな役割であるといえる。

〈2〉外国語の背景にある文化の理解

　英語の学習においてその背景にある文化を学ぶことの意義や必要性について、三浦（2014）は、以下の3つの立場が存在すると述べている。

　(1)「文化理解必須」論　(2)「文化学習不要」論　(3)「文化学習不可能」論

　(1)「文化理解必須」論は、「英語学習の目的は英語という言語の学習と英語文化の学習の両方である」とし、英語の学習においては「言語」と「文化」は

不可分の存在であるという立場である。(2)「文化学習不要」論では、限られた時間に行われる英語学習では「文化学習は余計な寄り道だ」という考え方で、三浦（2014）では「最近、英語教育で実用性が強調される反面、英語文化の学習が軽視されている感がある」と述べられている。

　また、(3)「文化学習不可能」論は、「World Englishesの進行に伴い、世界各地に土着した英語（local varieties）が共存することになり、それぞれが土着の文化を反映しているから、英語が英語圏の文化を含むとはもはや言えなくなる」状況を述べ、いわゆる「英語圏」の文化のみを取り上げることには意味がない、または、「英語圏」文化を十分に学ぶことができないと考える立場であるとしている。

　中学校学習指導要領（H. 29年度版）、さらには、小学校学習指導要領においては、先に述べたように「外国語の背景にある文化に対する理解を深める」ことを重視している。言語を学ぶことが「その言語を創造し継承してきた文化や、<u>その言語を母語とする人々の考え方を学ぶことでもある</u>」（小学校学習指導要領解説（H. 29年度版）p. 73、下線筆者）という考えからで、その言語を母語とする人々の考え方を学ぶことが、結果として「その言語を適切に使うこと」につながるという主旨である。小中学校の学習指導要領におけるこの考え方は、三浦（2014）の分類によれば、言語と文化が両輪であると捉える「文化理解必須」論の立場であると言える。

　それに加えて学習指導要領（H. 29年度版）では、「英語が国際共通語であることを踏まえると、外国語の背景にある文化だけでなく英語を使ってコミュニケーションを図る人々の文化についても理解を深めることが大切である」とも述べられており、英語を母語とする人々の文化に限らず、英語を用いてコミュニケーションを図る様々な人々の文化について理解を深めることも併せて求めている。

　つまり、英語が「国際共通語」であるという認識においては「文化学習不可能」論の立場と同様の捉え方がされていることがわかる。ただし、「文化学習不可能」論では、多様な文化背景に基づいて英語が用いられている状況から、英語圏に限定した文化を学ぶことが「不可能」であるとしているのに対して、学習指導要領（H. 29年度版）における捉え方では、英語母語話者に限らず広く英語を用いる様々な人々の文化についても理解を深めようとする、一歩踏み込んだ異文化理解の在り方を目指したものであると言える。

〈3〉異文化理解で扱われる題材選定の観点

　中学校外国語科（英語）では、「英語を使用している人々を中心とする世界の人々や日本人の日常生活、風俗習慣、物語、地理、歴史、伝統文化、自然科学などに関するもの」の中から生徒の実態に合わせて題材を選定することとされている。また、題材の選択に際しては、次の3つの観点に配慮することとされている。

(ア)　多様な考え方に対する理解を深めさせ、公正な判断力を養い豊かな心情を育てるのに役立つこと。

(イ)　我が国の文化や、英語の背景にある文化に対する関心を高め、理解を深めようとする態度を養うのに役立つこと。

(ウ)　広い視野から国際理解を深め、国際社会と向き合うことが求められている我が国の一員としての自覚を高めるとともに、国際協調の精神を養うのに役立つこと。

　　　　　（中学校学習指導要領解説（H. 29年度版）pp. 99-100）

　これらの観点から、異文化理解を深めることにより、どのような資質・能力を育成しようとしているのかが見て取れる。先に述べたように英語を母語とする人々の文化や英語圏の生活・習慣に限らず、英語の学習を通して文化の多様性に気づかせるような内容を扱うことが求められている。様々な国の文化に触れ、広く他の国や地域の人々の考え方などを知ることにより、それらに対して寛容になったり文化の多様性や価値の多様性に気づいたりすることが目指されている。また、複数の文化に触れることにより、自らの文化の理解が深まり「世界の中の日本人」であることの自覚が高まるように指導することが大切である。

〈4〉異文化理解指導の展開

①小学校英語教育との連携

　学習指導要領（H. 29年度版）に対応した小学校外国語活動教材『Let's Try!
1, 2』や多くの小学校外国語科の検定教科書においては、付属のデジタル教材の中で上に示された題材について動画などを用いた異文化理解に関するものが含まれている。教材は、小学校段階で理解可能な簡単な英語表現を用い

たものとなっているが、取り上げられている話題や映像は中学生にとっても興味深い内容である。そこで、これらの教材を中学校で再び活用することが考えられる。その際には、教師がより詳しい情報を英語で付け加えたり、内容について生徒と教師の英語によるやり取りを行ったりするなど、中学生の英語学習の目標に合わせて活用の方法を工夫する必要がある。

　例えば、『Let's Try! 1』で扱われている「世界の子供が描く虹」(Unit 4) に関する話題を中学校で再度用いる場合を考えてみよう。この教材は、アメリカ、ケニア、ロシア、中国、ドイツの5カ国の小学生が思い思いの「虹の絵」を描きながら自分の名前と虹に用いた色について紹介するという内容である。描き上がったそれぞれの「虹の絵」は色使いや形に異なる特徴が見られ、個性的なものとなっている。下の例は、デジタル教材で扱われたロシアの児童の発話のスクリプトである。

【『Let's Try! 1』Unit 4 動画内容の一例】
（子供が「虹の絵」を描きながら）
　Hello. I am Anna. I'm from Russia. I like red. I like orange. I like yellow. I like green. I like blue. This is my rainbow.（描き上げた「虹の絵」を見せる）

　小学校の教材は上記のような簡単な英語の表現のみで構成されている。しかし、英語の熟達度が小学校に比べ向上し、理解や表現できる内容も増加している中学校段階では、各国の子供たちが描いた「虹の絵」を話題にして、様々な英語表現を用いたやり取りを充実させつつ、同じ虹を見ても捉え方が

【中学校で想定されるやり取り】
教師　：Now, can you draw a picture of the rainbow? Do you know a rainbow? You can see it in the sky after raining. OK?
生徒　：Yes. (Drawing a picture of the rainbow.)
教師　：Show your rainbows to your partners. Same colors? How many colors does your rainbow have?
生徒　：Five? Six? Seven?（口々に）
教師　：Everyone has an unique rainbow! Let's see more rainbows. Some children from different countries draw rainbows. The First one is from Russia.（動画を視聴）
生徒1：I know this video!　小学校の……．
教師　：You remember well! You watched it when you were an elementary

student. How many colors? Can you tell me the colors?

生徒2：Five. Red, orange, yellow, green and blue.

教師　：Perfect! Do you use the same colors?

生徒　：No. I have purple.

教師　：You have purple! The rainbow from Russia is different but it looks nice. Let's see another rainbow.　……（やり取りが続く）

多様であることや、違いを認め合うことの大切さに気づかせる教材として活用することができる。

　小学校のデジタル教材には、上記以外でも、様々な国や地域の挨拶、学校生活の様子、祭りや伝統行事、食べ物などを扱った動画が含まれている。それらは、中学生にとっては一度学習した馴染みのある内容や英語表現であり、理解が容易な教材であるといえる。それらを再活用することにより、抵抗感なく英語を通して異文化理解を深めることに取り組める。

②ALTや地域人材の活用

　英語の授業では、ALTや地域に住む外国人、外国からの訪問者や留学生、外国生活の経験者、海外の事情に詳しい人などの協力が得られるようにすることが求められている。生徒は様々な文化や海外の生活の様子などをこれらの人々から直接学ぶことができる。また、生徒はこれらの人々に対して、自国の文化や自らが住む地域の事柄などを英語で伝える機会を得ることになる。このようにALTや地域人材が異文化の情報を得るためのリソース・パーソンとなったり、さらには、生徒が自国の文化についての情報を発信し伝える対象となったりして異文化理解を深める上で重要な役割を果たすことができる。

Let's give it a try!

1. 小学校外国語活動ならびに小学校外国語科に対応した教材から異文化理解に関連する題材を探し、中学校で活用する場合の学習指導案を作成しなさい。
2. 中学校教科書の題材を英語圏に関するもの、英語圏以外に関するものに分け、どのような内容が扱われているか分析しなさい。
3. 中学校教科書の題材から1単元を選び、異文化理解を深める指導計画を作成しなさい。

32 生徒の特性や習熟度に応じた指導

目標 教材や ICT の活用及び生徒の特性・習熟度への対応について理解し、授業における指導に生かすことができる。

◇◇

学びのキーワード □英語学習におけるつまずき □生徒の特性 □習熟度

〈1〉生徒の特性、習熟度に応じた指導の必要性

中学校学習指導要領（H.29年度版）では、小学校での英語教育の開始早期化ならびに高学年での教科化に伴い、学習内容の改善・充実が図られている。例えば、互いの考えや気持ちなどを伝え合う対話的な言語活動が重視され、新たに設定された「話すこと［やり取り］」の領域や即興的な言語活動を行ったりするなど、言語活動の高度化が目指されている。また、小学校で学習する語彙600語〜700語に加え、中学校では1600語〜1800語程度の新語を加えた語彙を用いてより豊かなコミュニケーション活動を行うとされている。さらに「英語の特徴やきまりに関する事項」においては、「感嘆文」や「現在完了進行形」「仮定法のうち基本的なもの」などを加えて、表現をより適切で豊かなものとするように学習内容の拡大が図られている。

これら言語活動の高度化、学習内容の拡大に伴い、それぞれの生徒の習熟度や生徒の持つ特性に留意した学習支援をこれまで以上に充実させていくことが大切となる。

〈2〉指導上配慮が必要となる事柄

①「英語で行う授業」

高校の英語授業と同様に、中学でも英語の授業は英語で行うことが基本とされている。教師が積極的に英語を使用することにより、生徒の英語使用を促すことにつながり、生徒との英語でのやり取りを豊富にするねらいがある。

ただし、このような授業において、教師は自らが使用する英語が生徒にとって「理解可能なインプット」となっていることに留意する必要がある。教師

の英語の指示を聞き取ったり、教師と英語のやり取りをしたりすることを苦手に感じる生徒の不安感を取り除き、発話される英語がよりわかりやすいものになるような手立てを考えることが大切である。例えば、使用する表現を生徒の理解度に合わせたものにし、その上で発話の速度を調整したり、やさしい表現を用いて言い直したり、繰り返しや具体例を提示したりするなどの工夫を行うことができる。

② 領域の特徴に合わせた配慮

　学習指導要領解説（H.29年度版）では、「苦手な領域を持つ生徒」やその領域の活動に「慣れていない生徒」への配慮や指導上の留意点などについて述べられている。これらは、改訂前には含まれていなかった内容であり、言語活動の高度化や学習内容の拡大がなされる中で、「生徒の実態や習熟の程度」に応じた指導を行うことの重要性を強調していることがうかがえる。

　例えば、「話すこと［やり取り］・［発表］」では、ペア・ワーク、グループ・ワークなどで質問をしたり質問に答えたり、聞き手を前にして自らの気持ちや考えを伝えたりすることが求められる。しかし、他者とコミュニケーションを行うことに課題がある生徒には、抵抗感のある活動であり学習不安を増加させる恐れもある。そこで、「その生徒が日頃から関わることのできる生徒をペアの相手やグループのメンバーに意図的に配置したり、担任やALT等とペアを組んだりするなど」（学習指導要領解説〈H.29年度版〉p.96）の配慮をし、一律に同様の活動を全員に求めるのではなく個々の生徒の特性に応じて学習の目標が達せられるような指導方法を工夫することが求められている。

　特に、「書くこと」の言語活動は、小学校段階では語句や表現を書き写したり例文を参考に表現したりする段階の学習に主に取り組んでおり、他領域に比べ小学校と中学校の学習がより丁寧に接続されていることが必要となる。「『書くこと』が苦手な生徒」への指導や「まとまりのある文章を書くことに慣れていない生徒」への指導上留意すべき事柄について、学習指導要領解説（H.29年度版）では具体的な例を挙げて対応が示されている。

　「『書くこと』が苦手な生徒」に対しては、話した内容を書いてまとめるような「話すこと」→「書くこと」の順で行う指導と、簡単に書き留めた材料を基に話すなどの「書くこと」→「話すこと」の順で行う指導をバランスよく継続的に行う中で、何をどのように書けば良いのかがわかるように指導するこ

となどが示されている。

　また、「まとまりのある文章を書くことに慣れていない生徒」に対してはサンプルを参考にしてまとまりのある内容を書けるような段階を踏んだ指導を提供するなど留意すべき指導の手順が示されている。

　上記のように、それぞれの領域の活動内容に応じて、個々の生徒の必要に合わせた個別の支援を行い、苦手であったり不慣れであったりする活動でも意欲的に取り組み、生徒自身が見通しを持って段階的に学んでいけるような配慮をしていくことが重要である。

③特別な配慮が必要な生徒への対応

　学習指導要領解説（H.29年度版）では、「指導計画上の配慮事項」の1つとして「通常の学級においても、発達障害を含む障害のある生徒が在籍している可能性があることを前提に、生徒の十分な学びを確保し、一人一人の生徒の障害の状態や発達の段階に応じた指導や支援」（pp. 88-89）の充実を求めている。瀧沢（2013）は、英語の授業における「学習障害傾向と考えられる生徒の様子」として特徴的な例をは、次のように挙げている。

・音読ができない。	・文章を写すのに1文字ずつ見ながら書いている。
・単語が覚えられない。	・指書きで机の上に書くと単語の並びではなく文字の上に重ねて書く（左から右に順に指書きが進まず、同じ場所に重ね書きする）。
・小文字のbとdを間違える。	・英語のノートの4線の中に書けない。
・文章の全体の意味が理解できない。	・単語を思い出すまでに時間がかかる。
・黒板の文字がうまく写せない	・2つ3つの重なる課題に適応できない。
・長文問題が読み取れない。	

瀧沢広人（2013）『英語授業のユニバーサルデザイン つまずきを支援する指導＆教材アイデア50』明治図書出版より
（　）内は筆者追加

　また、これらの生徒に配慮した24の指導法も提案されている。提案された指導法を分類すると「授業や学習の流れに関する配慮」「指示や説明の仕方に関する配慮」「指導技術の工夫に関する事柄」の3つの特徴にまとめられる。
　「授業や学習の流れに関する配慮」では、易から難へ課題や活動が進むような指導計画を作成すること、授業や活動をいつも同じような流れで進め、1つ1つの学習活動が連続しているものと捉えられるように進めていくこと、

また、学習の区切りで内容をまとめたり整理したりすることが有効であるとされている。

「指示や説明の仕方に関する配慮」では、端的な表現により短時間で指示や説明を行うこと、生徒が学習の見通しを持てるように1時間の授業の流れを示したり、次に何を行うか予告となるような情報も併せて伝えたりすること、言葉による指示・説明に加え視覚的に提示したり実際に活動を行いながら内容を理解させたりすることなどが必要であるとされている。

「指導技術の工夫に関する事柄」では、活動に取り組む時間の目安を与えて、どのくらいの時間で何をすればよいのか明確な目標や活動の見通しを持たせること、ステップを細分化し学習内容を小分けにすることにより小さな達成感を数多く体験できるように工夫をすること、言葉がけを大切にし肯定的なフィードバックを多く与えて生徒に寄り添った共感的な態度で指導に当たること、また、必要であれば、生徒と一緒に作業を行ったり活動のはじめの部分を一緒に取り組んだりして活動が軌道に乗るまでの支援を手厚くすることなどが提案されている。

いずれの提案においても、生徒に学習内容や活動の楽しさを感じさせ、興味を持たせるような継続した働きかけが重要である。また、これらの指導上の配慮は、特に支援が必要な生徒に加え、教室内にいるすべての生徒にとっても有効な指導法であり、日常の授業作りにおいても常に留意しておく必要がある事柄である。

〈3〉生徒の特性、習熟度に応じた 効果的な指導のために

生徒の特性、習熟度に応じた効果的な指導を行うための手立てとして「協働的な学習の充実」「ICTの積極的な活用」「繰り返し学ぶ機会の充実」などが挙げられる。

①協働的な学習の充実

英語学習においては、ペア・ワークやグループ・ワーク学習がそれぞれの目的に応じて頻繁に行われる。その中で、異なる特性、習熟度を持った学習者が互いに学び合うことにより、他者との協働や関わり合いを通して、英語への気付きや理解が深められたり、英語の技能が高められたり、多様な考え

方ができるようになったりすることが期待される。5領域の学習の様々な場面において対話的な学びを充実することにより、学習集団としての学級の学びの質が高まり、それぞれの生徒の特性や習熟度に対応した指導が可能になる。

② ICT の積極的な活用

　ICTの活用により個々の興味や学習のペースに合わせた学びが可能となる。既製の教材やウェブ上の学習ページなどを活用して個々の生徒の興味・関心や習熟の程度に合った学習を各自のペースで進め知識・技能を習得することが可能となる。また、自らの英語の発音や発表の様子を録音・録画しその内容を見直しチェックすることもできる。それらの学習を通して、主体的に学ぶ力を育てると共にその特性、習熟度に合った学習を進めることができる。

③ 繰り返し学ぶ機会の充実

　言葉の習得は一度の学習で成し遂げられるものではなく、意味のある場面で繰り返し活用することでようやく定着が図られるものである。小学校高学年で行われている「Small Talk」のような活動をより発展させ、中学校においても既習の表現を継続的に使用するような言語活動の場を意図的に設け習熟度を高めるような指導の場とすることが大切である。例えば、小学校で行った言語活動と同様の活動を中学校でもやや発展させ実施したり、過年度の教材を再利用して繰り返し活用したりするなど、繰り返し学習することにより全体の習熟度を高めていく指導計画作成の工夫が求められる。

Let's give it a try!

1. 英語学習における「つまずき」は、本文中にまとめられたもの以外にどのようなものが考えられるか。グループで話し合いなさい。
2. 1単元を選んで「英語で行う授業」の留意点を盛り込んだ指導案を作成しなさい。
3. 授業中の様々な場面を想定し、必要となるクラスルーム・イングリッシュ（Classroom English）の例をグループでまとめ、紹介しなさい。

33 第二言語習得に関する知識とその活用

目標 第二言語習得理論とその活用について理解し、授業指導に生かすことができる。

◇◇

学びのキーワード □言語適性 □動機付け □学習方略

〈1〉言語適性

　これまで「彼（彼女）は語学の才能があるなぁ」と感じたり、「語学のセンスがある」と言われたりしたことがあるだろうか。この「才能」「センス」のことを、言語適性 (language aptitude) という。言語適性は、①音声を聞き分ける能力 (phonological coding ability)、②分析能力 (language analytical ability)、③記憶力 (rote learning ability) の構成要素から成る（富田, 2017）。

　まず、母語にはない第二言語の音（例: 日本人にとっての英語の /r/ と /l/）の区別を聞き分けられる能力等が、第二言語習得に必要である（①）。また、限られた時間の中ですべてのルールを教えることはできないため、具体例からルールを推測する力も重要になってくる（②）。さらに、第二言語の学習には膨大な数の語句や表現等を暗記する、いわゆる暗記力が必要である（③）。これまでの第二言語習得研究では、これらの適性が高いと第二言語学習の成功（例: 高い習熟度）につながりやすいことが知られてきた。

　近年では、言語適性の考え方と教室指導の関係についても研究されてきており、教師にとって重要な視点を与えてくれる。まず、適性処遇交互作用 (aptitude-treatment interaction) の考え方で、学習者が持っている適性と指導をマッチさせることが重要だということである。例えば、分析するのが得意な学習者には文法説明を含む指導がマッチしていて、音声に敏感な学習者には音声中心の指導がマッチしているという考えである。次に、言語適性の3つの構成要素は、学習段階や学習のプロセスに影響を及ぼすということである。例えば、「音声指導が中心」の小学校の外国語活動や外国語科、「授業は英語で行うことを基本とする」中・高等学校の英語指導に、音声に対する敏感さが重要になってくるのは言うまでもない。音声のやり取りで、教師が

生徒の誤った発音にフィードバックしたときに、生徒が自身の誤った発音と教師にフィードバックされた正しい発音の「違いに気付く（noticing the gap）」かどうかも、音声に対する敏感さが重要な役割を果たすと考えられる。英語特有の音をなかなか拾えない学習者がいるような場合、教師は板書やプリント等の視覚情報で生徒の苦手な部分を補完することが大事になってくる。

　また、家庭学習で教科書等の音声を聞くことができるように準備できれば、音声認識が不得意な学習者にとっては大いなる助けとなるだろう。その意味で、家庭でも予習・復習ができるデジタル教材の充実や普及は急務である。

〈2〉動機付け

　勉強する気があふれている、逆に勉強するモチベーションが上がらないという言葉を聞くことがあるだろう。いわゆる「動機づけ（motivation）」の問題であり、第二言語習得研究ではこれまで動機づけについて多くの成果を生み出してきた。特に、「統合的動機付け（integrative motivation）」と「道具的動機付け（instrumental motivation）」の区別はこれまで多くの研究者によって言及されてきた最も重要な概念であろう。「統合的動機付け」とは、簡単に言えば、生徒が英語圏の人、国、文化に興味があるから勉強するという動機を指す。例えば、カナダのようなバイリンガル国家において、英語母語話者がフランス語を学習する場合、フランス語の文化やフランス語を話す人々に興味があればあるほど、つまり、統合的動機付けが高いほど、フランス語を早く習得すると言われてきた。

　一方、「道具的動機付け」とは、簡単に言えば、生徒が将来よい大学に行きたい、よい単位を取りたい、よりよい仕事を得たいから勉強するというような何らかの利益を得たいという動機を指す。

　例えば、日本のような一歩教室を出たら学習言語を用いない環境で外国語として英語を学ぶ場合、受験や就職のために学ぶという道具的動機付けが重要だと考えられている。

　現在の第二言語習得研究は、心理学における動機づけ理論を援用した議論が多くなされるようになっている。特に、内発的動機づけ（intrinsic motivation）と外発的動機付け（extrinsic motivation）の概念が浸透している。内発的動機付けとは、英語が楽しいから勉強するというように、学習者の内面からわき出る喜びや満足に基づいているものであり、外発的動機付けは、報酬や目

的を達成する手段として学習者の外側から与えられるものになり、道具的動機付けと重なる部分がある。

　このように、動機付けには様々な種類があることを教師が自覚し、指導に当たるということが何よりも重要である。受験・就職のためだけではなく、英語の歌や映画が好き、英語の物語・小説を読みたい、近所に住むイギリス人の子と仲良くなりたい、将来国境なき医師団や国連で働きたいなど様々な動機が生徒にはある。日々の英語指導が受験のためだけの指導に偏っていないか、様々な動機を高める指導を工夫しているか、教師自身が問いかける必要がある。受験のためだけに勉強しているだけでは、受験後に英語を学ぶ動機は維持できないだろう（廣森, 2016）。

　近年、教室指導との関係で重要な動機付け研究が多く見られ、教師にも多くの示唆を与えてくれるようになった。言語学習分野の動機付け研究の第一線で活躍している、Zoltán Dörnyei（2001/2005）は、以下の4つの局面に分け、どのように動機を高めればよいのかを具体的に論じている。

①　動機付けのための基礎的な環境を作り出す
②　学習開始時に動機づけを喚起する
③　動機付けを維持し保護する
④　肯定的な自己評価を促進する

　例えば、間違いを恐れずに話すことができる雰囲気を作ること（①）、生徒の興味・関心や日常生活に関連させた内容・教材を準備すること（②）、ペアやグループで協力しないとできない活動を行うこと（③）、活動の喜びや充実感を味わわせる振り返りを行うこと（④）など、それぞれの局面で様々な工夫をし、生徒の動機づけを高めていくことが重要となる。

〈3〉学習方略

　英単語をキーワードや語呂合わせで覚えたことはないだろうか。例えば、discipline［dísəplin］という単語を覚えるときに、「弟子、プリンを食べないようにしつける」という風に覚えると、なかなか忘れないものである（中田, 2017）。このように、学習者は、個人の好みに合わせて、様々な方略を用いて、単語を覚えたり、文法を学んだりしている。このことを学習方略

（learning strategies）と言い、簡潔に言えば、学習の効率を高めるために行われる認知的な活動と定義できるだろう（Oxford, 2011）。これまでの第二言語習得研究では、訓練することによって、より効果的に方略を使うことができるようになったり、これまで意識していなかった方略に気付かせたりすることが可能であることが知られている。教師として指導する際に意識したい学習方略は、①認知方略(cognitive strategies)、②メタ認知方略(metacognitive strategies)、③社会的方略（social strategies）、④情意方略（affective strategies）である。

「認知方略」とは、上述したようにキーワードや語呂合わせで覚えたり、expressはex（外に）＋ press（押す）だから「表す」という意味で、impressはin（心の中に）＋ press（押す）だから「印象づける」という意味だという風に接頭辞や接尾辞を使って覚えたりするというのも認知方略に含まれる。覚えるために、繰り返し書いて覚えたり、自分のノートを作ったりすることも認知方略である。

「メタ認知方略」は、2度目の復習は1日後、3度目は1週間後、4度目は1カ月後と間隔を空けながら復習しようと計画を立てるプランニングが含まれる。また、文法を自分自身がどれだけ理解しているかを確かめるために他人に説明してみるモニタリングもある。さらに、英文を読んでいるときに大事だと思ったところには線を引くというようなコントロールも挙げられる。

「社会的方略」とは、目標言語を母語とする友だちと話す機会をもったり、学習者同士で英会話サークルを立ち上げて会話練習を行ったりすることなどが挙げられる。その際、教師やALTに助けを求めるのも社会的方略である。

「情意方略」とは、1時間英語の勉強をしたら好きな小説を読もうと決めたり、勉強が終わったらお菓子を食べようと決めたり、もっと頑張ろうと自分自身を励ましたりすること等が含まれる。

このような方略は、非常に具体的であり、かつ、授業中の活動だけでなく、授業外での予習や復習でも活用できるスキルである。

| Let's give it a try! |
----

1. 中学校の英語指導において、言語適性のどの要素が重要だと思うか。またその理由は何か。
2. Zoltán Dörnyei が提唱している4つの局面の具体例を考えなさい。

第2部　中学校における英語教育　[1] 外国語の指導法　　181

34 学習指導案の作成

目標 学習指導案の作成について理解し、授業指導に生かすことができる。

学びのキーワード □学習指導案 □指導計画 □ Backward Design □帯活動
□ Small Talk

〈1〉学習指導案を作成する前に

　最も大きな単位を中学校3年間と考え、卒業時に生徒が英語においてどのような学力やコミュニケーション能力を身につけているか理想像を思い描き、その姿から遡り、発達段階も視野に入れ、この時期にはこのような指導をする、この時期にはこのような力を伸ばすなどの目標を経験豊富な教員は思い描くだろう。例えば1年次は間違いを訂正することより、発話などプロダクションにより重点を置いたり、高校入試を控えた3年生に対しては、正確さにより重きを置いたりすることも考えられる。

　採用された教科書会社が例として出している年間指導計画を、勤務校の実情に合わせて修正して活用することも考えられる。

　年間指導計画の下位構造が単元計画となり、さらに毎回の授業について学習指導案を考える。個々の授業、個々の単元を終えたとき、生徒にどのような学力がついているか、理想の姿をまず思い描き、ゴールから遡って単元構想を練ったり、1時間の授業案を作成したりする Backward Design（逆向き設計）の方法を身につけたい。生徒にとって、より理解しやすい板書となるように、板書計画を学習指導案に盛り込むことも検討したい。

〈2〉学習指導案の作成

　学習指導案は、より詳しい細案と、1回の授業の骨組み程度を記述した略案に大きく分かれる。その単元に何時間配当し、その日の授業がそのうちの何時間目に当たるのかを示す必要がある。細案には、授業を行うクラスの生徒の様子をどのように捉え、生かすべき特徴や配慮すべきことを生徒観と

して記述し、その題材を指導者がどう捉え、どのようなメッセージを込め、生徒にどのような思考・議論する場を設定するかなどを題材観として記述する場合もある。

短時間授業（モジュール）の場合は、指示や手順でもたつくと、十分な学びのないまま時間が過ぎ去ってしまうことがある一方で、短時間集中してテンポよく密度の濃い学びにより、高い学習効果が期待できることもある。

1時間の英語科授業は、概ね次の構成要素によって組み立てられる。

①授業開始時

挨拶や出欠確認、曜日・日付・天候などの確認、必要に応じて宿題の答え合わせなどを行う。

②帯活動

例えば、英語の歌を歌って、声を出したり、英語を学習する雰囲気を作ったりすることが考えられる。生徒の選曲にまかせると、難度の高いものであったり、中学生に好ましくない歌詞があったりすることがあるので、いくつか歌のリストを示し、その中から選ばせるのもよい。人気のある歌やテレビのCMソングも旬の歌として、生徒の歌う意欲を刺激する利点もあるが、できれば本時と関わりのある歌を選ぶことを第一に考えたい。

生活に関する、当たり障りのない質問をリズムよくして、できるだけたくさんの生徒と1対1のコミュニケーションを行う活動も考えられる。例えば、"What time did you eat dinner last night?"（昨夜は何時に夕食を食べましたか？）のような質問であり、これを生徒同士で行うことも考えられる。やり取り（interaction）として、聞きっぱなしではなく、"Oh, did you?" "Oh, you ate Japanese barbecue." などの相づち（back channel）も指導し、実際のコミュニケーションの形態に近づけたい。

コミュニケーションをとるときに使われる短い表現を、次ページのようなリストにまとめ、すべて言えるかどうかをペアで確認し合う活動も考えられる。これは、リストの表現をすぐに使えるよう常にスタンバイ状態にしておくことをねらいとする。日本語と英語の間の線で折り、ペアの相手のリストを受け取り、上から順に、あるいはランダムに、日本語を言ったら相手が英語で言う。また逆にこの表現を使える文脈自体を生徒に作成させるのも一法である。言えた表現のチェック欄に印をつけ、終わったら相手に返却する。

繰り返し練習するためにチェック欄は複数ある。

コミュニケーション表現リスト　　氏名（　　　　　　　　　　）		
間違いないですか？	Are you sure?	☐☐☐
それはよかったですね。	Lucky you!	☐☐☐
それはたいへんでしたね。	That's too bad!	☐☐☐
よい週末をお過ごし下さい。	Have a nice weekend!	☐☐☐
あなたもね。	You, too.	☐☐☐

　いずれの帯活動も、あまり長い時間をかけ過ぎないように注意したい。

③Small Talk

　授業でALTが行うSmall Talk、あるいはALTとのかけ合い、さらには生徒と行うやりとりの話材のヒントを、職員室での会話から得ることもあろう。例えば、授業で扱う話題がユニバーサル・デザインで、Small Talkの内容もそれに関連していれば、自然な流れで教科書本文に移行できる。できれば日本であまり知られていない製品等についてALTに話してもらい、それを聞いた教師自身も、驚きを共有したり、英語のやり取りを通じて新しい知識を取り入れたりすることを楽しみたい。また、小学校時代に行った教師と生徒、生徒間のSmall Talkも実施したい。

④教科書の授業

　英語の4技能である「聞く」「話す」「読む」「書く」活動を、１時間の授業でバランスよく入れることが理想である。しかし、教科書本文が会話か散文かなど、題材の特徴も多様であるため、一回の授業で4技能をもれなく盛り込むことは難しい。その場合は、あるときは話すこと重視の授業、あるときは書くこと重視の授業などとなるが、複数の技能を盛り込んだ活動で授業を構成することが望ましい。

⑤授業終了時

　その日の授業の振り返りシートに生徒が記入したり、教師が次時の予告をしたり、宿題を伝えたり、その他事務連絡を行ったりして、挨拶で終了する。
　学習指導案は、決まったフォーマットがあるわけではなく、教育実習校、

勤務校、教育委員会等の方針で、フォーマットが用意されている場合もある。研究指定を受けて、学校がその研究テーマを学習指導案作成及び授業実践に反映させることもある。

　前述の構成要素などをもとに、学習指導案（略案）の一例を以下に示す。

学習指導案の例

時間・分	生徒の言語活動	教師の指導・支援における留意点
5	英語の挨拶に続き、曜日・日付・天候・時刻などを答える。スモール・トークに基づき、interactionを行う。帯活動や歌などのウォーム・アップ活動を行う。本時の目標を確認する。	テンポよく、できるだけ多くの質問をする。英語の歌が帯活動なら、授業開始と同時に伴奏を流し、早く英語授業の雰囲気を作る。本時が終了したときの生徒の姿をイメージして授業を始める。
5	前時の復習として質問に答える。	前時の学習内容に基づくQ&Aを行う。
5	本時の新出単語を、口頭練習などで学ぶ	モデルは複数回聞かせることを意識する。
15	本時の本文の内容を、英語のやり取り（oral interaction）や音読で理解する。	できるだけ既習の文法事項でやり取りを行う。音読においては、全体から個別へ、場面設定を変えるなど、変化に富む繰り返しを意識する。
5	本時で新出の文法事項を学ぶ。	板書計画を立て、補助教具を使うなどして、わかりやすく説明する。例を複数挙げて、機能的に文法を理解させるなど工夫する。
10	学んだ文法事項の定着のため、自分のことに当てはめて言う言語活動を行う。	ALTと協働し、生徒が言いたくても言えないことは、発想を転換して易しい英語で言うことを促すなど、支援する。
5	本時の目標が達成されたか振り返る。宿題を確認する。英語で挨拶をする。	本時で学んだ文法事項を含む英文を全体で言うなどまとめをする。宿題は、適切で適量か確認する。

Let's give it a try! --

1. 中学校の英語の教科書からUNITを選び、学習指導案を作成してよりよいものとなるように議論しなさい。
2. Small Talkの題材となるような英語のサイトを探して共有しなさい。

35 測定と評価

目標 観点別学習状況の評価に基づく各単元における評価規準の設定、さらに評定への総括の仕方、及び言語能力の測定と評価の方法についても併せて理解し、授業指導に生かすことができる。

学びのキーワード □観点別学習状況の評価 □妥当性 □信頼性 □実行可能性

〈1〉観点別学習状況の評価

学習指導要領（H. 29年度版）において、中・高等学校外国語科の目標は、コミュニケーションを図る資質・能力を育成することである。その資質・能力の3つの柱が「知識及び技能」、「思考力、判断力、表現力等」、「学びに向かう力、人間性等」である。

国立教育政策研究所教育課程研究センター（2020）に従うと、観点別学習状況の評価（以下、「観点別評価」とする）というのは、これら3つの柱からなる目標の達成状況を、「聞くこと」「読むこと」「話すこと［やり取り］」「話すこと［発表］」「書くこと」ごとに評価し、指導に役立てるための目標に準拠した評価ということになるだろう。中・高等学校外国語における具体的な評価の観点及び趣旨は以下のようになると想定される。『NEW HORIZON ①』Unit 1で、以下のような評価規準を立てたとする。

「知識・技能」

be動詞と一般動詞、助動詞can を用いた文の形・意味・用法を理解している（知識）名前や出身地、好きなものやできることなどについて、be 動詞や一般動詞、助動詞canなどを用いてコミュニケーションを行う技能を身に付けている（技能）

「思考・判断・表現」

お互いのことをよりよく知るために、名前や出身地、好きなものやできることなどにについて、簡単な語句や文を用いて即興でたずねたり答えたりしている。

「主体的に学習に取り組む態度」

お互いのことをよりよく知るために、名前や出身地、好きなものやできることなどについて、簡単な語句や文を用いて即興でたずねたり答えたりしようとしている。

観点別評価は、観点ごとに評価規準を設け、A「十分に満足できる」状況と判断されるもの、B「おおむね満足できる」状況と判断されるもの、C「努力を要する」状況と判断されるもののように大まかに判断される。
　中学1年生がお互いのことをよく知るために自己紹介を行う場面を設定し、前頁で記載した「思考・判断・表現」を観点として考えてみよう。

Wataru : Hi. I am Wataru Suzuki.
Yuko 　: Hi. I am Yuko Hayashi. Where are you from?
Wataru : I'm from Sakura. Where are you from?
Yuko 　: I'm from Honcho.
Wataru : I like soccer.
Yuko 　: I like baseball.
Wataru : See you.
Yuko 　: See you.

　このように発話されていれば、Yuko は「B」と判断されるだろう。「A」と判断される場合は、I'm from Honcho.のあとに Do you like baseball?と質問したり、I can play the piano. や Can you cook?など、できることについても伝えあったり、より相手を知ろうとする発話が見られる場合などが考えられる。「C」と判断される場合は、名前や出身地だけ言って、好なこともできることも言わず、お互いがよく知り合うための発話が見られない場合などが考えられる。
　各観点の結果を蓄積し、A、B、Cの数をもとにして、総合的な評価を行う。または、Aを3点、Bを2点、Cを1点などのように数値化し、数値の合計点や平均値などを用いることも多い。中・高等学校外国語科においては、個々の単元や授業で評価規準を学期末に観点別学習状況として評価するとともに、それらを評定（5、4、3、2、1）へと総括することになる。
　中学校学習指導要領（H. 29年度版）において、「知識及び技能」の評価について、単に知識を暗記しているかをペーパーテストで見るのではなく、知識が言語活動の中で身に付いているかを問う評価規準が重要になる。いわゆる、パフォーマンス評価を取り入れるということである。具体的には、エッセイやレポートの作成、インタビュー、プレゼンテーション、ディスカッション、ディベート、作品の制作等が考えられている。

「思考力、判断力、表現力等」については、CAN-DOリストを活用するのに適していると考えられる。CAN-DOリストとは、「英語を使って何ができるようになるか」という観点から、学習到達目標のうち、技能に関する目標を具体的に記述したものを言う（文部科学省初等中等局, 2013）。実際の言語活動の中で、「英語を使って何ができるか」という観点から、「思考力、判断力、表現力等」の評価がなされることで、指導と評価の一体化と指導の改善につながると考えられる。

「学びに向かう力、人間性等」についても、生徒が自ら学習の目標を持ち、進め方を見直しながら学習を進め、その過程を評価して新たな学習につなげるといった側面をとらえて評価することが求められている。そのため、授業中の観察ばかりではなく、ワークシートやポートフォリオ（portfolio）などを併用するのがよいだろう。ポートフォリオとは、原義は書類入れのことで、例えば、授業時に書かせたエッセイやレポートの下書き、添削、書き直し、完成版などの記録をまとめて入れておくものを意味する。ポートフォリオは指導者だけでなく、生徒も必要に応じて、これまでの成果物を参照することができるので便利である。

〈2〉よいテストの3要素：妥当性、信頼性、実行可能性

よいテストとは、「妥当性（validity）」、「信頼性（reliability）」、「実行可能性（practicality）」をバランスよく備えたテストであると言われている（小泉・印南・深澤, 2017）。

「妥当性」とは、「教師がテストで測りたいと思う力（構成概念）が測れており、使用目的に合っているか」（小泉・印南・深澤, 2017, p. 55）を意味している。例えば、学習指導要領（H. 29年度版）では「話すこと」は、［やり取り］と［発表］の2領域に分かれているが、発表のテスト（スピーチ）だけを実施したのでは、やり取りの力を測ることができない。やり取りという側面からの妥当性は低いと言える。したがって、生徒が持つやり取りの能力を見たいのであれば、教師が生徒にインタビューを行うか、あるいは生徒同士のやり取りを教師が観察するなどの方法を取り入れるべきである。また、例えば、授業で指導した内容（ライティングの文法的正確さ）と、テスト内容（ライティングにおける流暢さ）が一致していない場合は、テストの妥当性の低下につながる。

「信頼性」とは、「テストを受けた状況や採点者・設問にかかわらず、テスト結果が一貫しているか」（小泉・印南・深澤, 2017, p. 56）を意味している。例えば、ディクテーション（リスニングした内容を書き取る）テストを行う際に、リスニングの音声を録音しないで、指導者がスクリプトを読み上げる場合はどうだろうか。1組と2組で英文を読み上げる速度を全く同じにすることは不可能である。このような場合は、生徒たちのディクテーションの能力を同一の条件で測れないため、信頼性は低いといえる。したがって、録音した音声を使ってのディクテーションが信頼性の高いテストとして推奨される。また、エッセイを英語母語話者と日本人教師がそれぞれ評価した場合、採点が異なることがあるだろう。その差が大きい場合、信頼性が低いことになる。さらに、40人分のエッセイを採点する際、適宜休憩を取りながら行わないと、最初と最後で採点がぶれることもありうる。この場合も、信頼性が低い。

　「実行可能性」とは、「確保できる時間や費用・労力の面でテストが作成・実施・採点・解釈しやすいか」を意味している（小泉・印南・深澤, 2017, p. 56）。例えば、これまでの中間・期末テストのように、リスニングやリーディングを中心にすれば、実施・採点の面では実用性が高いといえる。40名前後であれば、テストを同時に実施することができる。また、このとき、選択式問題等が多いと採点もしやすいだろう。一方、上述したように、学習指導要領（H. 29年度版）では、エッセイやレポートの作成、インタビュー、プレゼンテーション、ポートフォリオ等の活用が求められているため、実施や採点に要する時間や労力は増え、実用性は低くなると考えられる。例えば、エッセイは採点の労力がかかり、インタビューであれば1名ずつ実施しなければならず時間や労力もかかる。

　これらの3要素がすべて高いという完璧なテストは存在しない。しかし、よりよい評価を実現するためには、まず、テスト等の妥当性を重視したい。次いで、信頼性や実行可能性が極端に低くなりすぎないように注意したい。

Let's give it a try!

1. 「知識・技能」を評価する際、「十分に満足できる」状況と判断される具体例を考えなさい。
2. 学校で行われる中間・期末テストと塾で実施される模擬試験を比較しながら、それぞれの妥当性、信頼性、実行可能性を考えなさい。

36 授業観察：授業映像の視聴や授業の参観

目標 授業の観察を通して授業の組み立てや学習指導案の作成について理解し、授業指導に生かすことができる。

◇◇◇

学びのキーワード □授業映像 □4技能5領域 □帯活動 □音読
□間違い訂正

〈1〉授業映像の選び方

　三野宮（2010）は、同じ授業録画映像を教員と高校生が見て、自由記述を含む質問紙法で分析し、その傾向を報告している。その中で、高校生はオール・イン・イングリッシュに関する感想的な回答が多い一方、教員は語彙・発音・談話等の言語運用を分析した回答が多く、「目標～手立て」「年間計画～単元～本時」など時間的、論理的枠組みと照合しながら授業を観察するスタイルに慣れている傾向がうかがえることを報告している。

　「聞く」「話す（やり取り・発表）」「読む」「書く」の4技能5領域のうち、複数の技能、あるいは統合された技能を高める授業が考えられるが、授業ビデオに学習指導案（略案）が付いているものだと、それを事前に見ておけば、活動内容や授業展開（復習・導入・展開・まとめ等）など構成についてもより詳細な観察ができるだろう。その際、題材、教授法、クラスルーム・マネジメント・スキルなど、自分の授業に参考になりそうなものに着目して授業ビデオ視聴に臨みたい。

〈2〉映像視聴のメリット

　例えば数人で授業について検討会を行う際、ライブの授業であれば、一時停止で、「ここの発話の意図は？」「この活動の目的は？」などと、議論したりすることはできないが、映像であればそれが可能である。

①自分の模擬授業を見直せる

　例えば体育の跳び箱の授業において、タブレット端末等で自分の跳ぶ姿を録画し、その端末ですぐに再生動画を見直して、次の試技に生かすことができる。タブレット端末の普及により、授業のビデオ撮りもスイッチの入れ忘れや録画開始まで時間がかかりすぎたなどのミスが激減し、同じ端末の画面で即座に動画を見直すことができるのはICT活用の中でも大きなメリットである。後から見直すことで、授業中に気づかなかった点に気づくこともできる。また、他の人に見てもらい、コメントを受け取ることもできる。

②改善点が見つかる

　教壇に立つ基本姿勢において、視線が左右のどちらか一方に偏ってないか、生徒に対してでなく黒板に向かって話してはいないかなど、自分の授業を客観的に見ることで、改善点は少なからず見つかる。

　ALTと行うモデル対話（model dialogue）や、ペアでスキットなどを発表する際に特に気をつけたいことは、組んでいる生徒に向かって話すということである。漫才をしている二人は、二人で会話をしているようで、実は向かい合ってはいない。視線は相手に送っていても、二人とも前に向いている状態に限りなく近く、声は聴衆に向かって発している。

　例えば、7分間で寸劇（skit）を作成しペアで発表する活動を行う場合、事前に指示しておかないと、与えられた時間をすべて作成に費やすこともよくある。完全なシナリオがまだ完成していなくても、立ち稽古の時間を必ず確保し、パフォーマンスに備えて練習することを生徒に呼びかけたい。

③自分では気づかなかった日本語・英語の癖がわかる

　日本語の指示や説明であれば、自分が思った以上に、語尾に「〜ね。」がついていたり、「えー」を多く発していたりすることに気づくことがある。同様に英語を話している場合、英語の沈黙を埋めたい心理からか"Got it?""You know......"など、あまり意味のないフレーズが多く挟まれたり、誤った英語を繰り返しているなど、改善すべき英語の発話が多数見つかることがある。

④教育実習の前後に視聴する

　教育実習前に録画した自分の模擬授業などを見て、あらかじめ直すべき癖などに注意して教育実習に臨む。実習校で指導を受け、まとめとしての研究

授業を録画することも多く行われているが、教育実習当初と後半の録画を見比べると、指導技術の向上など多くの変化に気づくだろう。これはまさにPDCAによる授業改善の一歩である。

〈3〉授業の参観と改善例

　授業のビデオ映像とは異なり、実際の授業を参観することで、学習指導案に書かれていた内容が、実際にどう具現化されているか、教室にて感じる臨場感や緊張感をも味わうことができるだろう。未知の情報を得ようとする質問（referential question）と、教師は答えを知っていて問いかける発問（display question）をどのように使っているか、質問・発問後の「間」の取り方なども参考にすることができるだろう。

① Warm-upと帯活動

　英語の授業の冒頭、明るく挨拶ができているか、曜日・日付・天候等を確認し、リズムよく簡単な英語のやり取りを行い、雰囲気作りができているかなどに着目して参観したい。英語の歌を歌う場合、その選曲は適切か、帯活動は効果的で、かつ長すぎていないかなどの観点にも着目したい。短時間でできる帯活動の一例として、クラス全員が立った状態から、質問に答えた生徒を含む、縦（down）・横（across）・斜め（diagonal）などのライン上に立っている生徒から着席していくクリス・クロス（Criss Cross）がある。

② 教室英語とほめ言葉

　教室英語として、できるだけ平易な英語で指示を授業者がしているか、また、多様な英語のほめ言葉を使って、生徒の学習動機を高めているかをチェックしたい。'Good.' に留まらず、"Excellent." "Close, but good try." "Good job." など、英語の多様なほめ言葉を使えるよう、普段から練習したい。

③ 単語・表現の発音練習と音読

　単語や表現の発音練習において、生徒にモデルを示す回数が十分であるかチェックしたい。指導者やCDの1回だけのモデルを聞いただけでは、うまく繰り返すことのできない生徒がいることもあり、モデルは複数回示したい。また、指導者が"Repeat (Say) after me." と指示しなくても、生徒が自然と繰

り返す雰囲気ができることが理想である。

　また、英語の発話にいたるまで、音読により英語の音声を十分に発する機会が確保されているか確かめながら参観したい。音読モデルを聞いた後、教科書を音読するオーバーラッピング (overlapping) と、本文を暗記するくらいまで読み込んだ後、教科書を見ずに音声に少し遅れてついていくシャドーイング (shadowing) など、様々な方法で、英語を音声化する指導を行っているかも注意して参観したい。

〈生徒の間違い訂正〉

　生徒が英語の発話において間違いをした場合、その訂正法にも注意して参観したい。例えば、指導者と生徒で次のようなやり取りがある。

T: What did you eat for dinner last night?

S: I eat spaghetti.

T: Oh, you *ate* spaghetti last night. I like spaghetti.

　2番目の指導者の発話では、生徒の間違いをリピーティング (repeating) する形で、さりげなく訂正している。みんなの前で間違いを訂正されて恥ずかしいという気持ちを持たれては、その後のコミュニケーション活動を躊躇してしまう可能性も考えられる。例えば、正確さより発話の量を積み重ねることを1年次では優先するなど、生徒の発達段階に応じて指導しているかにも注意したい。

Let's give it a try! ---

1. 教育実習当初と教育実習後半に録画した授業ビデオを見て、特に改善が認められた点やまだ残る改善点を話し合いなさい。
2. 中学生の間違いを予測し、実際に訂正する練習をしなさい。

37 授業体験：授業担当教員による実演を生徒の立場で体験

目標 授業体験を通して授業の組み立てや学習指導案の作成について理解し、授業指導に生かすことができる。

◇◇

学びのキーワード □教師の3つの「ない」　□ Small Talk　□変化に富む繰り返し
□インフォメーション・ギャップ

　生徒の立場で授業を体験することで、自らの授業を改善したり、新たな授業の技法を学ぶことができる。その際、以下の〈1〉〜〈3〉で挙げる点に注意して体験するとより効果的である。

〈1〉教師の3つの「ない」とは？

①「聞こえない」

　教師が、生徒全員に十分に聞こえる声量で話しているか、黒板を向いて話したりしていないかなどに注意し、自身が授業をする際の基準としたい。母音に限って言うと、日本語母音の調音点の範囲よりも、英語母音の調音点の範囲がより広く、母音の数も多い（竹林, 1996）。よって、英語を話す際は、日本語以上の口の動きが求められよう。英語を話す際は、声量（volume）と明瞭さ（clarity）を常に意識したい。説得力（persuasiveness）を増すために、アイ・コンタクトにまず教師自身が留意し、自らがお手本となりながら生徒にも指導したい。

②「わからない」

　口頭のみの説明では、生徒が十分に理解することが困難な場合がある。常に説明に使用するわかり易い語彙を探す努力を怠らず、必要に応じて、視覚的に理解を補助する教具等を準備したい。活動の説明を英語で行う場合も、長々と話すのではなく、"First,......　Second,......"のようにいくつかステージに分割し、それぞれを短文で伝えることを心がけたい。

　また、理解と定着は同時に起こらないと言われている。つまり、文法・構

文説明などを受容的に理解しても、それを用いて自分なりの英文を作れるようになるには、練習や実際に使ってみようとする経験が必要である。

③「面白くない」
　注意すべきは、一言で「面白い」と言っても、興味深くて面白い（interesting）と笑いを誘うほど面白い（funny）の違いである。授業の内容に対して、生徒に興味を持ってもらい、知的に面白いと感じてもらうべく、常に教材研究を重ねていきたい。

　授業にユーモア感覚（a sense of humor）を盛り込むことも無視できない要素である。ジョーク（joke）などを普段から使い、生徒が発言しやすい環境を作ることで、活動の積極性が増し、学級経営や教科経営によい影響が出ることがある。

〈2〉授業を構成するさまざまな技法

①帯活動とSmall Talk
　月ごとの英語の歌を歌い英語を学習する雰囲気を冒頭から作る教師は少なくない。また、帯活動として、リストにまとめられたコミュニケーション活動で多用する英語表現を、ペア・ワークとして練習し、その日のコミュニケーション活動に生かすことも考えられる。

　中学生向けのSmall Talkでは、話材もある程度高度なものが望まれるが、そのトークをもとに生徒自身の考えを整理して述べるなどの発展性が求められよう。

②音読の形態
　学習指導案では、音読について「一斉」や「個別」といった形態が記入されることが多い。これ以外にも、クラスを半分ずつに分けて音読させたり、列ごとや学習班ごとに音読を指示するバリエーションが考えられる。学んだ文法を用いた目標とする文（target sentence）を言う練習をする際も、様々に異なる集団の単位で発話させる方法がある。

③教科書本文の内容理解のための英問英答
　教科書本文の理解を確認するための質問には、本文に即した英文の真偽を

問う TF Questionsに加えて、"When was he born?"のように、本文中の事実をたずねる質問、"What do you think he is going to do next?"のように、本文の先を予想して答えさせる質問、"What do you think about what he did?"のように、本文を読んでの感想をたずねる質問などが考えられる。授業を体験しながら、授業者の質問はどのタイプに分類されるか考えたい。

④変化に富む繰り返し

目標とする言語材料を含む発話や音読の練習は繰り返して行いたいものだが、ただ単調に練習を繰り返していたのでは学習動機の低下も予想される。そこで、場面設定を変えたり、タイプの異なるBGMを流して、その雰囲気に合った発話や音読を試したりすることが考えられる。

⑤クローズ・テスト

あらかじめ英文に空欄が散りばめられ、その空欄を埋めて英文を完成させるテストをクローズ・テスト（cloze test）と呼ぶが、筆記用具で一部文字を隠して音読する活動はこのテストの変化形である。事前にその英文に触れているか否かの違いはある。定期テスト等の一部でクローズ・テストを盛り込む場合、読解を問う要素とできるだけ混在しないよう、独立した大問となることが望ましい。

〈3〉コミュニケーションの必然性

意味あるコミュニケーションが成立する要素には、主として目的・場面・状況があり、こうした要素を視野に入れ活動を工夫することが求められ、授業実演を体験する場合はチェックすべきポイントとなりうる。複数の学習者の全員が同じ情報を当初もっておらず、それぞれ一部の情報が欠けている状況からスタートし、自分に欠けた情報を、その情報をもつ他者から聞きだしてインフォメーション・ギャップ（information gap、情報の溝）を埋める活動がよく行われている。これは、目標とする言語材料を定着させるために、コミュニケーションの必然性を設定しやすい活動であり、この原理を用いた活動を、様々な言語材料を学ぶ際に考えたい。

この活動では複数の種類のタスク・シート（task sheet）を使うことが多いが、授業当日の生徒数をしっかり確認しておかないとうまくいかない可能性

が高い。また、"Keep your sheet secret." (自分のシートを見せないように。) などの指示をし、自分のタスク・シートを他者に見せないよう念押ししておく必要がある。

　以下は、生徒の立場で授業に参加して観察するときや、自身が授業をするときに生かすべき観点の一例をリストにしたものである。

○年○組 (曜日) 第○限	授業者 (　　　　　　　) 授業参加者 (　　　　　　　)
(1) 生徒の実態を鑑み、本時の目標が適切に立てられている。	
(2) 適切なウォーム・アップ活動、帯活動で始まり、本時の授業の中核へと円滑に移行している。	
(3) 適切な Small Talk を盛り込み、その内容に基づき、コミュニケーションを発展させている。	
(4) ICT や音声・映像教材を効果的に活用し、授業者が簡潔な教室英語を的確に使い、必然性のあるコミュニケーション活動において生徒が多くの英語を使うことが促されている。	
(5) 複数回モデルを示し、一斉から個別へ生徒の定着を確認している。	
(6) 理解の段階と定着の段階を意識して分けており、定着のための練習を十分に行っている。	
(7) 文法事項については複数の例を提示し、帰納的に生徒が法則性に気づき、自身のことを表現できるよう促している。	
(8) 変化に富む繰り返しに留意し定着を促し、目指した言語材料を生徒が身につける工夫がなされている。	
(9) 適切な宿題が出されている。	
(10) 本時の授業を振り返って、生徒が目標とした姿になっており、生徒自身がそれを確認できている。	
その他のコメント：	

Let's give it a try!

1. インフォメーション・ギャップの原理を取り入れた言語活動を考えて実践しなさい。

2.「変化に富む繰り返し」を意識した音読活動で、場面・状況についてアイデアを出し合いなさい。

38　模擬授業：1単位時間（50分）の授業、あるいは特定の言語活動を取り出した模擬授業

目標　模擬授業を通して授業の組み立てや学習指導案の作成について理解し、授業指導に生かすことができる。

◇◇◇

学びのキーワード　□指導過程　□言語活動　□オーラル・イントロダクション
□発問

〈1〉模擬授業の進め方―PDCAサイクルの活用―

　模擬授業は、指導者として1単位時間（50分）の授業或いは特定の言語活動（10〜15分程度）を、クラスメート（生徒役）に実際に行う活動である。その手順として、図1のPDCAサイクルを活用するとよい。

●PLAN

　外国語によるコミュニケーション能力を育むためには、語彙や文法等の理解、反復練習で終わる授業ではなく、獲得した知識や経験が現実の「どのような場面」で、「何のために（目的）」、「どう使うか（用法）」を問う終末課題を単元計画に位置付けることが重要である。

図1. PDCAサイクル

指導の前に単元目標（終末課題の提示も含む）と評価規準を明確にして生徒と共有することで、生徒は漠然と授業を受けるのではなく、目的意識をもって学習を進めていくことができる。このようなアクティブラーニングの実践・充実に向け、以下の3段階に沿った逆向き設計（backward design）が有効である（西岡, 2016）。

① 年間指導計画や学期計画における当該単元の位置付けを理解し、単元の最終到達目標（何を身に付けさせたいか、ゴールの姿）を明確にする。

② 目標到達を確かめる方法（承認できる証拠）として、評価方法と評価内容を決定する。

③ 各時の指導（授業の進め方）、教材研究・準備等を行う。

　模擬授業に入る前に、授業計画の一貫性・可視性、並びに実行可能性等について（表1）、指導案（細案）を用いて最終確認を行うことが大切である（**15**参照）。

表1. 指導計画の確認事項

	チェック項目	指標
授業設計	☐ 一貫性、系統性	・ 指導目標と評価が一致している。 ・ 指導／学習活動は目標達成に迫る内容になっている。
	☐ 実行可能性	・ 50分で実施できる内容（活動、評価方法など）である ・ 単元を通して3つの観点を一体的に見取る視点が取り入れられている（※1単位時間内で3観点全てを見取ることは現実的ではない）。
学習指導案	☐ 授業意図	・ 「〜のために＿＿する」「＿＿によって、〜するように促す」という形で、指導内容とその意図が明確に示されている。
	☐ 指導支援	・ 「机間指導を行う」という記述ではなく、具体的にどのような個への学習支援を行うかが明記されている。
	☐ 可視性、再現性	・ 生徒及び教師が用いる英語表現や指導で扱う言語材料など、授業の文脈や状況が可視化されていて、（他の指導者による）再現性が高い。

●DO

　1単位時間の一般的な指導過程は「導入→展開→まとめ」であるが、より細分化された流れの方が指導目標や指導内容、生徒の実態等に応じた授業が展開しやすい（表2）。模擬授業では、実践風景を録画すると共に、生徒役のクラスメートは評価シート（資料1）やコメントカード等への記入を行い、CHECKの段階で具体的なフィードバックの提供や改善案の検討が行えるようにする。時間的制約から学生一人ひとりが1単位時間分の授業を担当することが厳しい場合、少人数グループによる授業開発・実践に取り組むことが望ましい。

資料1. 模擬授業（特定の活動実践）評価シートの例 [*1]

授業日	月　　日	時間	：　〜　：
授業者名		学年・学級	＿＿年＿＿組
単元名			

【5段階評価】※該当するものに〇をつけましょう

5　活動のねらいや内容が充分理解できると判断され、
　　特に程度が高い
4　活動のねらいや内容が充分理解できると判断される
3　活動のねらいや内容が概ね理解できると判断される
2　努力を要すると判断される
1　一層努力を要すると判断される

【コメント（授業の流れ、教師の働きかけ、
教材教具、教室英語など）】

*1 より詳細なチェックシートについては，石田・小泉・古賀(2014)が参考になる。

●CHECK & ACTION

表2. 指導内容に応じた指導過程（村野井・渡部・尾関・富田, 2012）

主な指導内容		指導過程				
教科書本文	挨拶、warm-up, 帯活動	➡導入	➡理解	➡練習	➡展開・表現	➡まとめ
文法事項		➡提示（導入）	➡練習	➡表現	➡まとめ	
コミュニケーション活動		➡導入	➡展開	➡まとめ		

　模擬授業実施後は、録画した実践映像と回収・配付された評価シートを用いて、クラス全体ないしは複数の授業担当グループ間で授業の振り返りを行う。授業者の自評と、授業の良い点・課題点についての意見交換を通して改善案（指導案）の作成を行うようにする。

〈2〉特定の言語活動を取り出した授業 ―教材文理解の活動―

　「英語で行うことを基本とする」外国語科の授業は、英語による言語活動（「聞くこと」、「読むこと」、「話すこと（やり取り・発表）」、「書くこと」の領域において、外国語の音声や文字を用いて理解する、表現する、伝え合う活動）を主軸とする。言語活動における生徒の英語使用を促すためには、まず

教師自身が英語を積極的に用いる姿勢と態度を示すことが肝要である。そのための練習として、模擬授業では、発問を用いて相互交流的に行うオーラル・イントロダクション（OIと略記）を行うことが有効である。OIは本時の学習事項を平易な英語を用いて口頭で提示・導入する指導技術を指し、①文法事項（**30**参照）の提示、②本文内容の導入の2つに大別される。*2

　教師が一方的に英語を話したり、訳読中心で進めたりする活動では、コミュニケーション能力育成のための言語活動として成立しない。以下の読解発問を用いて読み取る／聞き取るポイントを示し、生徒の能動的な聴解／読解を促すことが大切である（田中・島田・紺渡, 2011）。

＊2 映像を交えたOIの実践例については金谷他(2009)や金谷他(2012)を参照されたい。

- 事実発問: 本文中に明示された内容を読み取らせる質問
- 推論発問: 本文中に明示されていない内容を推測させる質問
- 評価発問: 読解／聴解した内容について読み手／聞き手の意見や態度を答えさせる質問

　以下の英文は、事実発問と推論発問を活用したOIの例である。読み取る文章の一部を提示して発問を行うことで、表層的な理解（語彙や文構造の意味）に留まらず、本文の文脈や状況をイメージした深い理解が促されている（田中・島田・紺渡, 2011；日吉・相島・金丸, 2016）。

> He threw three 1,000 yen bills at the window. She tried to pass him 1500 yen. However, he wouldn't take it. Then, when the two of them went inside, she bought a big bag of popcorn for him.
>
> ※筆者により、一部変更あり

(i)　Where are they?（推論発問）
(ii)　He threw 3,000 yen bills. Can you do it using gestures?（事実発問）

　(i)の発問では、生徒は自身の背景的知識と本文内容（'went inside', 'a big bag of popcorn'）の情報を活用し、「映画館」にいるのではないかと推測する。(ii)の発問では、お札（bills）を 'put' や 'place'（置く）ではなく 'threw（throw）'（投げた）という情報から状況についてより詳細で且つ創造的な解釈を促すことができる（回答例: 初めてのデートで照れくさかった、映画館に入る前に喧嘩して気まずかった、など）。

以下の英文では、'Imagine that you are the teacher. Do you think this is bad behavior, too?'（仮定法が使える場合：'Would you also treat this as bad behavior if you were the teacher?'）などの評価発問を用いて、生徒の意見を引き出しながら複眼的な読解／聴解を促す活動が考えられる。

The class teacher asks students to name an animal that begins with an "E". One boy says, "Elephant." Then the teacher asks for an animal that begins with a "T". The same boy says, "Two elephants." The teacher sends the boy out of the class for bad behavior. After that she asks for an animal beginning with an "M". The boy shouts from the other side of the wall: "Maybe an elephant!" (https://academictips.org/blogs/funny-short-stories/)

視覚補助（写真、動画など）を用いて本文内容のOIを行うこともできる。例えば、教科書を閉じた状態で本文の写真（世界の国々で見られる災害に関する標識）を提示し、その写真の意味について英語で説明をさせる（『NEW HORIZON③』Unit 4参照）。そして、写真内容や背景的知識から判断・推測できる内容について以下のような発問（①, ②, ③）を行い、生徒の実態に応じて、英問英答、英問日答の形式を柔軟に用いて進める。その後で本文内容を導入する発問（④）を行い、読む意欲と単元の学びへの見通しを持たせて「理解」の段階（表2）へ進むようにする。

教師（T）の発問例	生徒（S）の回答例
① T: What does this sign mean?	S: TSUNAMI (evacuation route).
② T: Yes, it says TSUNAMI evacuation route. Where should we go from here, right, left or straight?	S: Right.
③ T: How do you know?	S: We can tell from the symbols and the English words.
（ほかの標識についてもやり取りを行う。）	
④ T: That's right, but is putting up signs enough to help others in a disaster? What else can we do? First, let's listen to the conversation between Megu and Sam.	

Let's give it a try!

- 〈2〉特定の言語活動を取り出した授業で取りあげた3つのOIの活動例から1つ選び、発問計画を立てて10分程度の模擬授業を実践し、振り返りと（必要に応じて）改善案の作成を行いなさい。

中学校における英語教育

[2] 英語科に関する専門的事項

39 第二言語習得に関する 基本的な知識

目標 第二言語習得研究における知見を教育に応用する方法について理解している。

◇◇◇

学びのキーワード □第一言語 □第二言語 □ESL □EFL □臨界期仮説

〈1〉第一言語と第二言語

　第一言語（first language: L1）とは、生まれてから最初に習得し、最もうまく使いこなせる言語のことである。例えば、日本の公立中・高等学校に在籍するほとんどの生徒は、日本語を第一言語として習得している。第二言語（second language: L2）とは、母語以外の2つ目の言語のことである。例えば、ほとんどの日本人の中高生にとって、英語が第二言語である。

　第二言語習得研究では、一般的に、第三言語以降も含めて、第一言語以外の言語という意味で第二言語として扱われる。第二言語の場合は、第一言語話者並みの能力まで到達する人はごくわずかであり、第一言語と比べると個人差も非常に大きいことが知られている。また、第一言語と第二言語の類似や相違が、第二言語の学習を容易にしたり、困難にしたりすることも、よく知られている。例えば、日本語には /l/ と /r/ の区別がないため、日本人にとって英語の /l/ と /r/ の習得が困難である。また、日本語には英語の冠詞(a, the等) に相当するものがないため、その習得が非常に遅れることや、指導を受けたとしてもそれらの習得が困難であることが知られている（Shintani, Ellis, & Suzuki, 2014）。

〈2〉ESLとEFL

　ESLとは、English as a Second Language（第二言語としての英語）の略で、英語が教室外でも使用される環境で学ぶ場合の英語のことを指す。例えば、第一言語が日本語の子供が、親の事情等で、シンガポールに移住し、英語を第一言語としない生徒のために用意された特別の英語授業を受ける場合は、

英語はESLである。

EFLとは、English as a Foreign Language（外国語としての英語）の略で、英語が教室外ではほとんど使用されない環境で学ばれる英語を指す。例えば、日本、韓国、スペイン、ハンガリーのようにいったん教室を出ると英語が話されていない状況で、英語を学ぶ場合、英語はEFLである。

これまでの第二言語習得研究では、一般的に、ESL環境で学習する場合のほうが、EFL環境よりも、最終的な到達度は高いことが、知られている。以下の臨界期仮説の節でも説明するが、ESL環境とEFL環境の決定的な違いは、英語に触れる量である。英語を聞いたり、英語を話したりする時間が決定的にEFL環境では欠けているのである。

〈3〉臨界期仮説—ESL環境の場合—

臨界期仮説（Critical Period Hypothesis: CPH）とは、第一言語話者のレベルに達するためには、ある一定の時期（例えば3歳から12歳）までに、第二言語に触れる必要があるという考えである。その時期が過ぎると、学習者は第二言語を第一言語話者のように容易に習得することができず、第一言語話者同等の第二言語能力を習得することができない。臨界期仮説の証拠としてよく挙げられるのは、Snow & Hoefnagel-Höhle（1978）と Johnson & Newport（1989）であろう。これらの研究が、EFL環境ではなく、いわゆるESL環境で行われていることにまず注意しながら、以下を読み進めてほしい。

Snow & Hoefnagel-Höhleは、8〜10歳の子供、12〜15歳の生徒、大人の英語母語話者がオランダ語を第二言語として習得する速度について研究した。研究の結果、学習初期（3カ月）では、12〜15歳の生徒の成績が一番よく、続いて大人で、8〜10歳の子供の成績は一番悪かった。しかし、学習開始10カ月にもなると、子供の成績が他の学習者の成績に追いつくことが示されている。その後も多くの研究が行われ、ESL環境であれば、小学校高学年や中学生のほうが学習開始1年から3年間程度では学習速度が速く有利だが、5年以上であれば、学習開始年齢が早いほど最終的な到達度が高まり、有利であることがわかっている（鈴木, 2017）。

Johnson & Newportは、3歳から39歳の間にアメリカに移住した中国人と韓国人46名に、英文の正誤問題を行わせ、臨界期仮説の実験を行っている。結果、移住の年齢が遅ければ遅いほど、正誤問題の成績が悪いことが示され

た。同様の研究が様々行われ、Johnson & Newportの結果とは異なるもの
も示されているが、全体的に、移住の年齢が若ければ若いほど、第二言語の
種々の成績が高いことが示されている。

　このような違いが生まれる理由として、様々な説があるが、子供と大人に
おける学習メカニズムの相違によるというのが有力な説である（バトラー，
2015も参照）。幼稚園児や小学校低学年の子供は論理的に思考する力が未発
達なため、第一言語習得同様に、インプットを分析せずにそのまま記憶し、
長い年月をかけて第二言語を習得していく（㉑を参照）。したがって、子供の
第二言語習得には膨大な量のインプットに長期間触れることが前提であり、
学習効果が出るのに時間がかかる。このような学習が可能になるのは、ESL
環境であることは想像に難くない。一方、小学校中学年・高学年ともなれば
論理的に思考する力が発達し、中学生以上であれば抽象的に思考する力が発
達しているため、第二言語を分析的に学習し、効率よく学習することが可能
である（㉝を参照）。したがって、初期段階から大人は効率よく第二言語を学
習するので、短期的に見れば、大人のほうが子供よりも学習が速いというの
が定説である。しかし、ESL環境で長期的に学習するのであれば、早く始め
たほうがよいという結論になろう。

〈4〉臨界期仮説—EFL環境の場合—

　日本のようにいわゆるEFL環境で第二言語を学ぶ場合の研究は、あまり
進んでいないのが実情ではあるが、いくつか重要な知見が提出されている。
まず、この10年で、最も引用されているであろうMuñoz（2006）を紹介した
い。Muñozは、英語の学習開始年齢が異なるグループ（8歳、11歳、14歳等）
を対象に、指導開始から200時間後、416時間後、726時間後に様々なテスト
を実施している。Muñozの研究協力者はスペインのカタロニア地方に住む
スペイン語を母語としている学習者であり、EFL環境（週数時間の学習、教
室以外では英語使用はほとんどない）という意味では、日本の英語教育環境
と類似している。研究の結果、学習時間にかかわらず、11歳以降に学習し
た群が、8歳で学習した群よりも、全体的に優れている傾向にあった。文法
に関する知識は特に優れていたが、発音やリスニングについては顕著な違い
は見られなかった。

　日本の大学生を対象としたLarson-Hall（2008）も、Muñozの研究成果に近

いので紹介しよう。Larson-Hallは、英語学習開始年齢が異なる日本人（一番早い人は3歳、一番遅い人は12歳）の大学生を対象にして、文法や発音（/l/と /w/ の区別）の問題を課す実験を行った。協力者の英語の総学習時間数や言語適性（㉝を参照）の影響を排除した結果、英語を早くから学習した効果は文法問題の成績では現れず、発音問題の成績にのみ現れた。

　このように、EFL環境では、外国語学習の開始年齢を早めることだけでは、その習得にとって有利に働かないことを第二言語習得研究が明らかにしていることに注目したい。EFL環境では、上述したような子供の言語習得メカニズムが機能するだけの十分なインプット量がないため、早期学習の効果が現れにくいのである。

〈5〉臨界期仮説が教育政策や実践に示唆すること

　これまで述べてきた臨界期仮説に関する第二言語習得研究は、日本の英語教育政策や英語教師にとっても、重要な示唆を与えてくれる。それは、外国語（特に英語）教育の開始時期の早期化だけでは十分な成果を生み出すことはできないということである。韓国では1997年から、中国は2001年から小学校英語教育が進められており、日本でも外国語活動が高学年に2011年に正式に導入され、2020年には中学年に早期化される（鈴木, 2017）。英語教育の早期化への舵切りは、これまでの中学校から開始する英語教育の成果の失望や早ければ早いほどよいという信念に基づいており、第二言語習得研究の成果、特に、EFL環境における研究の成果に基づいているとは必ずしも言えない。教育行政に関わる人間や教師は、英語教育の早期化がもたらす効果を正しく認識し、適切な目標を設定し、十分な授業時数の確保に努めたい。また、教員養成や研修の改善・充実は喫緊の課題である（東京学芸大学, 2017）。

| Let's give it a try! |
- -

1. 外国籍の生徒に英語を指導する際に気をつけるべきところは何かを考えなさい。
2. 臨界期仮説の研究成果から、中学校の英語教育にどのようなことを読み取ればよいか考えなさい。

40 聞くこと

目標　様々なジャンルの話題の英語を聞いて、目的に応じて情報や考えなどを理解することができる。

◇◇◇

学びのキーワード　□聞くこと　□目的別リスニング　□マルチメディア教材
□自律的学習

〈1〉英語教員に求められる「聞くこと」の能力

　中・高等学校の英語教員が備えるべき英語運用能力については、CEFRの B2レベル（英検準1級、TOEFL iBT 80、TOEIC 730）以上という目標値が 設定されている（文部科学省, 2018）。各目標値に見られる能力の特徴は、「言 語を使って〜ができる」という指標形式で具体的に示されており、一般公開 されているものにCEFRや英検のCan-Doリストの能力記述文がある。その 中で「聞くこと」に関しては、日常生活や観光、学問、社会問題等の多様な 話題に関するまとまりのある話を聞き、その概要や要点を理解する力が求め られる（表1）。

表1. 英語教員に求められる「聞くこと」の能力

CEFR B2レベル	英検準一級Can-Doリスト*
○母語話者同士による多様な話題の長い会話を聞いて、概要や要点を理解できる。 ○身近な話題に関する複雑な流れの議論を聞いて、話の展開を理解できる。 ○自然な速さで話される時事問題や社会問題に関する長い説明を聞いて、概要や要点を理解できる。 ○ある程度知識のある社会問題や時事問題に関するラジオ番組やテレビ番組を視聴して、概要や要点を理解することができる。	●社会性の高い内容を理解することができる。 ●興味・関心のある話題に関するまとまりのある話を理解することができる。（講演、講義など） ●テレビやラジオのニュース番組を聞いて、その要点を理解することができる。 ●観光地や博物館などでガイドの説明を理解することができる。 ●公共の施設や学校などで、簡単な指示や説明を聞いて、理解することができる。（施設の使用上の注意、会員カードの使い方など） ●交通機関における指示や連絡事項を聞いて、理解することができる。（乗り換え方法、乗り物の遅れについてのアナウンスなど） ●自分の仕事や専門分野の内容であれば、電話で注文や問い合わせを聞いて、理解することができる。 (*http://www.eiken.or.jp/eiken/exam/cando/list.html)

「聞く」活動では、「読む」、「書く」活動とは異なり、情報が文字（実体がある形）で提示され、課題進行中に自分のペースで前後を読み返したり思考したりすることができない場面が多い。聞く力を伸ばすためには、瞬時に消え去る音声情報を記憶して処理（理解）する効率を高める練習を十分に行い、「聞くこと」特有の問題を克服することが重要である。

〈2〉目的に応じたリスニング

リスニング力を伸ばすには、英語を漠然と大量に聞く／聞き流すのではなく、目的に応じて様々な聞き方を使い分けながら理解可能な英語を聞くことが有効である。[*]これは生徒に指導するスキルであると同時に、指導者自身も獲得すべき重要なスキルである。聞き方は、どこに焦点を当てるかによって、①精聴、②選択的聞き取り、③多聴、④反応的・相互作用的聞き取り、⑤自律的聞き取りに大別される（Rost, 2011）。

*聴解がうまくいくためには、音声インプットの95%以上を理解する必要があると言われている（Schonell, Meddleton & Shaw、1956）（⓰）。

①精聴 (intensive listening)

精聴（集中的聞き取り）は、音素や音変化、発音、イントネーションなどの音声的要素や、語、句、文などの特定要素に注意を払いながら聞き取るボトムアップ的情報処理である。ディクテーション（発話内容を書き起こす）、口頭での反復練習、シャドーイング（発話を影のように追いかけながら正確に繰り返す）（⓰参照）などが代表的な例である。

例えば、2通りの解釈が可能な以下の文章について、文脈情報（女主人 'hostess'／お客 'guest' のどちらの話題が先行していたか）と併せて、文のリズムや強勢、イントネーションなどの韻律（prosody）（㊺参照）に注意を払いながら聞き取りを行う。

○The hostess greeted the guest with a smile.

    a) <u>The hostess</u> greeted the guest ★ with a smile.
        女主人はゲストに笑顔で挨拶をした。

    b) The hostess greeted ★ <u>the guest</u> with a smile.
        女主人はにこやかなゲストに挨拶をした。

a)のように、'guest'と'with'の間に短いポーズ（*）を置いて発音すると「にこやかにしていたのは女主人」であることを意味する。一方で、b)のように'greeted'の後に短いポーズを入れ、'the guest with a smile'を途切れないように発音すると「にこやかにしていたのはゲスト」であると解釈して聞き取ることができる。

②選択的聞き取り（selective listening）

　選択的聞き取りは、与えられた（長めの）文脈の中から、目的をもって必要な情報のみを聞き取る活動である。以下の例では、あらかじめ設定された状況（situation）と目的（ホームの番号を聞き取る）に応じて、必要な情報に注意を向けながら聞き取りを行う。先行する文脈（下線部：14時35分発車のEdinburgh Waverley行きの電車が遅れている）に関する部分に注意を向ければ、それ以外（目的地以外の電車や停車駅の情報）は無視しても課題（乗車）を遂行することができる。

> 例
> Situation: Your 14.35 train for Edinburgh Waverley has been delayed.
> Question: Which platform can you catch your train from?
> 【スクリプト】
> The train standing at Platform 9 is the 14.47 First TransPennine Express service to Manchester Airport calling at Durham, Darlington, York, Leeds, Huddersfield, Manchester Piccadilly, and Manchester Airport. The train approaching Platform 2 is the delayed 14.35 Cross Country service to Edinburgh Waverley calling at Morpeth, Dunbar and Edinburgh Waverley.
> 　　　　　　　　（https://www.youtube.com/watch?v=AhpDZvkiYoY）

③多聴（extensive listening）

　多聴は、まとまった長さ（数分間以上）の英語を聞き、概要や要点を聞き取るトップダウン式の活動である。精聴や選択的聞き取りとは異なり、聞き手自身で聞き取る内容を決める。初聴である程度理解（内容に集中）できるよう自分のレベルに合う難易度のものを選定し、広範囲のジャンル（学問、ビジネス、娯楽など）に触れることが重要である（Rost, 2011）（表2）。

表2. 習熟度に応じたリスニングの例

中級学習者 (B1* レベル)	上級学習者 (B2 レベル以上)
・ 習熟度別の英語を聞く ・ 字幕付きの簡単な映画や 　ポッドキャストを聞く ・ 簡単な歌を聞く ・ 簡略化された講義を聞く ・ 繰り返し聞く	・ 映画やテレビ番組を見る（字幕有無選択可） ・ ニュースやラジオ番組、Podcast（ポッドキャスト） 　などで話される（難易度の調整がされていない） 　自然な英語を聞く ・ 歌を聞く ・ 生の講義や、講義の一部分を聞く

※(Rost, 2011 をもとに作成),
*CEFR-J（日本版）のレベル(http://www.cefr-j.org) をもとに分類

④反応的・相互作用的聞き取り
(responsive listening, interactive listening)

　反応的聞き取りは、聞き取った内容を解釈するだけでなく、感想や意見などの反応を示すことを目的としたリスニングであり、対人コミュニケーションにおいて協働的に行う（相互作用的聞き取り）こともできる。英語を日常的に使用する機会が限られている環境では、英語を使用する機会を自らつくり出す主体性・自律性が重要となる（次項⑤）。

　例えば、学習者同士で学習グループを形成し、講義や英語の一場面を協力して要約する、感想を述べ合うなどの機会を設けるとよい。また、指導計画にALTとのやり取りを伴う教材（本文内容、語彙、文法事項）の導入を取り入れ（**30**、**38**参照）、授業外でALTと会話（練習）をする、音読指導の前に韻律について確認・指導をしてもらうなどの機会を定期的に持つことが望ましい。

⑤自律的聞き取り (autonomous listening)
—マルチメディア教材の活用—

　自律的聞き取りは、指導者の指示ではなく、聞き手が自らの意志で聞き取る内容（input selection）やその方法（多聴、精聴、選択的など）、聞き取り後に行うタスク（task completion）、進捗状況の評価(evaluation)などを決め、主体的に行う活動である（Rost, 2011）。自律的学習の中に継続性や系統性が保たれることも重要であり、その観点から、インターネットやアプリなどのマルチメディア教材の活用は有効である。数多くある中から、容易に入手でき、多様な話者の音声的特徴に触れながら総合的に（リスニングを含む）英語運用力の向上を図れる教材を一部以下に挙げる。

○　文部科学省MEXTチャンネル（YouTube）

『小学校外国語活動・外国語研修ガイドブック』の内容に沿って配信されているコンテンツであるが、発音や韻律、Small Talk、教室英語など音声面の基礎的トレーニングを積むことができる。

○ English Upgrader®

ビジネスや日常の様々な場面における会話や説明等を、様々な聞き取り方を活用して聞くことができる無料のTOEIC対策ポッドキャストである。

○ TOEFL Go! GLOBAL

TOEFL iBT対策用のアプリである。無料メニューに、4技能型のサンプルテストや、「英語力向上のコツ（tips）」が提供されている。

○ Learn English with Videos! EnglishCentral

ビジネス、日常、アカデミックなど、様々なジャンルの動画を、「見る→ 学ぶ→ 話す」の3ステップに沿ってウェブサイトまたはアプリ上で学習する教材である。有料会員になると4ステップ目に「GO LIVE!」が加わり、視聴した動画についてSkypeでプロの英語講師と会話ができる。

リスニング力を伸ばすためには、学習者の特性や習熟度に応じた英語に豊富に触れ、発音や語彙、文法規則などの個々の要素を正確に理解して活用できる英語運用力の向上を図ることが不可欠である。そのために、学習者はまず、英語の資格・検定試験や診断テスト等で自らの習熟度を知ることが大切である。その上で、教師として必要なCEFR B2レベル以上の英語力の習得・維持を自律的・継続的に図ることが重要である。

Let's give it a try!

----

1. 目的に応じたリスニング①〜⑤の中から、自身のリスニング向上に効果的と思う練習ないしは練習の組み合わせについて話し合いなさい。

2. 以下のaとbの意味を表すには、以下の英文をどのように発話したら良いか。韻律の特徴に触れながら話し合いなさい。

   • I need to apologize to her.
   a. 彼女に謝らなきゃ。
   b. 私が彼女に謝らなきゃ。

41 読むこと

目標 さまざまなジャンルや話題の英文を読んで目的に応じて情報や考えなどを理解することができる。

学びのキーワード □スキーマ □多読と精読 □語彙指導 □文法指導 □談話標識

〈1〉英語以外の教科や一般教養を駆使して英文を読解するための指導

①スキーマ力

　スキーマ（schema）とは、読解しようとする英文に関して自分が予め持っている背景的知識であり、このスキーマが読解の助けになることが多い。このスキーマを増やすため、英語だけの問題に留まらず、学校で学ぶ内容、読書やマス・メディアで得た知識、日常生活における経験のすべてで一般教養を高めたい。

　学習者の興味・関心に留意することも重要である。例えば、サッカーファンの生徒にはサッカー関連の英文記事を読ませるなど、生徒が強く興味・関心を持っている分野の英文を教材とし、英文に対する心理的負担を減らすことから始めるとよいだろう。同様に自らの読む力を高めるために、英語の書籍・雑誌・新聞・ウェブサイト・観光パンフレットなど、教科書を超えたオーセンティック（authentic）な読み物に多く触れることが求められる。

　また、日本語で頻繁に報道されているニュースの英文記事を読むことも試してみたい。ニュースでよく聞くあの言葉は、英語ではこう表現しているんだ、といった発見がある。

〈2〉英文の特徴と読解スタイル

①英文の一般的特徴

　説明的な英語の文章であれば、その段落で最も重要な一文（トピックセンテンス）が段落の冒頭に来て、次に例証していくという逆三角形のパターン

で構成されている場合が多い。英語圏では、広くこのようなスタイルで書くように学校でも作文指導がなされているため、ある程度教育を受けた人々が書く文章の段落は逆三角形型になることが多い。

②トップダウン式とボトムアップ式

　英文読解時に、学習者にスキーマがあれば、トップダウン式の読解スタイルで、まず英文の全体像を思い浮かべながら詳細へと読みおろしていくことが可能であろう。また、スキーマによる読解の助けが期待できない場合、まず最小単位である単語・フレーズの意味確認から全体へと読み進めていくボトムアップ（bottom-up）式の読解スタイルがある。また、トップダウン、ボトムアップ両方を使って読むインタラクティブな読み方もある。このように英文の内容によって、スタイルを使い分ける指導が必要となる。

③多読と精読

　内容全体の把握を主たる目的とし、長めの英文を一度に読む活動は一般に多読（extensive reading）と呼ばれ、一方、語句の意味にも注意をはらい、詳細までじっくり読み進めていく活動を一般に精読（intensive reading）という。教師自身が英文を読むことを楽しみ、読む力を高めるために、多読と精読を組み合わせて読む練習を重ねる必要がある。

　英語の授業においても、多読で量を多く読ませて必要な情報を得たり、要旨をまとめたり、精読で内容把握など読解に主眼をおいたり、自分の意見発表へとつなげたりする活動を行う。

　中学校で環境問題の英文を学習した場合、発展学習として他社の教科書などで環境問題を扱っている英文を読んだり、易しい高校教材の環境問題の長文を多読したりする学習も考えられる。この学習が可能なのは、環境問題について学んでいるので、環境問題に関する語彙も増えているからである。英語の授業以外で身につけたスキーマも読解の助けになる。また、社会問題や日本文化など英語でよく書かれているいくつかの分野において、頻出する単語の一覧表（glossary）を作ることも試みたい。

④スキミングとスキャニング

　英文のトピックが何かといった、英文全体の概要を短時間でとらえる読み方を一般にスキミング（skimming）といい、タイトルや見出し、写真や図表

などもヒントになる。一方、あるイベントにおける興味ある企画とその開催場所や料金など、自分が必要とする情報を英文からピンポイントで読み取る読み方をスキャニング（scanning）という。

⑤語彙の学習と指導

　英文読解中、目にして意味がわかる語彙を受容語彙（passive vocabulary）、話したり、書いたりする際に活用できる語彙を活用（表現）語彙（active vocabulary）、という。読む指導においては、まず指導者が受容語彙を増やしていきたい。不規則動詞の活用においても、読むためには、例えばdriveは、動詞　driveの過去形であるとわかることが重要であり、次にdrive-drove-drivenと活用できる段階へと進むのが自然な流れであろう。

　さらに、英文中には読み飛ばしても読解に大きな影響のない語もある。例えば、monarch butterflyは、辞書には「オオカバマダラ」とあり、monarch（君主）の意味はさほど重要ではない。ここでは何か蝶の一種であることがわかればよい。また、英語には同じ単語の繰り返しを避ける傾向があることも指導したい。この一因は、英語圏の作文教育で類語辞典の使用が推奨されることであろう。未知語は既出語の言い換えである可能性があるのである。

⑥未知語に接した際の指導

　未知語に接した際には、その意味を推測する必要がある。接辞・語根の知識から推測したり、既出語の言い換え語ではないか見当をつけたりするなどを推測のヒントとして指導したい。

　また、be動詞やmean（～を意味する）, define A as B（AをBと定義する）などの動詞を含む定義文をヒントに、その文の中で未知語の意味を推測することも指導したい。例えば、定義文である "A glacier is a river of ice." の文中の主語 "glacier" が未知語であったとしても、この文を定義文と理解し、補語の「氷の河」から「氷河」であることが推測されよう。

⑦文法指導

　英語には頭でっかち（top-heavy）を避ける傾向があり、その表れが形式主語・形式目的語itを使った構文に見られる。また、「主語＋動詞＋目的語（補語）」などの、通常の語順が変わる倒置が起こり、強調の効果を出したり、主語に長い修飾語を加えたりすることがある。文が一つ二つの短文と異なり、

文脈があるがゆえに省略が起こったりと、長文読解時において他より留意すべき文法項目がある。

⑧談話標識

　英文の論理の流れを指し示してくれる語句を、品詞にかかわらず談話標識（discourse markers）という。談話標識は、どんな内容の英文であれ、共通して出てくる可能性があり、比較的早い時期にまとめて指導しておきたい。

　逆接：but, however,......
　例示：for example/instance......
　対比：on the other hand, on the contrary, while......
　譲歩：though, although......
　原因：It is because ～,.......
　結果：as a result, consequently......
　結論：therefore, thus, ...

　概して、内容のみならず言語（英語）も初めて目にするものであれば、心理的な負担が大きい。よって最初は内容について学習者が背景知識を持つ英文を読ませることも易から難へとステップアップしていく指導の一法である。

　個人差は予想されるが、ある一定量の英文を読むことで、量が質へと変換されることが期待される。よって、教師は読解量を増やす工夫もしたい。

　例えば、富士山の高さになぞらえて、3,776語を読むといった量に関する目標を立て、達成されれば、次はエベレストの高さになぞらえた目標を立ててクラスで取り組むという読解活動も考えられる。

| Let's give it a try! |

1. ２つの読解スタイルのうち、トップダウン式で読むのが適切な英文、ボトムアップ式で読むのが適切な英文を探しなさい。
2. 学習者にとって内容が身近に感じられる英文を用意し、その英文でどんな読解の授業ができそうかアイデアを出し合いなさい。
3. 未知語になりそうな難語を英文から抽出し、その意味はどのように推測できるか話し合いなさい。

42 話すこと

目標 様々な話題について、目的や場面、状況等に応じて英語で話すこと（やり取り・発表）ができる。

◇◇

学びのキーワード □ CEFR B2 レベル □ディクトグロス □ティーチャー・トーク

〈1〉授業実践に必要な話す力（やり取り・発表）

　教師は授業実践に必要な話す力（やり取り・発表）を身に付ける必要があるが、そのような力を明確に定義することは難しい。中・高等学校教員養成課程外国語（英語）コア・カリキュラムによれば、目標とする英語力の指標としてCEFR B2 レベル程度と提示されている（東京学芸大学, 2017, p. 76）。話すこと（やり取り・発表）に関するCEFR B2 レベルというのは、以下の通りである（和田・高田・緑川・柳瀬・齋藤, 2013）。

やり取り

　流ちょうに自然にやり取りする力があり、母語話者と普通に話すことができる。なじみの深い内容であれば、話し合いに積極的に参加して自分の見解を説明したり維持することができる。

発表 [注]

　自分の関心がある分野に関する広範な領域のテーマを明瞭かつ詳細に説明できる。異なる選択肢の長所、短所を述べながら、時事問題に関して自分の視点を説明できる。

注) 和田ら(2013) は CEFR の production を「表現」と訳しているが、本稿では、学習指導要領に対応させるため、「発表」と訳出する。

　このようなCEFR B2 レベルの記述やそれに相当する外部試験の点数や級（例：英検準 1 級、TOEFL iBT 72-94、TOEIC L&R/TOEIC S&W 1560-1840、GTEC CBT 1190-1349）は、どのような英語力を教員養成段階で身に付ける必要があるかの目安になるだろう(https://www.mext.go.jp/b_menu/houdou/30/03/__icsFiles/afieldfile/2019/01/15/1402610_1.pdfを参照)。しかし、必ずしも、中・高等学校で外国語科の授業実践を行う英語力（特に話すこと）を直接的に示しているわけではないことに注意したい。TOEFLのスピーキングであれば、北米の大学

のキャンパスや教室といった実生活でのコミュニケーションに必要な話す能力を測定している。そのため、中・高等学校の英語教員に必要な話す能力の測定という意味では、TOEFLの妥当性は低いということとなる（㉟を参照）。

そこで、中・高等学校の英語教員に必要な英語力について考えるヒントになるのが、東京学芸大学（2017）が大学教員や指導主事を対象に行ったアンケート調査である。この調査では、学生が教員養成課程の中で学ぶ必要性のある項目は何かを明確にするため、カリキュラム／シラバス、生徒の資質を高める指導、授業づくり、学習評価、専門知識、授業観察・授業体験・模擬授業、英語コミュニケーション、英語学、異文化理解・文学の9領域42項目に関する必要性を調査した。その結果、もっとも必要だと考えられたのが、話すこと（やり取り・発表）であったことは注目に値する。この結果は、高等学校では現行の学習指導要領（H. 21年度版）から、中学校では学習指導要領(H.29年度版)において、以下のような配慮事項があるからだと考えられる。

> 生徒が英語に触れる機会を充実するとともに、授業を実際のコミュニケーションの場面とするため、授業は英語で行うことを基本とする。その際、生徒の理解の程度に応じた英語を用いるようにすること。

ここから、①言語活動を英語で行うことができる英語力（特に話す能力）、②クラスルーム・イングリッシュやティーチャー・トーク（teacher talk）のスキル、が英語教員にとって重要であることがわかる。クラスルーム・イングリッシュについては、⑰を参照してほしいが、以下で、①と②の能力を向上させる実践等を紹介する。

〈2〉教員養成課程での実践

中・高等学校の教員養成課程において、CEFR B2レベルの英語力（特に話すこと）を目指すのであれば、大学の講義や演習において、様々な話題について、目的、場面、状況等に応じて英語で話すこと（やり取り・発表）ができるようになる指導がなされなければならない。少なくとも、中・高等学校の外国語科で扱われているトピックについては、正確かつ流暢に話すことができる英語力を身に付けなければならないだろう。上述したように、言語活動を英語で行うための英語力が求められているからである。

例えば、聞いたり読んだりして得た知識や情報を要約して話したり書いた

り、それらに対する自分の考えや気持ちなどを話したり書いたりする複数の領域を統合して行う活動や、「即興性」を意識した「やり取り」の活動を英語で行えることが指導者に求められる。

大学の英語コミュニケーション科目においては、会話、ディスカッション、ディベートのような双方向の「やり取り」と、スピーチやプレゼンテーションのような一方向の「発表」の両方を取り入れた授業になっていることが望ましい。執筆者の勤務先に限らずとも、多くの大学では、英語コミュニケーション科目に相当するのは、「英会話」と「英作文」であり、それぞれの科目で聞くことと話すこと、読むこと（聞くこと）と書くことを統合して指導を行っていると考えられる。

ここでは英会話において、「ディクトグロス（dictogloss）」というリスニングとライティングを組み合わせた活動と、話すこと（やり取り）を組み合わせた活動を紹介する。ディクトグロスには様々なバージョンがあるが、ある程度まとまった文章を聞きながらメモを取り、そのメモをもとにペアで復元する活動のことを指す。ペアで復元する際に英語でやり取りを行い、ディクトグロス後にペアでディスカッションを行うので、話すこと（やり取り）の力がつくことが期待される。ディスカッションでは、ある程度即興性を持たせて話す活動を取り入れたい。このような技能（領域）統合型の活動を行い、ある程度の即興性のある活動を日常的に行うことで、話すことの力が向上すると考えられる。

次に、スピーチやプレゼンテーションのような一方向の「発表」の力を向上させるための実践として、スピーチの書き起こし（transcribing）と校正（editing）を行うアクティビティを紹介したい（Lynch, 2001）。例えば、学生に、身近なテーマについてのプレゼンテーションを行わせるとしよう。ここでは、リハーサル段階のパフォーマンスを録音し、それを書き起こさせ、書き起こしたものを見ながらスピーチ原稿を校正させた上で、最終プレゼンテーションを行わせる、という手続きを経る。

書き起こしや校正を行う理由の1つは、それらの活動を行う中で、自分の言語に対する正確さへの意識を高めることができると考えられるからである。もう1つの理由は、スピーチやプレゼンテーションの指導において、途中で誤りや間違いを指摘すると、流暢さが下がったり、学習者の話す意欲をそいでしまったりすると考えられるからである。このように、スピーチやプレゼンテーションの指導において、学習者が自身の発話の書き起こしと校正を行

うことは、流暢さと正確さを同時に高めることにつながるのである。

〈3〉ティーチャー・トーク (Teacher Talk)

　ティーチャー・トークとは、教師が学習者に向かって話す目標言語（英語）のことである。ただ単純に教室で英語を話すこととは異なり、生徒の英語力に応じて、指示や説明、課題の提示を英語で行うことである。そのティーチャー・トークに生徒は反応して行動や活動を行うわけであるから、その意味では、ティーチャー・トークこそ学習指導要領が謳う「英語のコミュニケーション場面」に他ならない。「生徒の理解の程度に応じて」と学習指導要領に書かれている通り、ティーチャー・トークを行う際は、話す速度を調整したり、明瞭さをもって話したり、わかりやすい語彙や表現を用いたり、繰り返しや言い直しを行ったりなどの工夫が求められる。そのような工夫をするからこそ、ティーチャー・トークは、生徒によって理解可能なインプットになり、目標言語（英語）の習得が進むと考えられている（**21**を参照）。

　このようなティーチャー・トークのスキルは、一朝一夕に身につくものではない。教師であれば、日々の授業を録音し、聞き直してみることを勧めたい。そうすることによって、話すスピード、明瞭さ、語彙や表現のレベルは適切だったのか、生徒の理解度に応じた繰り返しや言い直しの頻度等を振り返ることができ、ティーチャー・トークに対する意識を高めることができる。

　学生であれば、英語コミュニケーション科目等の講義や演習、指導法の授業における授業視聴や授業観察、教育実習等において、授業担当の教師がどのようなティーチャー・トークを英語で行っているのかを観察することから始めるとよい。さらに、大学の講義や演習などの模擬授業やマイクロティーチング、教育実習の実践授業や研究授業を録音して、自分の声に耳を傾け、そのティーチャー・トークは適切だったのかを自分自身で振り返ったり、他の学生と話し合ったり、教師からアドバイスをもらったりするとよい。

Let's give it a try!
- -

1. 中学校の英語教員の英語力が外部試験の点数や級ではとらえられるとは限らない理由を話し合いなさい。
2. 大学の講義・演習以外で、話す能力を高めるにはどのようなことを実践すればよいかを考えなさい。

43 書くこと

目標 様々な話題について、目的や場面、状況等に応じて英語で書くことができる。

学びのキーワード □他領域との統合　□受け手を意識　□考えや気持ちの伝達

〈1〉「書くこと」の目標と言語活動

学習指導要領(H.29年度版)では、「書くこと」の目標を次のように示している。

> ア 関心のある事柄について、簡単な語句や文を用いて正確に書くことができるように する。
>
> イ 日常的な話題について、事実や自分の考え、気持ちなどを整理し、簡単な語句や 文を用いてまとまりのある文章を書くことができるようにする。
>
> ウ 社会的な話題に関して聞いたり読んだりしたことについて、考えたことや感じ たこと、その理由などを、簡単な語句や文を用いて書くことができるようにする。

また、学習指導要領解説(H.29年度版)では、次のような「言語活動」を通 して、それぞれの目標に到達するように解説されている。

> **アに関連する言語活動**
> ・「話すこと」によってやり取りしたり発表したりした内容を書き表す活動
>
> **イに関連する言語活動**
> ・日記などの形式　・季節の挨拶状　・ホームステイにまつわる手紙　・家族や 親戚、友達などに自分の近況を伝える手紙　・旅行先からの手紙や葉書　・フ ァンレターなどを書く活動
> ・留守番電話などの伝言を聞いてその返事を電子メールで送ること　・関心のあ る話題について、新聞の投稿欄などに投稿することなど
>
> **ウに関連する言語活動**
> (教科書に取り上げられている話題に関する自分の意見や感想などを)
> ・スピーチの形式　・新聞やホームページなどへの投稿文の形式　・ディベートの 立論形式で書く活動

これらの言語活動では、「書くこと」を単独で行うのではなく、実際の場

面を考慮して、他の領域と有機的に関わりを持たせている。

　例えば、アに関連する言語活動では、「日常的な話題」や「関心のある事柄」について十分に話す活動を行った上でその内容を書くこととしており、「話すこと」と「書くこと」を統合させている（図1）。

　事例として、小学校高学年から継続して行っている「Small Talk」で、「関心のある事柄」について1分程度ペアでやり取りを行わせ、その直後に話し合った内容を思い起こして書かせる活動などが考えられる。一定時間で書き表す英語の目標語数を示すことなどにより、まとまった量の英文を書く機会を提供することが可能となる。また、書き上げた文章をペアやグループで交換して読み合い、内容について感想を述べ合ったり、より良い表現の仕方を考えたりして、文章の質を高めあう学びの機会を提供することができる。通常、書く活動では話す活動に比べ、語順や表現、語句の使い方などに生徒の注意がより向けられることになり、正確さを高めることにつながる。

図1.「話すこと」から「書くこと」につながる指導の流れ

「話すこと［やり取り］［発表］」で扱った内容 「書くこと」（書き表す）

　イ・ウに関連する言語活動では「留守番電話などの伝言を聞いてその返事を電子メールで送る」ような「聞くこと」と「書くこと」の統合や新聞記事を読んで自分の意見や感想を「投稿欄に投稿する」など「読むこと」と「書くこと」の統合がなされている（図2）。また、手紙やメールの返信を書くような活動では、「受け手を意識し、状況設定を明確にした上で、自分の考えや気持ちなどが伝わるように書く」ことができるよう指導することが大切である。

図2.「聞くこと」「読むこと」と「書くこと」の統合

「聞くこと」「読むこと」により得た内容に対して 返事や考えを「書くこと」

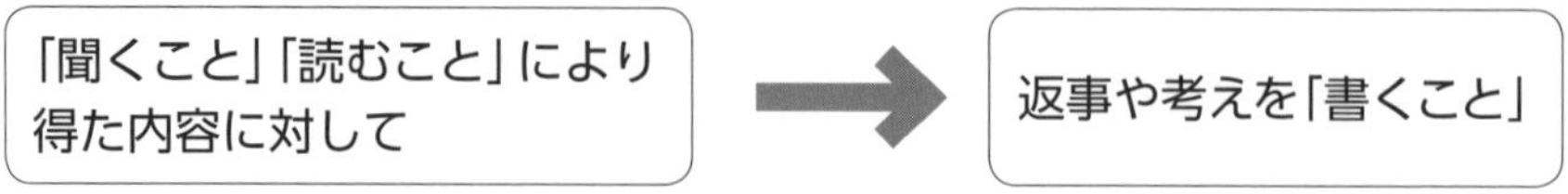

　さらに、イ・ウの「出来事を描写して伝えるような活動」や「話題に関する自分の意見や感想などを表現する活動」では、次ページに示すように書くた

めの素材を得るために読むことに加え、他とのやり取りを通して書き手の考えを深めたり、書こうとする内容を深化、発展させたりするために複数の領域を統合して行う段階的な指導が提案されている。

「出来事を描写して伝えるような活動」の段階的な指導

①書き手は、テーマや話題に関する情報やキーワードを、順序を意識しながらメモする。

②そのメモを基に、簡単な語句や文を用いて書き表す。

③書き表したものを、ペアやグループになって聞いてもらったり読んでもらったりする

④聞き手又は読み手は、その内容について質問したり、コメントを述べたりする。

⑤書き手は、やり取りした内容を参考に推敲する。　（学習指導要領解説 p. 68）

「話題に関する自分の意見や感想など表現する活動」の段階的な指導

①テーマや話題から想起されるアイディアについてのマッピングなどを利用し、思考や情報の整理を行う。

②その内容についてペアやグループで、相互に説明したり質問したりする。

③個に戻り、それぞれの考えや気持ちを発展させたり、深化させたり、情報を追加したりして、マッピングに加筆する。

④マッピングに書き出した項目のうち、内容的につながりのあるアイディアを組み合わせ、考えや情報の整理を再度行って書く。　（学習指導要領解説 p. 69）

　読み手を意識したまとまりのある文章を書くためには、何をどのように書くのか、書き手の考えを整理したり、伝え方を考えたり、どのような表現で伝えるべきか思考し判断し表現する一連の過程が必要になる。その過程において他との関わり合いが重要となる。上記の提案は、自分の気持ちや考えを伝え合うことを通して、伝える内容を再考したり伝え方を工夫したりすることを通して「書くこと」の質を高めるための手立てが示されたものであると言える（図3）。

　書くことを中心とした領域統合型の言語活動を行うことによって、英語の正確さの向上と思考力、判断力、表現力の育成が目指されていることがわかる。

図3．深めて「書くこと」につながる指導の流れ

 大まかに「書く」 → 「話すこと [やり取り]」により書き手の思考の深化 → 深めて「書く」

〈2〉指導者に求められる「書く力」

　中学校における「書くこと」について、領域を統合した言語活動が重視されていることやその具体的な内容について確認した。中学校の英語教師は、学習指導要領に示されている「書くこと」の言語活動の趣旨を十分に理解していることにとどまらず、指導者自身が様々な話題について正確にかつ適切な速さで書く力を身に付けることが重要である。さらに、指導者自身の英語力維持・向上のために、領域を統合した「書くこと」の言語活動を実体験した上で指導に当たる意義は大きい。

①英語日記

　自らの「書く力」の向上のために、手軽に始められるのが「英語日記」である。英文を書く機会を増やす工夫として、1人でも実行可能な方法である。その日の出来事や思ったこと考えたことを英語で継続的に書き綴ることである。吉田・白井（2007）は、英語で日記をつけることは「話すこと」のリハーサルになり得るとし、3文で自分の行動や気持ち、考えを書いて残す「英語3文日記」を推奨している。

　生徒は、書いた内容を「ペアやグループになって聞いてもらったり読んでもらったりする」といった複数の領域を統合した活動を行うが、教師にとってはそのような機会を持つことは実際には難しい。そこで、英語日記に書いた内容について、日頃の授業における Teacher Talk として簡単な英語で生徒に伝えたり、ALTとの会話の話題として活用したりすることにより「書くこと」と「話すこと」を関連付けた英語の表現力の維持向上につながる活動とすることができる。

②ウェブ上の英語素材を活用した学習

　BBC（http://www.bbc.com/）やVOA（https://www.voanews.com/）などウェブ上で発信される英語のニュースサイトなどの活用は有効である。日々報道されるニュースは真正性のある英語素材で、自分の興味・関心に応じて様々な分野の内容について情報を得ることができる。

　また、BBCやVOAでは、学習者向けのサイトも発信されている（BBC Learning English:http://www.bbc.co.uk/learningenglish/、VOA Learning English:https://learningenglish.voanews.com/）。これらの学習用のサイトでは、様々な話題、様々なレベルの英語学習教材が音声、動画、文字情報として提供さ

れている。また、Podcastとして定期的に番組が配信されている内容もあり継続的に視聴、購読が可能である。聞き取ったり、読み取ったりした内容の要点を英語でメモしたり、生徒がわかりやすい表現に言い換えTeacherTalkとして生徒に英語で話して伝えるなど、ウェブ上の英語素材を活用し複数の領域と統合させて「書くこと」を継続的に行っていくことが可能である。

③実際の日常業務の一部として

　自らの学習として英語日記やウェブの活用を行うことは有効である。一方で、多忙な日常で学びの時間を見つけることが困難な現実もある。そこで、日々の教材研究や授業準備自体を英語のブラッシュアップ場と捉え、ALTとの打ち合わせや情報交換をメールのやり取りを通して行ったり、生徒の読み物教材を作成するためにウェブ上の素材を活用してオリジナルの文章を書いたりすることが考えられる。これらを継続的に行うことにより、指導者自らが正確にかつ適切な速さで書く力を維持・向上させていきたい。

　中学生・高校生が、英語で自分の考えを理由と共に述べる際、英語を話すことで精いっぱいなのか、「理由が理由になっていない」ケースが散見される。英語は、首尾一貫性や因果関係など、日本語以上に問われる言語である。高校英語で「論理・表現」が新たに導入されることからも、英語の文章の特徴を指導者がしっかり理解してから指導にあたりたい。

Let's give it a try!
----

1. 教科書に取り上げられている題材を1つ選び、その話題に関する自分の意見や感想などを、まとまりのある英語の文章で書きなさい。
2. BBCやVOAなどのサイトから話題を選び、英語で要約しなさい。
3. BBCやVOAなどのサイトから話題を選び、その話題に関する自分の意見や感想などを、まとまりのある英語の文章で書きなさい。

44 領域統合型の言語活動

目標 複数の領域を統合した言語活動を遂行することができる。

学びのキーワード □5領域 □ジグソー法 □ディクトグロス □ Small Talk
□リテリング □レポーティング活動

〈1〉領域統合型の言語活動のねらい

　領域統合型の言語活動とは、「聞くこと」「読むこと」「話すこと［やり取り］
［発表］」「書くこと」（5領域）を有機的に関連させて行う言語活動である。現
実のコミュニケーションは、単一の領域で完結することは少なく、複数の領
域が関連することではじめて自然なコミュニケーション活動となりうる。

　また、言語学習の面では、主に意味理解に重点が置かれる「インプット」
と言語の形式にも学習者の注意が向けられる「アウトプット」や「インタラク
ション」を統合することにより、言語の習得が図られることになる。さらに、
聞いたり読んだりした内容や他者とのやり取りから新たな考えに至るなど領
域の統合が思考力・判断力・表現力の育成にもつながる。このような領域統
合型の言語活動を行うねらいを理解した上で指導に当たることが大切である。

〈2〉ジグソー法によるリーディング、ディクトグロス
（「読むこと」+「書くこと」、「聞くこと」+「書くこと」）

　指導者にとっても学習者にとっても、まずは、簡単に取り組める領域統合
型の言語活動から取りかかることで、領域統合型の言語活動に慣れ、発展的
な活動への基礎固めが可能となる。例えば、教科書本文を活用した「ジグソ
ー法」によるリーディング活動（山本, 2015）は、教室内でいつでも実践可能
な活動である。まず、教科書本文を4分割し教室の4隅に貼る。4人組を作
った生徒は、グループから各コーナーに1人ずつ派遣し、それぞれの英文を
読み、その内容をグループに持ち帰り全体のストーリーを書いて完成させる
というものである。「読むこと」と「書くこと」の統合が図られる。グループ

メンバーに伝えるために「読む」という目的を持った読みが行われることになり生徒の動機づけにも役立つ。また、各自の役割を自覚しながら活動する協働学習をどのように行うかを理解することにもつながるものである。

「ディクトグロス」は、教師が1度だけ読み上げる20〜30語程度のまとまった英文を聞き、聞き取った内容を英語でできるだけたくさん書き表す活動である。すべてを書き留めることはできないが、後に、各生徒が書き表した情報をペアやグループで共有し、相談しながら完成を目指す活動である（Scrivener, 2011）。これは「聞くこと」と「書くこと」を統合した活動であり、文章の完成を目指し共働で学習する段階では、各自が自分の持つ語彙や文法の知識を総動員して協力して書く活動に臨むことになり、総合的な英語力の育成に役立つと考えられている。これらの活動を指導者自身が体験することにより、活動においてどのような力が育成されるのか指導のポイントを理解することにつながる。

〈3〉Small Talk を書き起こす活動
（「話すこと［やり取り］［発表］」＋「書くこと」）

　小学校高学年では、Small Talk（『We Can! 指導編』）などを行い、児童は日常生活に関する身近で簡単な事柄について、その場で質問や答えを考えながら相手と会話を続けていく活動を経験している。中学校ではそれらの学習や経験で蓄積した英語力を生かして、即興で対話を継続・発展させ情報や考えなどを共有する活動へと高めていくことになる。

　しかし、このような活動におけるやり取りの内容や生徒の発話は音声によるものであり、自らが発話した内容を振り返ったり、次の学習に生かしていく材料として用いたりすることが難しい側面がある。そこで、中学校ではこれらのやり取りや発話の内容を思い出し、文字で書き表すような活動を事後に行う。書き表した発話を活用して、口頭での言語使用時には気がつかなかった誤りに気付いたり、異なる表現方法や会話を継続させるより良い方法を見つけ出したりして、自らの発話の質を高める機会とすることができる。

　また、書き出した会話の内容を生徒同士が読み合う活動を行わせると、お互いに良い点に気付いたり、新たな表現を学び合ったりすることにつながる。指導者も授業中の Small Talk を思い返して書き表したり、様々な話題を想定した Small Talk を書きためたりするなどの教材研究を行うことが自身の

英語力の維持向上につながる。

〈4〉教科書本文のリテリング活動
（「読むこと」＋「話すこと［発表］・［やり取り］」）

　リテリング活動とは「再話」ともよばれ「ストーリーを読んだ後に原稿を見ない状態でそのストーリーの内容を知らない人に語る活動」（卯城, 2009）である。指導者にとっては、生徒が理解した内容の度合いやそれを伝えるための表現をどれほど定着させているかを評価する手立てとして活用されることがある。それと同時に、学習者にとっては、読み取った内容を整理し伝える情報の順序を考えたり、語彙や表現を選択しながら話したりすることになり「目的や場面、状況など」に応じた言語の運用を行う機会となる。

　伝える内容については様々な可能性が考えられるが、生徒にとって語彙の選択や使用されている表現などの難易度が適切であり、最も身近にある教材として教科書の活用が考えられる。教科書本文の内容を生徒同士が英語で伝え合うということである。この場合生徒にとっては「ストーリーの内容を知らない人」に語る活動とはならないものの、不完全なリテリングの内容を補い合ったり、相手の話す内容や用いられる英語の表現が、聞き手の生徒にとって良い学びの機会になったりする利点もある。

　リテリング活動を指導する際には、本文を暗唱して発表させるのではなく、キーワードをたよりに英語で説明させたり、教科書付属のピクチャーカードなどを示したりしながら自分の言葉で伝えるようにさせることが大切である。さらに、既習の教科書教材の内容や要点を英語で説明する活動に慣れたところで、内容について自分の考えや気持ちを付け加えさせたり、簡単な初見の英文を読ませてその内容を伝え合ったりするなど、発展した活動につながるように指導計画を作成するようにしたい。

　また、指導者自身が読んだ英語の内容を ALT に伝えたり、簡単な英語を用いて生徒に語ることは教師にも有効な学習法になりうるものである。

〈5〉レポーティング活動
（「聞くこと」＋「話すこと［発表］・［やり取り］」＋「書くこと」）

　「聞くこと」と「話すこと」「書くこと」を関連させた活動として「レポーティ

ング活動」が挙げられる。この活動は生徒数名のグループで行われる。教師やALTが英語で話したストーリーをレポーター役の生徒が聞き取り、その内容を他の生徒に英語で伝えるグループ活動である。レポーター役を順次交代しながらグループで協力して元のストーリーを再生し、その要約を英語で書いてまとめる活動であり「聞くこと」「話すこと［発表］・［やり取り］」「書くこと」が統合された活動となる。

　まず、生徒は3〜4名の小グループを作り、各グループは1人ずつ「レポーター」役を決める。その後、次のような手順で活動を行う。

(1)　「レポーター」は教室外に出て、メモを取らずに教師が英語で話すまとまったストーリーを聞く。教室外で行うのは、教師の発話内容がレポーターの生徒にのみ伝わるようにするためで、内容を伝える必然性を作り出すことができる。

(2)　教師の話すストーリーを聞いた「レポーター」は教室内に戻って、自分のグループのメンバーに聞き取った内容を英語で話して伝える。いわば、「伝言ゲーム」のような活動であるが、伝えられた表現をそのまま用いて伝えることが目的ではなく意味の伝達を重視した活動である。

(3)　レポーター以外の生徒は、メモを取りながらレポートを聞く。1人目のレポートが終了すると、グループ内で順次レポーター役を交代して、グループメンバー全員が1度はレポーターとなり、教師から直接話を聞く機会を持つ。つまり、グループの人数回分レポートが繰り返し行われることになる。このとき、教師が話すストーリーは毎回同じ内容で、レポートの回を重ねるごとにグループに伝えられる情報が蓄積され、ストーリーの再生が可能となる。

(4)　レポーターからの情報に基づいて取りためたメモや自ら聞き取った内容を統合し、グループで協力してストーリーの要約文を書いて完成させる。時間があれば、いくつかのグループに要約内容を口頭で発表させ、全員が英語の要約文を完成させる。

　ストーリーの内容や使用する英語表現は、生徒にとって難解なものではなく、理解可能などちらかと言えばやさしめの英文であることが望ましい。教科書教材をそのまま活用することも可能であるが、教科書教材に新たな情報を加えたり、題材に関連した新たな教材を用いたりすることも効果的である。

また、学習者の理解を深めるために、教師がストーリーを伝えるときには、視覚情報を併せて提示するなどの工夫を行う必要がある。

　これまで中学校で実施した「レポーティング活動」における生徒の学習を観察すると、生徒たちは、グループで要約をまとめて書く活動で、初めは意味内容に注目して情報の交換を行っているが、やがて、英語表現（語順、文法の正確さ、適切な表現など）に注目が移り要約文を仕上げていたようである。このことからも、領域統合型の活動を通して、生徒たちは英語の意味と表現形式を結びつけながら学習を深めていることがわかる。

〈6〉考えや気持ちを伝え言語活動を支える活動

　本章では、聞いたり読んだりした内容を「要約」したり「英語で説明」したりする領域統合型の言語活動の例を主に取り上げた。自らの考えを述べるために、話し手や書き手が述べた内容を引用したり要約したりした上で自らの考えを述べたりすることは、話題について互いの考え方の共通理解を図ることになり、円滑なコミュニケーションを図るために重要である。自己表現を急ぎすぎるあまり、互いの考えが共通の理解に達しないまま自らの考えを伝えると、一方通行の情報伝達になり、真のコミュニケーションが行われたことにはならない。

　そこで、充実した双方向のコミュニケーションを可能にする土台固めのためにも「要約」したり「英語で説明」したりする活動を重視する意義があるものと考える。その上で、自分の考えや気持ちなどを伝え合う活動につなげていくことが大切である。指導者自身は、自らが領域統合型の言語活動を十分に体験し、実感を持って指導に当たる必要がある。

Let's give it a try!

- -

1. 中学校学習指導要領「第2　2(3)①言語活動に関する事項」で示された領域統合型の言語活動をそれぞれの領域ごとにまとめなさい。
2. 「favorite food」や「favorite sports」などのトピックを決め、ペアで1〜2分程度のSmall Talkを実施し、その内容を書き表しなさい。
3. 〈5〉で示した「レポーティング活動」の教材を試作して活動を実施しなさい。また、活動の感想や改善点をグループで話し合いなさい。

45 英語の音声のしくみ（発音と綴りの関係、アクセント・イントネーション等日本語と比較して）

目標 英語の音声のしくみについて理解している。

◇◇

学びのキーワード □発音 □フォニックス □アクセント □リズム
□イントネーション

〈1〉母音と子音の発音

日本語のように「アイウエオ」の5母音を基本とする言語が多い中、英語の母音体系は世界的に複雑であると言われている（Crothers, 1976）。英語と日本語の母音はそれぞれ、舌の部位、舌の高さ（口の開き具合）、円唇性（唇の丸めの有無）によって音色が異なる（図1）。

例えば、最初と最後の文字が同じ語の間に以下の母音を入れて発音してみよう（『小学校外国語活動・外国語研修ガイドブック』実習編も参照）。母音が替わることで3つの異義語ができることがわかる。

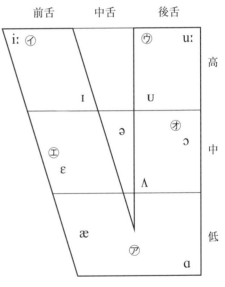

図1. 日本語の母音と英語の単一母音の体系

- /hæt/ – /hʌt/ – /hɑt/ ➡ hat – hut – hot
- /bæg/ – /bʌg/ – /big/ ➡ bag – bug – big
- /stæf/ – /stʌf/ – /stif/ ➡ staff – stuff – stiff

母音は口の中を震わせて調音するのに対し、子音は唇や舌で空気の流れを止めたり流れにくくするなどして作る音で、主に①調音位置（唇、歯など、発音される場所）、②調音方法（音の作り方）、③有声（声を出す）／無声（息

第2部　中学校における英語教育　［2］英語科に関する専門的事項　**231**

を出す）の 3 点から特徴づけられる（川越, 2007）（表 1）。英語の子音体系は母音ほど複雑ではないが、日本語話者にとって習熟が困難となりやすい以下の音（土屋他, 2011）については特に、口の内外の動きや形を確認しながら練習できる発音教材（例：EnglishCentral 発音コース）を用いて、練習を重ねることが大切である。

- 英語にはあって日本語にはない特殊な音（/θ/ 'think', /ð/ 'mother', /f/ 'fire', /v/ 'violin', /ʃ/ 'she', /r/ 'rice', /l/ 'lice'）
- 日本語では区別しない英語の音の組み合わせ（例：/l/-/r/〈lice-rice〉, /b/-/v/ (best-vest), /s/-/ʃ/ (sea-she), /h/- /f/ (hood-food)）——各組み合わせにおいて音を入れ替えると意味に違いが生じる
- 英語にはないが、日本語にはある音（/ɸ/〈フの子音〉、/çi/〈ヒの子音〉、/ɾ/〈ラ行子音〉、/N/〈語末のン〉、/ɲ/〈ニャの出だし音〉など）——英語の類似した音に代用すると、聞き取りづらさを招くこともある。

表1. 日本語・英語の子音対照表（川越, 2007, :31 を基に作成）

調音位置／調音方法			唇音		歯	歯茎	後部歯茎	そり舌	硬口蓋	軟口蓋	口蓋垂	声門
			両唇	唇歯								
閉鎖音	無声／有声	日	p/b			t/d				k/g		ʔ
		英	p/b			t/d				k/g		ʔ
摩擦音	無声／有声	日	ɸ			s/z			ç			(h)
		英		f/v	θ/ð	s/z	ʃ/ʒ					(h)
破擦音	無声／有声	日				ts/dz	tʃ/dʒ					
		英					tʃ/dʒ					
鼻音		日	m			n			ɲ	ŋ	N	
		英	m			n				ŋ		
弾き音	流音	日				ɾ						
接近音		英				l ɹ		ɻ				
	渡り音	日	w						j	w		
		英	w						j	w		

中学校学習指導要領（H. 29年度版）では英語の音声について「現代の標準的な発音」を指導すると示されている。米／英語の発音を絶対的規範とする

のではなく、国際語として英語を位置付け、多様な英語を話す母語・非母語話者と円滑なコミュニケーションを図るための明瞭な発音を身に付けることが重要である。

〈2〉発音と綴りの関係

音と文字の対応がほぼ1対1で規則性の高い日本語の仮名とは対照的に、英語は対応規則（ルール）が不透明な正書法であり、26文字のアルファベットで44種類（以上）の音を作らなければならない（Oxford Owl, 2014）。発音と綴りのルールの習得を図る学習方法にフォニックスがある。19世紀初めより英語圏の国語教育で実践されている読み方の学習方法を指し、以下が主な例である（National Reading Panel, 2000）。ルールの機械的な詰め込みにならないよう、以下の学習方法を折衷的に用いて、シンプルなルール（1文字1音）から複雑なルール（連続子音 /church/）へ段階的に進めることが大切である。

- 統合的フォニックス（Synthetic phonics）：個々の音素（例: /s/-/t/-/e/-/p/）を発音させ、それらの音を組み合わせる（'step'）。
- onset-rime phonics: 頭子音（onset）（例: 'hat' 内の /h/ の音）を変え、残りの音節部分が同じ（＝韻を踏む）単語（'rat', 'mat' など）を提示する。

〈3〉アクセント

アクセントは、語、句、文において、ほかよりも目立って聞こえる（強勢が置かれている）部分を指す。アクセントの位置や目立たせ方は言語によって異なり、それぞれに一定の規則がある。日本語は音の高低（ピッチ）でモーラ（＝拍）を目立たせる「高さアクセント」であるのに対し、英語は強弱で変化をつける「強さアクセント」である（⑳参照）。例えば、日本語の場合、「あめ」を低高型で発音すると「飴」、高低型で発音すると「雨」を表す。英語では、'record' のように第1音節に強勢を置くと名詞の「記録」、第2音節に強勢を置くと動詞の「記録する」を表す。

日本語では、表2に例示するように、句を構成する単語は個々のアクセントが維持されるのに対し、英語では「後ろアクセント」となる。さらに、複合語では日英でアクセントの位置が逆転する（英語: 前、日本語: 後ろ）。

日本語の語彙は約5割が無アクセント語（ピッチが上がったままで終わる

表2. 日本語と英語におけるアクセントの例

	句	複合語
・日本語	くろいさとう	くろざとう
・英語	An Ènglish téacher (イギリス人の教師)	An Énglish tèacher (英語教師)

平板語：サ￣カナ（魚）、ア￣カイ〈赤い〉など）で規則性が複雑であるが、英語でいう無アクセント語（弱形で発音される語）は品詞によってある程度限定される（窪薗・太田, 1998）。英語は、以下の例文のような文脈における話者の意図（対比や強調）や語彙・文構造によるリズム変化を除き、原則、助動詞、前置詞、接続詞などの機能語は無アクセント語となり、動詞、名詞、形容詞、副詞などの内容語がアクセント語となる（川越, 2007）。単語内だけでなく、句、発話の中で強弱を適切に用いる練習を行い、そこから生まれる英語特有のリズムを習得することが大切である（次項〈4〉参照）。

【対比的強調】　Hís spéech was excellent.
　　　　　　　　（他の人ではなく）（彼の演説は良かった。）
【句動詞】　　　Whát was he dóing whén the gírl cáme ín?
　　　　　　　　※前置詞ではなく副詞の'in'で動詞と組んで句動詞になり文アクセントをもつ。

〈4〉リズムとイントネーション

　ある一定の言語構造が繰り返されることによって言語特有のリズムが生まれる。英語は文レベルの強勢が等時的に（アクセントのある音節間が一定の時間で）繰り返される強勢拍（stress-timed）リズムである。一方、日本語はモーラが同じ長さで繰り返されるモーラ拍（mora-timed）リズムである。以下の日本語例では、各拍がほぼ同じ長さで発音されるため、上段より下段の拍数の方が多い。

　一方、次ページの英文では、文強勢（●）の数が両文とも3つ（拍）なので、下段は'wants us'の下線部分（'ts'/ts/と'u'/ə/）を連結させて/tsə/（「ツァ」のような音）と発音し、ほぼ同じ長さで発話する。数回練習しただけでは、リズムの習得には結びつかない。手で机をたたいたり、メトロノームを使ったりしながら文章を読む練習を繰り返し行い、強勢拍のリズムに慣れることが

大切である。多様な演習を通して段階的且つ体系的に英語の音声を習得するには、深澤 (2015) の活用が推奨される。

●日本語 (モーラ拍リズム)

テ	ニ	ス	を	は	じ	め	て	さ	ん	ね	ん	に	な	る		【15拍】
テ	ニ	ス	を	は	じ	め	て	さ	ん	ね	ん	は	ん	に	な	る 【17拍】

●英語 (強勢拍リズム)

I think that she wants to know.【3拍】

I think that she wants us to know.【3拍】

　発話場面では、話者の意図やその場の状況に応じて上昇調 (↗) や下降調 (↘) が用いられる。英語のイントネーションには基本的なパターンがあり日本語との類似点も見られるが (20参照)、英語には文末のピッチにより文章が果たす機能 (①) や表す意味 (②) が異なる場合があることにも留意したい。

①-1. You went to the library alone, didn't you? ↗ 【質問の付加疑問文】
①-2. You went to the library alone, didn't you? ↘ 【確認の付加疑問文】

②-1. I beg your pardon? ↗ (もう1回言ってください。)
②-2. I beg your pardon. ↘ (失礼しました。ごめんなさい。)

Let's give it a try!

1. 表1から日本語にない英語の子音を6つ選び、その音が含まれた単語を3つずつ書いて発音しなさい。
2. 〈3〉の例で挙げられているもの以外で、日英でアクセントの位置が逆になる日本語と英語の複合語の例を3つずつ見つけなさい。
3. 教科書の読解教材を1つ選び、文アクセントをつけなさい。そして本文の音声教材を聞き、文アクセントの位置が同じか確認しなさい。

46 英文法の基礎知識 (動詞の分類等)

目標 英語の動詞の分類等について理解している。

◇◇◇

学びのキーワード □ be 動詞と一般動詞　□状態動詞と動作動詞　□分詞　□連語
□ to 不定詞と動名詞

〈1〉「動詞」の分類と語順の指導

　人やものの状態や動作を表すことばは、「動詞」と呼ばれる品詞に分類される。英語科では、初級段階から「動詞」という用語で文法説明などを行うことが多いが、国語科では、口語文法で品詞について本格的に学ぶのは英語より後の時期になることが多く、用語の使用には注意を要する。概して、主語-目的語-動詞（SOV）型の文型をとる日本語に対して、英語は主語-動詞-目的語（SVO）型の文型をとるため、語順の指導は大切である。

①be動詞と一般動詞

　be動詞の主たる意味は大きく、①主語と補語をイコールの関係で結ぶ、②「存在」を表現するの2つである。

　My grandfather was a commercial pilot.（祖父は商業パイロットでした。）

　My house is near the station.（私の家は駅のそばにあります。）

　「存在」を表す構文には、There is/are ～構文があるが、後ろ（主語）に固有名詞や特定の名詞（the + 名詞）がくることができないなど、注意を要する点がある。

　be動詞以外の動詞を一般動詞と呼び、目的語をとる動詞ととらない動詞がある。

②状態動詞と動作動詞

　動詞は、その意味的性質により、人やものの状態を表す状態動詞（static verb）と動作を表す動作動詞（dynamic verb）に大別できる。これは日本の教科書では詳しく扱われないこともあるが、英語母語話者にとって最も重要

な区別のひとつであり、多くの文法にもこの区別が反映される。例えば、現在完了形で状態動詞は「継続」の意味になる。また、状態動詞は通常、進行形にはしない（いつもと異なる状態であればYou're being kind today.「今日、君はいつになく親切だ。」という使い方もできる）。また、動作動詞は単純現在形では習慣を表し、頻度を表す副詞（句）を伴うことが多い。

Dan drinks coffee every morning.（ダンは毎朝コーヒーを飲む。）

③自動詞と他動詞

一般に、後ろに目的語をとらない動詞を自動詞（intransitive verb, v.i.）、後ろに目的語を必要とする動詞を他動詞（transitive verb, v.t.）という。例えば、discuss（〜について議論する）は他動詞であるから直後に目的語をとり、discuss the problem（その問題を議論する）となる。一方、talk は「〜について話す」という意味では、talk the problem とは言えず、目的語をとるなら前置詞とともに、talk about the problem（その問題について話す）、talk with/to her friends（彼女の友人たちと話す）となる。自動詞と他動詞と両方の用法をもつ動詞もある。

自動詞	他動詞
eat out（外食する）	eat the apple（そのリンゴを食べる）
grow（成長する）	grow rice（米を作る）
play（遊ぶ）	play catch（キャッチボールをする）
walk（歩く、散歩する）	walk his bike（自転車を押して歩く）
water（よだれを流す）	water flowers（花に水をやる）

〈2〉現在分詞と過去分詞

分詞（participles）は、動詞から作られ、動詞と形容詞の両方の意味を分かち持つ性質からこの名前で呼ばれている。以下の①②の例を見てみよう。

①the boy catching the ball（ボールをとろうとしているその少年）

②the ball caught by the boy （少年に捕球されたそのボール）

少年とボールの関係を考えるに、①のthe boyから見て、ボールに対してとろうとする行為を主体的、能動的に及ぼしている関係である場合には現在分詞を用い、②のthe ballから見て、少年によって捕球されたという受身の

関係になる場合に過去分詞を用いる。

〈3〉to不定詞と動名詞

　mind～（～を嫌がる）, enjoy～（～を楽しむ）, give up～（～をやめる）, avoid～（～を避ける）, finish～（～を終える）, escape～（～を逃れる）, look forward to～（～を楽しみにする）, practice～（～を練習する）は目的語に動名詞のみをとる。begin～, start～, continue～などは、to不定詞と動名詞のいずれが続いても意味は変わらない。

　regret, remember, forget+ ～ingの場合、目的語の動名詞の行為が先に起こっている。例えば、I remember seeing that tall man somewhere before. （以前どこかであの長身の男性に会ったことを覚えている。）の文では、see →rememberの順で、see～の行為が先に起こっている。一方、Remember to drop in at my office tomorrow. （明日、忘れずに私のオフィスに寄って下さい。）の文では、目的語になっているto不定詞が未来志向であるため、remember → drop～の順に視点が移動する。

〈4〉注意すべき語法

① used to～ とwould～

　どちらも繰り返し行う行為に対して用いる。would～の場合、We would often play volleyball on the beach. （ビーチでよくバレーボールをしたものだった。）のように、頻度を表す副詞を伴うことがある。後ろに状態動詞が来る場合は、My family used to have a dog when I was a child. （私が子供の頃、家族は犬を飼っていた。）のように、used to～を用いることが多い。

② comeとgo

　話し手が相手のもとに近づくなら原則として自動詞comeを使い、相手のもとから離れるなら自動詞goを用いる。日本語で使う動詞を直訳することなく、的確な動詞を選択したい。例えば、"Susan, dinner is ready." （スーザン、夕食の準備ができたわよ。）"I'm coming." （今、行きます。）の対話で、日本語の感覚で "I'm going." と答えると、"I'm going out, so I won't eat dinner." （外出するところなので、夕食は食べません。）というふうに響くだ

ろう。これと似た関係が、他動詞 bring 〜と take 〜である。目的語を持って（連れて）相手に近づいてくれば bring 〜、目的語を持って（連れて）相手から遠ざかっていけば take 〜を用いる。

③意外な動詞をとるコロケーション

　同じ動作・行為であるが、日本語と英語とでやや異なるイメージの動詞が使われることがある。「コーヒーを入れる」も make some coffee と make を使うことも、coffeemaker という家電があることから推測できる。できるだけ2〜3語の連語（コロケーション, collocations）で覚え、英語コミュニケーションに生かすように努力したい。

　他にも、動詞 apply は、apply the brake/the medicine で「ブレーキをかける」「その薬を塗る」となったり、動詞 do も do the coat/dishes/the laundry で、「コートを掛ける」「皿を洗う」「洗濯をする」となる。また、特に日本語の「〜をする」に対して、英語の動詞は多様であり、例えば「注文をする」は、place an order となる。

Let's give it a try!

1. 次の2つの文の意味の違いを述べなさい。

　"We should stop thinking about the problem"

　"We should stop to think about the problem."

2. 文脈から適切な分詞を選びなさい。

　I went to see the movie, but it was quite (bored, boring). I fell asleep halfway through.

　His performance was really (amazed, amazing). He is sure to be voted this year's MVP.

47 英文法の基礎知識 （時制・相・態等）

目標 英語の時制・相・態等について理解している。

◇◇

学びのキーワード □動詞の時制・相 □未来を表す表現 □能動態と受動態
□簡単な仮定法

〈1〉動詞の「時制」について

英語においては時制や時差の有無を明確に表現することが求められる。

①時制 tense

現在時制（形）は、昨日も今日も明日も変化のない状態、日々習慣的に行う動作などを表す時制である。さらに科学の真理、ことわざ等にも見られる時制である。

Tom knows everything about trains.
（トムは電車のことなら何でも知っている。）
My brother works for a foreign company.（兄は外国籍企業で働いている。）
The sun rises in the east.（太陽は東から昇る。）
All work and no play makes Jack a dull boy.
（勉強ばかりして遊ばないと子供は面白みのない子になる。）

過去時制（形）は、時間軸上の過去の一時の状態、一時で起こった動作を表す時制で、現在その状態や動作が継続しているかについては言及していない。一時と言っても、I lived in New York for three years when I was young.（私は若い頃、ニューヨークに3年間住んでいた。）のように、今とつながっていなければ、まとまった期間の状態を過去形で表現することもある。

規則変化動詞 go の過去形は went である。古くは「行く」という動詞には wend が使われており、その過去形が went である。動詞 wend は、現代では詩などに使われるくらいであるが、過去形 went は、go の過去形として今

日でも使われている。

②未来を表す表現

「過去形」という文法用語につられて「未来形」と言ってしまいがちだが、英語に「未来形」はない。英語では、規則変化動詞を過去形にするときに-edをつけるが、未来を表現する際、動詞を規則的に変化させることはない。よって、will/be going to＋動詞などは、「未来を表す表現」などの用語を使いたい。

ちなみにwill～と異なり、be going to～はすでに予定が決まっていたことが暗示される。Do you want to come to our party tonight?（今夜の私たちのパーティーに来ませんか？）と誘われた場合、I'm sorry. I will go to see a movie with my friend.（ごめんなさい。友だちと映画を観に行きます。）と答えたら、理由の部分は、誘われたその場で理由を思いついたように響き、ソーシャル・スキル上失礼な断り方ととられる可能性がある。be going to～を使って、I wish I could, but I'm going to have company tonight.（行けるといいのですが、今夜来客があるのです。）と理由を表現したい。

③現在完了形

状態や動作を表す動詞は、過去の時点から現在へとつながっている、あるいは過去から現在にかけてつなげていたい気持ちが話者にあるときなどに使われる。

完了：Have you finished your homework yet?（もう宿題は終わったの？）
● yetをalreadyにかえると「もう終わらせてしまったの？」と驚きの気持ちを含んだ表現になる。

経験：I have never been to that country.（その国には行ったことがない。）

継続：I have lived in this city for five years.（この市に5年間住んでいます。）

結果：I have lost the key to my bike.（自転車の鍵を失くしてしまった。）
●失くしてしまって、まだその状態が続いていることが暗示されている。

④未来完了形

まだ起こってはいないが、未来にある行為が起こったとき、過去から未来までを未来完了形で表現するが、これは中学校では扱わない。

If I visit the theme park next time, I will have been there five times.
（次回そのテーマパークに行ったら、5回そこに行ったことになる。）

⑤英語の時差を表す表現

　afterやbeforeなど、動詞の前後関係が明確にわかる接続詞が使われている場合を除いては、過去完了形で時差表現することがある。完了不定詞などを用いて、単文で2つの動詞の時差を表現することもある。

　I washed my hands and gargled right after I got home.
　（帰宅後すぐに私は手を洗ってうがいをした。）
　When I went to see Mary, she had already moved out.
　（メアリーに会いに行ったら、彼女はすでに引っ越していました。）
　I'm sorry to have kept you waiting long.
　（長らくお待たせして、ごめんなさい。）

⑥進行相（形）と完了相（形）

　進行相（形）を作るため、動詞に〜ingをつけるとそれは現在分詞となり、もはや動詞ではなくなる。よって、be動詞（厳密に言うと助動詞）が必要になる。また、完了相（形）を作るため、動詞に〜edをつけるとそれは過去分詞となり、同様にhaveが助動詞として必要となる。

⑦現在完了進行形と過去完了進行形

　過去から現在に至るまで、その動詞の「動作」がずっと進行している場合は、現在完了進行形となる。

　Sue has been playing that video game for the past two hours.
　（スーはかれこれ2時間そのゲームをやっている。）

　また、過去のある時点まで、その動詞の動作がずっと進行していた場合は、過去完了進行形となる。

　When I got a call from Bill, I had been watching a DVD for the past one hour.（ビルから電話があったとき、1時間DVDを観ていた）

⑧過去進行形と過去完了形

　現在進行形（am/is/are＋〜ing）と現在完了形（have/has＋過去分詞）の形式（forms）が定着していれば、それぞれ過去進行形（was/were＋〜ing）と過去完了形（had＋過去分詞）の形式は、生徒にとって理解が容易であろう。過去完了形とは、次の例文のように過去形の動詞の動作より、さらに古い動詞の動作があり、2つの動詞の間に「時差」があることを表す表現で用いられ

るが、これは通常中学校では扱わない。

When I called Bob at home, he had already left home.
（ボブの家に電話したとき、彼はすでに出かけていた。）

⑨能動態と受動態

以下の2つの文を比べてみよう。

(a) Frogs eat flies.（カエルはハエを食べる。）

(b) Frogs are eaten by snakes.（カエルはヘビに食べられる。）

英文を構成する主要素は主語（S）、動詞（V）、目的語（O）、補語（C）である。2つの文において主語はfrogsであるが、(a) では主語が能動的な行為の動作主（agent）となっているが、(b) ではsnakesによってその動作を受ける立場になっている。このように主語が動作を受ける立場（patient）であることを表現するのに、「be動詞＋過去分詞」となり動作主は通常「by～」で表される。

Thomson & Martinet（2015）は、need、require、wantの動詞について、動名詞と不定詞どちらも目的語にとれることを解説している。どちらも主語が「～される」という意味になるが、不定詞の場合は形も「to be ＋ 過去分詞」と受動態となる。The grass needs cutting. = The grass needs to be cut.（その草は刈られる必要がある。）

⑩見出しの英文法

もともと不定詞のもつ未来志向の意味合い、読者に臨場感を与える効果を出すため、新聞などの見出し（headline）では、不定詞は未来の予定、現在形は過去のできごとを表すことが多い。現在形は通常、日々繰り返される習慣を表す時制である。

Finance Minister to Attend G20 Next Week（財務大臣、来週G20に出席）

Prime Minister OKs Minister's Resignation（首相、大臣の辞任を承認）

⑪簡単な仮定法

中学校学習指導要領（H. 29年度版）では、「仮定法のうち基本的なもの」を中学校でも取り扱うことになっている。Since I am not a lawyer, I cannot help you.（私は弁護士ではないので、あなたのお役に立てない。）のように、事実をありのままに表現する直説法と異なり、「もし～だったら、～だろう。」

と実際はそうではないことを仮定法の文で表現する。日本語にも「もし1億円あったら」と過去の形を用いて、今、現実はそうではないことを言う表現がある。英語でも同様に、動詞の時制を一つ古くすることで、現実に反することを表現する。

If he were here, he would scold you.（もし彼がここにいたら、君を叱るだろう。）

また、if I were you（もし私があなただったら）、in her shoes（彼女の靴を履いたなら→彼女の立場になったら）のように、仮定法で慣用的に使われる表現もある。

I wouldn't go there by car if I were you.（もし私があなただったら、そこへ車で行かないなあ。）

I wouldn't walk to the station in her shoes.（私が彼女の立場なら、駅まで歩いて行かないなあ。）

⑫直接法と仮定法

If it is fine tomorrow, let's go on a picnic.（明日お天気がよければ、ピクニックに行きましょう）の英文は、天気が晴れであるという単なる条件が整えば、主節（let's～）の行為を行うという直接法を表す文であり、その状況が実際に起こらない（起こらなかった）仮定法とは区別することが重要である。条件を表す副詞節の中で、tomorrowがあるにもかかわらず、動詞の時制が現在形となることにも注意したい。

| Let's give it a try! |
- -

1. I studied English for the past two hours. が非文（正しくない文）である理由を説明しなさい。
2. 英語の新聞記事で、(i) これからの予定をto不定詞で、(ii) すでに起こったことを動詞の現在形で表している見出しの例をそれぞれ探しなさい。
3. 受動態の文で「be動詞＋過去分詞」の後の前置詞が、by以外になる表現の例を挙げ、英文を作りなさい。
4. 直接法の英文: "If he <u>visits</u> us tonight, let's dine out at the new restaurant." の下線部が現在形である理由を考えなさい。

48 英語が使われている世界の 国・地域の歴史・社会・文化

目標 国際共通語としての英語の実態について理解している。

◇◇

学びのキーワード □国際共通語としての英語 □世界の国・地域の歴史・社会・文化
□教材選択の留意点

〈1〉英語が使われている国々と英語学習の題材

　世界で最も多く母語として使われている言語は中国語で、Mandarinと呼ばれる北京語だけでも約9億人の人々に用いられている（Crystal, 2005）。それに対して、英語を母語とする人々は、世界におおよそ4億人で第2位を占める（同, 2005）。

　また、英語を公用語とする人々は約14億人で（Crystal, 2003）、さらに、仕事や日常生活においてある程度使えるレベル（at a useful level）で英語を用いている人々は、世界中で約17.5億人であると言われている（Neeley, 2012）。この数は、中国語を用いる人々の数を上回っている。

　このように、英語はそれを母語とする人々の言語であると同時に、世界中の様々な人々の言語でもあり、「国際共通語」としての役割を担っていることがわかる。つまり、英語を用いたコミュニケーションは、英語を母語とする話者との間のみで行われるのではなく、英語を母語としない者同士が行う場面が相当な割合を占めることが予想できる。

　学習指導要領では、上記のような「国際共通語としての英語」という認識から、英語の学習で取り扱う「英語の背景にある文化」に関する題材について、英語を母語とする人々の文化のみならず、英語を用いる様々な人々の文化の理解を深めるような内容を取り上げる配慮を行うことを求めている。

〈2〉教材選択の留意点

　中学校学習指導要領解説（H. 29年度版）では、「多様性への理解、公正な判断力、豊かな心情」を育てること、「日本の文化、英語の背景にある文化」

への関心を高め理解を深めること、また「国際協調の精神」を養うことなど
を目指して、生徒の発達段階や興味・関心に即して「英語を使用している
人々を中心とする世界の人々や日本人の日常生活、風俗習慣、物語、地理、
歴史、伝統文化、自然科学などに関するもの」を効果的に取り上げるように
示されている（中学校学習指導要領解説〈H. 29年度版〉p. 99）。

　中学校英語科を指導する者として、上述のようなねらいのもと「英語が使
われている国・地域の歴史・社会・文化」について、基本的な理解を深めて
おく必要がある。そこで、中学校英語科の検定教科書の題材を上記の各分野
に分類・整理し、指導者としてどのような内容の理解を深める必要があるか
を具体的に示す。

〈3〉中学校英語教科書に見る 「世界の国・地域の歴史・社会・文化」

　以下は、中学校学習指導要領解説（H. 29年度版）で示された「日常生活、
風俗習慣」「物語」「地理、歴史」「伝統文化」「自然科学」などについての具体
的な内容や指導上留意すべき点のまとめと、それぞれの項目に対応する教科
書の題材について分類したものである。令和3年度版『NEW HORIZON
English Course ①・②・③』（東京書籍）を対象として調査した。

⑴「日常生活、風俗習慣」
【教科書の題材例】

> 【学習指導要領解説（H. 29年度版）で示された具体的な内容や指導上の留意点】
> ・家庭や学校、社会における日常の生活や風俗習慣と人々の考え方など
> ・英語の学習を通して、人々の生活や風俗習慣の相違に一層の関心をもたせ、文化
> の多様性に着目させること

◇「ニュージーランドの生活」：学校生活、代表的な動物やスポーツ【1年】
◇「フィリピンの食べ物」：スープやデザートの紹介と食べ物の名前の意味【1年】
◇「日本とロンドンの年末年始」：ロンドンの名所紹介、日英の年末年始の過ごし方【1
　年】
◇「食文化の歴史や変化」：カレー、ナポリタン、すしの変遷と文化の融合【2年】
◇「共生社会と防災」：様々な言語・文化背景を持つ人々とともに行う防災【3年】

⑵「物語」
【教科書の題材例】

> 【学習指導要領解説 (H. 29 年度版) で示された具体的な内容や指導上の留意点】
> ・世界各国の様々な物語 (様々な考え方などが含まれているものなど)

◇「City Light」:喜劇王チャップリンの映画『街の灯』(日本語タイトル)【1年】
◇「A Glass of Milk」:ネットなどで世界各地に広まった実話に基づいた作者不詳の物語【2年】
◇「Pictures and Our Beautiful Planet」:アラスカで活動した写真家星野道夫の人生と世界観を紹介する伝記【2年】
◇「I'll Always Love You」:アメリカの子供向け物語【2年】
◇「A Mother's Lullaby」:原爆投下された夜の出来事、大野充子作「かあさんのうた」英語翻案【3年】
◇「A Graduation Gift from Steve Jobs」:スティーブ・ジョブズの生き方【3年】

⑶「地理、歴史」
【教科書の題材例】

> 【学習指導要領解説 (H. 29 年度版) で示された具体的な内容や指導上の留意点】
> ・世界の様々な地域の様子、自然の景観、歴史上の人物や出来事など

◇「日本と外国の地図記号」:日本と外国の地図記号の違い【1年】
◇「南半球の国の季節と時差」:日本とニュージーランド・オーストラリアの季節の違いや時差【1年】
◇「国境を越えた支愎」:開発途上国への支援や世界的問題への気づき【1年】
◇「富士山登山」:データ資料を基に登山計画を作成【1年】
◇「シンガポールの文化や言語」:シンガポールの名所、食、4つの言語【2年】
◇「世界遺産」:世界遺産の特徴、その特別な価値と抱える課題【2年】
◇「世界の言語」:世界で使用される言語の種類、使用する人々の数【3年】
◇「国際協力」:アフガニスタンへのランドセル支援【3年】
◇「History of Clocks」:古代から現代に至るまでの時計の進化の歴史【2年】
◇「A Legacy for Peace」:ガンディーの功績、平和、人権の大切さ【3年】
◇「The Letter」:アメリカの絵本作家の作品、日本語訳「ふたりはともだち」【3年】

(4)「伝統文化」
【教科書の題材例】

> 【学習指導要領解説 (H. 29年度版) で示された具体的な内容や指導上の留意点】
> ・昔から伝えられてきた風習・制度・思想・技術・芸術など
> ・国際社会で活躍する日本人の育成を図る上で、外国の伝統文化について知り、幅広い国際的な視野を身に付ける
> ・自国の伝統文化について外国の人々に発信できる素養を培うこと

◇「日本の伝統工芸・伝統文化に取り組む外国人」：陶芸や落語などで活躍する外国人
【1 年】
◇「日本の伝統芸能」：落語の歴史【1 年】
◇「Discover Japan」：日本の伝統文化ならびに現代文化の紹介【3 年】
◇「日本の習慣やマナーを伝えよう」：来日予定の外国人に日本で過ごす際に知っておくとよいことを発信【2 年】
◇「俳句」：俳句の魅力と海外でも愛される日本の伝統文化 (英語俳句)【3 年】

(5)「自然科学」
【教科書の題材例】

> 【学習指導要領解説 (H. 29年度版) で示された具体的な内容や指導上の留意点】
> ・発明や発見などの科学技術に関すること
> ・自然現象や生物に関することなど

◇「情報技術の進歩と活用」：AIの導入により変化する将来【2 年】
◇「ユニバーサルデザイン」：すべての人々に使いやすい製品の開発やすべての人々に優しい街づくりについて【2 年】

　上記のように、幅広く多様な題材が取り上げられていることがわかる。「日常生活、風俗習慣」では、日本も含めた様々な国や地域の「衣・食・住」に関する題材が取り上げられている。「物語」では、日本の物語の英語版や世界で活躍する日本人に関する物語、外国発祥の民話、英語圏で著名な作家の作品などが取り上げられている。「地理、歴史」「伝統文化」では、様々な国々の特徴を表すような内容が写真や付属教材の動画などと共に提示され、生徒の興味・関心を高めそれぞれの国の様子をより深く理解できるような工夫がなされている。いわゆる観光案内的な情報にとどまらず、その国や地域が抱える社会的な問題にも踏み込んで生徒の思考を促すような内容となって

いる。

　また、学年が上がるにつれて生徒自らの地域の暮らしや行事、伝統的な文化について英語で紹介する「発信型」の活動を目指した教材が増加している。日本国内の地域を扱った題材は、生徒が地域を英語で紹介する際のよいモデルとして活用することができる。「自然科学」では、暮らしやすい街づくりや地球の環境保全に関わる題材が取り上げられている。

　指導者として、これらの内容に関する理解を深め、教師自身が世界の人々に向けて日本の文化や歴史、伝統などについて発信していく姿勢を常にもつことが大切である。

〈4〉 指導者の「世界の国・地域の歴史・社会・文化」 についての理解を深めるために

　指導者自身が「世界の国・地域の歴史・社会・文化」について理解を深めるには、まず教科書に扱われている題材に焦点を当てて教材研究を行うことである。教材研究の際に最も手近にある「教師用指導書」の活用が有効である。「教師用指導書」は、教材の背景や内容に関連する様々な情報を詳しく提供していることが多い。これらを十分に活用して教材研究を行うことが実は、教師自身が題材理解を深める近道であるといえる。

　また、それ以外に教科書の題材に関する出版物、テレビ番組、ウェブ上の情報などに対して常にアンテナを高くし、情報の収集に努めることも大切である。さらに、自校で採択した教科書以外の教科書に掲載された多様な題材を横断的に読み進めることにより、教師自身の「世界の国・地域の歴史・社会・文化」に関する理解が深まり知識が広がることにつながる。

| Let's give it a try! |

1. 中学校英語科教科書を選び、取り上げられている題材を「日常生活、風俗習慣」「物語」「地理、歴史」「伝統文化」「自然科学」「その他」に分類しなさい。
2. 世界の国や地域を選び、その生活や伝統文化について英語で紹介するプレゼンテーションを作り発表しなさい。
3. 日本の生活や伝統文化について英語で紹介するプレゼンテーションを作り発表しなさい。

49 文学作品における 英語表現・多様な文化

目標 文学作品にににおいて使用されている様々な英語表現とその文化的背景について理解している。

◇◇◇

学びのキーワード □文学作品における英語表現 □語彙・発音 □異文化理解
□自文化発信

〈1〉文学作品における英語表現

　日本語で「内線」と言うが、英語では"extension"と、「ウチ」を意識する日本語に対し、「ソト」への広がりをイメージさせる単語を英語では用いる。このように、英語話者の発想（mind-set）が表れている英語表現は少なくない。この発想が詰まっているのが文学作品である。つまり、文学作品を学ぶことは、英語を多面的に学ぶことにつながる。

　例えば、トルーマン・カポーティ作『Breakfast at Tiffany's』において、ヒロインHollyがI（僕）にニューヨークを去ることを告げるシーンで次のやり取りが交わされる。

"I don't think anyone will miss me. I have no friends."
"I will. Miss you. ......"
（「私がいなくなって淋しがってくれる人なんて、どこにもいやしない。一人の友だちもいないんだもの。」「僕がいるじゃないか。君がいないと僕はすごく淋しくなる。」村上春樹訳）

　「僕」が答えている文には、「省略」という文法項目が含まれている。省略された語句を補うならば、"I will be your friend. I will miss you. "となることが考えられる。下線部の語句をあえて省略することで、相手により強くメッセージを伝えることを意図したものと思われる。

　加えて、not〜any も no〜も、強い否定の意味が表現され、さらにnotは主節の方につくのが英語では一般的であり、主節で否定語を用いないことの

250

多い日本語の影響を受けないように注意を促す指導が考えられる。（例：今夜、彼は来ないと私は思います。）他動詞miss〜は、「〜がいなくてさびしく思う」という意味になることが解説でき、一般的な別れに際しても汎用性の高い"I'm going to miss you." の表現を練習する機会ができるだろう。

また、ルイス・キャロル作『Alice's Adventures in Wonderland』の中で、以下の記述がある。

...... Alice began to get rather sleepy, and went on saying to herself, in a dreamy sort of way, 'Do cats eat bats? Do cats eat bats?' and sometimes 'Do bats eat cats?' for, you see, as she couldn't answer either question, it didn't much matter which way she put it.

（…アリスはだんだんねむたくなってきて、もうろうとしながら、まだひとりごとでぶつぶつ、「ネコってコウモリたべるのかな、ネコってコウモリたべるのかなあ」それがときどき、「コウモリってネコたべるのかな」だったりしてね。アリスにはどうせ答えられないわけだから、どっちが先でもかまわないようなものだけれどね。矢川澄子訳）

眠くなってきたアリスは、cats / kæts /（ネコ）と bats / bæts /（コウモリ）が / k / と / b / の音だけが違う最小対立語であるからか、主語と目的語の関係を入れ替えてしまう面白さがあるが、これは日本語訳では伝わらない。

文学作品については、いきなり英語の原著で読むことはかなりの英語力が求められるので、まずは翻訳を読んでから、原著に基づく映画を鑑賞してから原著を読むことも一法である。また、原著をやさしく書き換えたものを読むこともよい。

〈2〉語彙と発音

①語彙

例えば「なす」は、主として、米語ではeggplant、英語ではaubergineが用いられることが多い。英語話者はeggplantを容易に理解するようだが、米語話者にとってaubergineは、聞いても容易に理解できるとは限らない。

このように、まったく別の単語がある場合は、その単語を知っているかが問題となる。他にも、「〜を車で送る」は、米：give 〜 a ride、英：give 〜

a liftとなる例がある、また、同じ単語であるのに、異なる意味を表現する場合があり、意思疎通に支障をきたさないように知っておく必要があるだろう。例えば、建物の階を表現するにも、米語と英語で以下のように異なる。

米語と英語における建物の階の表現比較

～階に	米語	英語
3階に	on the third floor	on the second floor
2階に	on the second floor	on the first floor
1階に	on the first floor	on the ground floor

　場合によってはALTが米語話者か英語話者かを確認することが必要で、何階の教室に来てほしいのかなども、誤解なく伝えたい。

②発音

　例えば、scheduleの下線部の音節は、主として、米語では/ské/と発音され、英語では/ʃé/と発音される。Todayの下線部の音節も、オーストラリア英語では/dái/と発音されることがある。最近では、英語もオーストラリア英語も、若い世代は米語寄りに発音する傾向が見られる。さらに、俗にSinglishと呼ばれるシンガポール英語特有の発音や表現もあり、いわゆるWorld Englishesへの対応も求められる。

〈3〉異文化理解と文化的背景が表れる英語表現

①異文化理解

　例えば、自動車が車道の右側を通行するか、左側を通行するかは国によって異なる。食べるものが制限される宗教もあり、対応に努力している日本の飲食店もある。日本の学校給食においても、原則全員が同じメニューを食べる光景は、他の文化圏の人々の目には特異に映ることもありうる。日本の学校給食は、初級の栄養学、食事のマナーや地域の特産品等、「食育」の視点から学びの要素も多く意図されている。また、日本の学校では、一般に児童・生徒たちの手により、自分たちが学ぶ学校を、愛情込めてきれいにするという意味で清掃が位置づけられているが、他国ではこの限りではない。加えて、頭は神聖な部位と考えられ、頭をなでることが侮辱行為ととられる国もあり、学校教員として知っておきたい。

日本の「福笑い」に似た遊びとして、英語圏の目隠しをしてロバの自然な位置に尻尾をつける遊びなどを ALT に紹介してもらうことも期待できる。このように、文化の異なる面に着目する一方、重なる面にも目を向けたい。

②色に関する日英語比較

日本語でも使われるようになったペール・オレンジ（うすだいだい）は、英語では pale orange や ivory という。pale は「淡い、青ざめた」などの意味があり、顔色の悪い相手に対して、"You look pale. What's the matter?"（顔色が悪いね。どうしたの？）などと言うことがある。be white as a sheet（顔面蒼白である）は日本語に似ている。

虹の色に関しても、violet（紫）、indigo（藍）、blue（青）、green（緑）、yellow（黄）、orange（橙）、red（赤）の頭文字をつなげて、英語圏では vibgyor と覚えることがある。さらに、紫外線（ultra violet, UV）、infrared rays（赤外線）の存在など話を発展させることができよう。

色に関するイメージが日英語で異なる場合があり、色を含む英語表現も話材になる。シェークスピア（Shakespeare）は、その作品で "the green-eyed monster"（緑の目をした怪物）を「焼きもちやき」の意味で表現し、英語では緑は嫉妬をイメージさせる。他に色にまつわる表現には次のような例がある。tell a white lie（罪のないうそをつく）、see red（激怒する）、paint the town red（大騒ぎをする）、black tea（紅茶）、have a green thumb（園芸が得意である）、be in the pink（とても健康である）。

③文化的背景が表れる英語表現

例えば、「あなたの番です。」と表現する場合、"It's your turn." が思い浮かぶが、テニスから来た別の表現で、"The ball is in your court."（ボールはあなたのコートにあります。→あなたの番です。）とも言える。

また、"Who is in the soap opera?"（その昼ドラには誰が出ているの？）の a soap opera とは、かつてアメリカやイギリスで在宅の可能性が高かった主婦層をターゲットとして、昼下がりの時間帯に放送されるドラマのスポンサーが日用品である石けんを販売する会社が多かったため、このように呼ぶようになった。opera はドラマを高尚な言い方で表現したもので、こうした知識は Small Talk でも生かせる。

〈4〉自文化発信

　例えば日本でよく見かける「招き猫」に興味を持つ外国人は少なくない。初級の学習範囲では"A manekineko is a lucky cat. It brings good luck."のような英語の説明が考えられる。

　また、日本の文化事象を英語で発信する際、説明に必要な知識を日本語でも持ち合わせていないことがある。日本文化を英語で説明する時は、外国人が興味・関心を持ちそうな点を予想し、もし相手の文化圏に似たものがある場合、□-like_____ （〜のような_____）を使って例えることも一法である。

　"*Okonomiyaki* is a pizza-like food."（お好み焼きはピザのような食べ物です。）
　"*Tokoroten* is a jelly-like food."（ところてんはゼリーのような食べ物です。）

　富士山の高さを問われて、英語で答える際、"It's 3,776 meters high."とメートル法で答えてしまいがちだが、feetでの高さを問われる可能性もある。その際、以下の2つの質問の答えを組み合わせて、富士山の高さを表現することができる。

　"How many months are there in a year?"
　（一年には何カ月ありますか？）
　"Then, how many days are there in a year?"
　（では、一年には何日ありますか？）
　"So, Mt. Fuji is around 12,365 feet high."
　（よって、富士山の高さはおよそ12,365フィートです。）

Let's give it a try!

1. 意味が同じでも米語・英語で異なる語が用いられる例を調べて発表しなさい。
2. 英語圏の文化的背景が表れている英語表現を調べて発表しなさい。
3.「さしみ」「がり」「除夜の鐘」など、発信したい日本文化を英語で説明しなさい。

50 異文化コミュニケーション・異文化交流

目標 ・世界の文化の多様性や異文化コミュニケーションの現状と課題を理解している。
・多様な文化的背景を持った人々との交流を通して、文化の多様性及び異文化交流の意義について体験的に理解している。

学びのキーワード □教科書教材に見る異文化コミュニケーション □ALT・留学生
□ICTの活用

〈1〉異文化コミュニケーションの重要性

　グローバル化が急速に進展する中で、英語によるコミュニケーション能力は、これまで以上に重要な資質・能力であると認識されている（中教審答申、2016）。また、英語を用いた異文化コミュニケーションや異文化交流を通して、生徒が「外国語の背景にある文化に対する理解を深め」文化や価値の多様性に気付き、異文化を受容する態度を養うようにすることは重要である。国際共通語である英語を用いた異文化コミュニケーション能力の育成は現代社会において不可欠であり、教師自身も異文化コミュニケーションや異文化交流を体験し、その現状と課題を知ることが求められている。

〈2〉異文化コミュニケーションとは?

　学習指導要領（H. 29年度版）では「文化」を「外国語の背景にある文化」であるとしている。また、英語は国際共通語であるという認識から、英語を母語とする人々の文化のみならず、英語を用いる様々な人々の文化と捉えることができる（小学校学習指導要領解説〈H. 29年度版〉）。その上で「異文化コミュニケーション」を考えると、英語を母語とする人々と英語を母語としない人々が、それぞれの文化的背景を持ちながら英語を用いて行うコミュニケーションのことであるといえる。併せて、英語を母語としない人々同士が英語を用いて行うコミュニケーションでもあり、さらに、英語圏の人々同士であ

っても異なる文化的背景を持つことが考えられることから、英語を母語とする人々同士の「異文化コミュニケーション」もありうることになる。

英語母語話者と非英語母語話者のコミュニケーションの場合、非英語母語話者は、英語母語話者の英語の特徴や話し手の発想や振る舞いなどを理解しコミュニケーションを行うことになる。また、その逆の立場も同様で、英語母語話者は、非英語母語話者の用いる英語の特徴を理解し、相手の発想や振る舞いを理解してコミュニケーションを行うことになる。

つまり、「異文化コミュニケーション」とは、コミュニケーションに関わる者同士が、相手に配慮し合って行われる情報や考えの伝え合いであるということができる。非英語母語話者同士の場合は、用いられる英語の特徴は様々であり、また、その英語を用いる人々の文化的背景も多様であることから、英語でコミュニケーションを行うことはより困難になることが予想される。

例えば、「慣れない発音であるために聞き直したり、相手に通じやすくするために発言中に表現を変えたり、あえて単語を並べたり」(藤原, 2017)するなど、コミュニケーションの当事者同士が「使用できる言語レパートリーを駆使して、なんとか歩み寄りながら、コミュニケーションを図る」ことが必要となる。この歩み寄りを行うことが「異文化コミュニケーション」を行うことに他ならない (藤原, 2017)。生徒は、母語話者や母語話者以外と行う「異文化コミュニケーション」を通して、文化の多様性や価値の多様性に気付き、異文化を受容する態度を養うことにつながる。

〈3〉異文化コミュニケーション、異文化交流の実践

①教科書の題材の活用

現行の中学校英語教科書の登場人物は、英語圏に限定されておらず幅広い出身国・文化背景を持たせて設定されている。例えば、『NEW HORIZON (R. 3年度版)』では、日本人の中学生に加え、フィリピン、アメリカ、オーストラリアの出身の人物が登場する。フィリピン、オーストラリア人は中学生と同級生の設定であり、アメリカ人はALTの設定であり、他にも海外へ留学中の家族や海外の姉妹校の生徒が登場するなど、多様な文化背景を持つ異なる世代や立場の人々が、英語を用いてコミュニケーションを図る場面や状況が教科書の題材となっている。

H.28年度版の教材ではあるが、次の中学1年生の対話文を見てみよう。

"Becky"は、この春カナダから家族で日本に移り住み、"Ichiro"がいるクラスに転入してきた生徒という設定である。

　これは、IchiroとBeckyの日々の朝食についての話題である。カナダから来たBeckyは和食、日本人であるIchiroは洋食を食べるという内容である。語彙や文型の指導、あるいは、英語の内容理解の確認のみで指導を終了するのではなく、

> Becky: What do you usually have for breakfast?
> Ichiro: I have toast and milk.
> 　　　　How about you, Becky?
> Becky: I have rice and *miso* soup.
> Ichiro: (1) How about *natto*?
> Becky: I sometimes have it.
> Ichiro: (2) I love *natto*.
> Becky: (3)
>
> Unit 4『NEW HORIZON English Course ①』(H. 28) 東京書籍 一部改

この教材を出発点として、日本や外国の文化について考える活動に発展させたい。

　例えば、教師が「対話の中に"Really?"を加えるとすると、どこに入れるか」という発問を行うことで、生徒は対話が行われている「目的、場面、状況」を考え、その過程で対話する2人の異なる文化的背景について考えることになる。どのタイミングで誰に"Really?"と言わせるか、正解があるわけではなく、生徒たちは思考力を働かせ、様々な場面・状況を想定して会話を読み直し、発話者の気持ちも推測することになる。

　例えば、(1)では、「この春、来日したばかりのBeckyの朝食が和食である」という驚きを表す"Really?"と考えられ、(2)では、「ベッキーの朝食が和食であるだけでなく、外国人では苦手な人が多いといわれる「納豆」まで時として食べることへの驚き」を込めた"Really?"であると解釈することも可能である。さらに、Beckyが(3)で"Really?"と言ったとなると、「トースト&ミルクの朝食を食べるIchiroが、実は、"I love *natto*."と言うアンバランスさへの驚き」ということにもなる。

　いずれにしても、"Really?"をどのタイミングで、誰に言わせるかを生徒に考えさせることで、それぞれの「ひと言」に表される心情やなぜそこで"Really?"と言わせたか、その考えのもとになる外国人の食生活に関するイメージや考え方を出し合い、それぞれの捉え方について考える機会とすることができる。その上で、外国の人々が和食に対して持つイメージや日本に住む外国の人々が実際に和食を食べているのかなどについて、様々な方法で実際に調べたり、ALTや外国の人々にインタビューしたりすることで、教科書

の題材を出発点にして異文化について考える機会とすることができる。

　藤原（2017）では、「学校現場で取り扱う『コミュニケーションを行う目的、場面、状況』」は、さらに多様な想定が必要であるとしている。例えば「日本の中学校で、オーストラリア人、インド人、韓国人の留学生と日本人が京都への修学旅行の予定を英語で話し合う」（同、p. 52）など、さらに多様な異文化コミュニケーションの場面を教科書の題材として扱うことが必要となるであろう。

②ALTや留学生との交流

　ALTや地域に住む外国人や留学生などを学校に招き、海外の生活の様子や様々な文化などを直接学んだり、逆に、これらの人々に対して、生徒が生活する地域の特徴や祭りなどの伝統行事について英語で紹介する活動をしたりすることが考えられる。これらの人々と直接コミュニケーションを行うことは、生徒にとって貴重な異文化コミュニケーションの機会となる。伝える相手が実際にいることで、英語使用の必然性が高まると共に相手に配慮したコミュニケーションを実際に行わせることができる。

　相手に配慮したコミュニケーションを行うためには、伝えようとする話題について思いつく内容を漠然と語るのではなく、聞き手が知りたい内容や興味ある内容に焦点を当てて紹介を行うなど「聞き手に配慮した内容」となるように工夫をすることが大切である。例えば、聞き手となるALTや留学生などに事前に英語でアンケートを取ったり直接聞き取り調査を行ったりした上で紹介する内容を構成するなどの指導をすることが可能である。

③ICTを活用した異文化交流

　ICTを有効活用することにより海外の人々と交流を図り、実際に異文化を持つ人々と直接交流することが可能となる。GIGAスクール構想により、学校の通信環境の充実が図られ、テレビ会議システムなどの活用により、日本の教室と海外の人々とを画面を通してリアルタイムでつなぎ交流することが容易になってきた。

④文部科学省（2020）の内容

　文部科学省（2020）『外国語の指導におけるICTの活用について』の中では、高等学校における海外の学校との交流や、小・中学校における遠隔地の児童

生徒の交流やALTとweb会議システムでつなぐ実践が紹介されている。このように直接海外の人々と交流を行うことは、生徒にとって多様な文化の存在を現実のものとして感じる良い機会となる。

　このような異文化交流を実施するには、教師による相手方との事前の準備や打ち合わせが欠かせないものである。多忙な公務の中では大変な仕事ではあるが、準備段階で行われる先方とのコミュニケーションは、教師にとって貴重な異文化交流の実践の場であるともいえる。

〈4〉教員志望学生の
　　異文化コミュニケーション力の育成のために

　英語教員を志望する学生においては、学内の交換留学生、他大学の交換留学生など様々な文化的背景を持った人々と実際に交流する機会を積極的に持つことが肝要である。また、最近では、小・中学生の英語に触れる機会や異文化交流の場面の充実のために、自治体や様々な団体が、長期休暇中などに、児童生徒が様々な活動を通して英語を用いた交流を行う「English Camp」などのプログラムを実施している。そこではALTや留学生に合わせて「学生リーダー」も参加し、ボランティアとして児童生徒の英語によるコミュニケーションの支援にあたることがある。児童生徒と共に自らも異文化交流を体験できる場面となる。このような機会を捉えて自らの異文化コミュニケーション力の向上に努めることができる。

| Let's give it a try! |
----

1. 中学校英語科教科書から異文化コミュニケーションを扱った題材を探しなさい。
2. 異文化コミュニケーションを扱った題材を活用し、生徒の理解を深める学習指導案を作成しなさい。
3. ICTを活用した中・高校生の異文化交流の事例を調べ、紹介しなさい。

さまざまな教授法

学びのキーワード　□文法・訳読法　□オーラル・アプローチ　□コミュニカティブ言語教授法　□内容中心教授法

〈1〉教授法の枠組み

　指導目標や生徒の特性等に応じた授業実践を行う際は、1つの教授法を単独で用いるよりも、幾つかの教授法を、それらの利点・課題点を把握した上で、折衷的に組み合わせる方が現実的かつ効果的である。このような視点に立ち、本章では、これまでに提唱された主な英語教授法（指導法とも呼ばれる）を概観する。教授法（Method）は時代や研究者／実践者によって定義が異なるが、本章では、Richards & Rodgers（2014）を参考に、アプローチ（Approach）、デザイン（Design）、指導手順（Procedure）の3つの下位概念をまとめた全般的な指導計画と定義する（図1）。Approachは言語や言語習得に対する基本的な考え方を指す理論的概念である一方、DesignとProcedureは実践レベルの概念として位置づけられる。Designは、アプローチ（Approach）に基づくシラバスの構成や教授内容、教材配列などを考慮する設計図を指し、Procedureは、指導過程における技術や実践など、ApproachやDesignを実現する一連の指導手順を意味する。

図1. 教授法の全体像

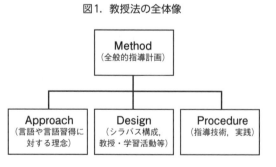

〈2〉英語教授法の概観

　最も古くから用いられている英語教授法は文法・訳読法（Grammar

Translation Method: GTM）である。GTMは、古典語（ギリシャ語、ラテン語）の教授法から発達し、日本に限らず諸外国で広く採用されている伝統的教授法である。演繹的な方法によって文法規則が提示され（㉚参照）、母語を介して英文を翻訳することで内容理解を促す方法が用いられる。語彙力やメタ言語知識（言語を分析的に捉える力）・体系的な文法知識の向上、大人数クラスで実施可能などの利点がある一方、文法規則の理解・暗記、訳出作業のみで学習が留まり、実際のコミュニケーションの場面で応用できる英語運用力の向上は図りにくいという課題がある。

　GTMの課題点を克服すべく19世紀後半に提唱されたのが、母語を介在させずに英語（目標言語）のみを用いて指導する直接法（Direct Method）（ナチュラル・メソッドとも呼ばれる）である。英語に豊富に触れることで自然な習得を図る、幼児の第一言語習得過程をモデルとした指導法である。指導では、音声面（聞く、話す）を中心とし、視覚補助（絵や実物など）や動作、問答のやり取りなどによる具体・抽象語彙の導入や、帰納的アプローチによる文法指導（㉚参照）が展開される。音声インプットを豊富に浴びながら語彙知識や（「話すこと」による）表現力を醸成できる一方、入門期を過ぎ、学習内容が高度化・複雑化する段階において問題が生じる。例えば、母語使用や系統的な文法指導が排除されていることにより、内容理解に時間がかかり学習者への負担が増加する。さらに、指導者が英語話者でない場合、指導者の英語運用能力によって授業の内容や質にばらつきが出る。

　その後、直接法を基盤として開発されたのが、1922年（大正期）に来日したイギリス人のパーマー（Harold E. Palmer）によるオーラル・メソッド（Oral Method）である。オーラル・メソッドは、言語習得の5習性（①聴覚による観察、②口頭での模倣、③口頭での反復、④（語彙・表現の）意味化、⑤類推による作文）を身に付け、有意味な文脈で運用できる能力を体得することを目指す。学習者の実態に応じて母語使用や文法指導を許容し、定型会話練習や、わかりやすい英語を用いて短時間（5〜10分）で教材を（口頭）導入するオーラル・イントロダクション（⑤，㉚参照）などの言語活動を行うことが特徴である。現在の日本の外国語教育に根付いている指導技術を生み出した教授法である一方、定型表現による練習が重視されすぎると、学習者の自由で創造的な発話が制限されてしまうという批判もある。

　1940年代に米国ミシガン大学のCharles Friesらによって開発され、世界各国の外国語教育に影響を与えた教授法がオーラル・アプローチ（Oral

Approach, または Audio-Lingual Method とも呼ばれる）である。オーラル・アプローチは、言語習得を習慣形成と捉える行動心理学の学習理論と、言語構造を成す諸要素（音素、形態素、語、句、文など）とそれらの組み合わせ（パタン）を記述・分析する構造言語学の言語理論の裏付けを得て提唱された教授法である。音声中心で口頭ドリルを重視する点においてオーラル・メソッドと共通している。新出語彙や基本文は、口頭で模倣・記憶する練習（ミム・メム：mimicry and memorization）や、パタン・プラクティス（表1）を通して定着を図る。

　このような口頭練習は、PPP（Presentation-Practice-Production）の指導過程（**30**参照）では、文法項目を提示（Presentation）した後のPractice（練習）の段階で行うとよい。文構造に偏重すると意味が軽視されるため、過度に行うことは避けなければならない。

表1.　パタン・プラクティスの例―代入（左）＆転換（右）―（金谷他, 2013）

T: I like <u>dogs</u>.	T: Hana likes English.
S: I like dogs.（繰り返し）	S: Hana likes English.
T: Cats（絵カードを見せる）	T: Question.
S: I like cats.（下線部を置き換えて言う）	S: Does Hana like English?（疑問文に変化させて言う）

〈3〉コミュニカティブ言語教授法
(Communicative Language Teaching)

　文法・訳読法やオーラル・アプローチなどで行う形式重視／偏重の演習への批判から発展した教授法として1970年代に登場したのがコミュニカティブ言語教授法（Communicative Language Teaching: CLT, Communicative Approach とも呼ばれる）である。CLTは言語能力だけでなく、次ページで示すような下位能力の育成も重視し、実際の場面で英語を適切に活用できるコミュニケーション能力の育成を図る教授法である（Canale & Swain, 1985, Byram, 1997）。

```
┌─────────────────────────────────────────┐
│            コミュニケーション能力          │
└─────────────────────────────────────────┘
```

- 言語能力： 　　発音、語彙、文法などの言語体系を適切に運用する能力
- 談話能力： 　　一貫性のある対話を構成する能力
- 社会言語能力： 文脈や場面に応じて適切な表現を使い分ける能力
　　　　　　　　（例：丁寧さ、書き言葉と話し言葉の違いなど）
- 方略的能力： 　言い換え、聞き返し、ジェスチャーなどの方法を補修
　　　　　　　　的に用いてコミュニケーションの目的を達成できる能力
- 機能能力： 　　場面に応じて、言語の働き（相づちを打つ、お礼を言
　　　　　　　　う、報告する、賛成・反対する、招待するなど）を適
　　　　　　　　切に果たすことができる能力
- 多様な言語や文化、価値観などを尊重する態度

　CLTでは、実際に英語を活用して情報や考えを表現し伝え合う活動が中心となる。PPPのPractice（練習）の段階において、パタン・プラクティスの後に文脈情報（使用場面の設定）を加えて行う練習や、Production（産出）の過程で定着を促すために実施される言語活動が該当する。表2に主な活動例を挙げる。

表2. CLTにおける主な活動例

指導過程	活動例
Practice （練習）	▪ インフォメーション・ギャップ活動 (information gap activities) ペア・ワークにおいて、一部情報が欠けているワークシートを互いに持ち、英語を用いたやり取りを通じてその差を埋める活動 ▪ ダイアローグ完成タスク 教科書などの対話文の一部を空所にし、適語を入れながら対話を完成する活動 資料1. インフォメーション・ギャップ活動
Production （産出、 発展活動）	▪ ロール・プレイ活動 (role play) ペアや少人数グループで役割を決めて対話文（教科書本文のDialogueなど）を読んだり演じたりする活動 ▪ タスク型の活動 (Task-Based/Task-Assisted Learning) 現実世界を意識した文脈において、獲得した知識や技能を活用して目的の達成や問題解決を図る活動、パフォーマンス課題（例：地域紹介のポスターを作る、旅行の計画を立てる）(Ellis, 2003, 西岡, 2016)

現実に即した文脈で英語を活用する機会を提供することは、コミュニケーションの目的や場面に応じた英語運用能力の向上に有効である。その一方で、文法や語彙などの言語形式については明示的な指導が行われないため、流暢さは伸びても正確さや複雑さは伸び悩むことがある。この課題を克服すべく、1990年代以降は意味中心のやり取りに文法指導を組み込む指導法（フォーカス・オン・フォーム）が提唱され注目されている（Long, 1991）（**30**参照）。

〈4〉内容中心教授法 (Content-Based Instruction: CBI)

内容中心教授法は、目標言語を（語学の）教科として学ぶのではなく、他教科の内容を目標言語を媒体として学ぶことで、言語能力と学年相応の教科内容の習得を図る教授法である。1960年代にカナダで始まった、英語を母語とする子供たちがフランス語で教科教育を受けるイマージョン教育はその代表的な例である。CBIと関連が強くヨーロッパを起源として発展している教授法が内容言語統合型学習（Content and Language Integrated Learning: CLIL）である。CLILは内容（Content：教科やテーマに関する内容）と言語（Communication）の両方に焦点を置くと共に、Cognition（低次・高次思考力）とCulture /Community（異文化理解、共同学習、地球市民意識）も含む4Cの育成を図る教授法である（Coyle, Hood & Marsh, 2010）。

近年は日本の外国語教育でも応用されており、小学校の外国語教育においても他教科と連携した多様な実践が進められている（安達ほか, 2020）（**15**参照）。

Let's give it a try!
- -

- コミュニケーション活動において生徒の発話の正確さを向上させるためにはどのような指導が効果的か考え、その特徴（概要、利点、課題点など）をまとめなさい。
- 中・高等学校の英語の授業におけるCLILの実践例を調べ、その特徴（概要、利点、課題点など）についてグループで話し合いなさい。

52 効果的な教授法

目標 第二言語の教授法とその効果的な応用方法について理解している。

学びのキーワード □PPP □TBLT □タスク □気づき

〈1〉PPP

　日本に限らず世界中の第二言語の教師に最も人気のある指導法が、PPP、つまり、Presentation（提示）→ Practice（練習）→ Production（産出）の3つの段階を経る教授法だと言われている（鈴木, 2017）。以下に中学校の指導場面を想定してPPPの具体例を示す。

　提示段階では、教師が、目標学習項目（例えば、一般動詞の過去形）を、ダイアローグやストーリーを聞かせることで、導入する。具体的には、ALTが以下のようなオーラル・イントロダクションを生徒にしている場面を想定してほしい。

> I like badminton. I often play badminton with my brother. But, yesterday I played badminton with my sister. I never watch TV at home. But, yesterday I watched TV with my brother and sister. I usually use the bus but yesterday I walked to the school.

　このようなオーラル・イントロダクションを聞いた後に、一般的に、指導者は、生徒に内容確認をしながら、「過去のことを言う文には、動詞に (e) d がつく。この形を動詞の過去形と言うよ。」というような文法説明をする。指導者による説明等を通して、ルールに関する知識を身につける段階である。

　練習段階では、生徒が目標学習項目を使って様々な練習を行う。例えば、『NEW HORIZON English Course ①』では、次ページの基本練習が用意されている。

　練習段階では、このような口慣らし、空所補充、並び替えなどの、いわゆるパターン練習が多い。

Practice [例] I visited the museum yesterday.

戸田先生も以前ロンドンに旅行をしたときのことを話しています。

①travel / to London / in 2012　　　②enjoy / the Olimpics / there

③watch / a soccer game / on August 3

😄✎ 学校行事について、「私は…月に〜（行事名）を楽しみました」という文を言い、ノートに書きましょう。

　産出段階では、先週末の出来事について話し合ったり、夏休みの出来事について書いたりするなど、実際のコミュニケーションに近い活動を通して、学んだルールを自由に使う練習をさせる。

　PPP を支持する考えとしては、スキル習得理論（skill acquisition theory）がある。提示段階では、生徒はルールを学び、宣言的知識（ルールに関する知識）を身につける。練習段階では、様々な練習を通して宣言的知識が手続き的知識（実際の運用に関する知識）に変換される。産出段階では、コミュニケーション活動を通して、手続き的知識が自動化される（流暢な言語運用が可能になるという考え方である）。

〈2〉TBLT (Task-Based Language Teaching)

　TBLT とは、簡単に言えば、学習者にタスク（task）を行わせることで、やり取りを通した真の言語使用を行わせる指導法である。Ellis（2003）によれば、タスクには以下の4つの条件が整わなければならない。
① 意味伝達が第一義である。
② 何らかのギャップがある。
③ 学習者が自分の使いたい言葉を選択する。
④ 言語とは直接関係ない目標を設定する。

タスクを理解するのに、He [play] tennis yesterday. のような文が与えられて、play を played に変換させるような練習と対比して考えるとわかりやすい。このような練習は以下の理由により、タスクの条件を満たしていない。第1に、学習者が意味を伝達する要素はほとんどない（①）。第2に、意味はすべて与えられているため、埋めるべき意味情報のギャップもない（②）。第3に、語句や表現は与えられ、play を played にいわば操作するだけである（③）。第4に、目標は、play を正しく played に変換できるかという正確さである（④）。

では、『NEW HORIZON ①』にある次のような練習はどうだろうか？

Speak&Write

1　次のイラストについて、ビンゴゲームをしましょう。

例にならってペアで話し合い、2人とも1週間以内にしたことには☑をつけましょう。

縦、横、斜めの列でいくつビンゴができるかな。

例 A : I had breakfast this morning.
　　B : I had breakfast this morning, too. (☑をつける) Next, I brushed…

have breakfast	brush my teeth	clean our classroom
take part in my clib activity	study at home	wash the dishes
watch TV	take a bath	go to bed before 11 p.m.

※『NEW HORIZON ①』をもとに作成。

この練習では、まず、1週間以内にしたことを互いに伝え合っているので、意味伝達の要素はある（①）。次に、イラストの行動をペアの相手がしたかどうかは完全にわからないので、対話間での情報のギャップもある（②）。さらに、2名とも1週間以内にしたことの数でビンゴゲームをするという目的があるので、言語とは直接関係ない目標が設定されている（④）。このような意味で、この練習はタスクの要素をかなり含んでいるといえる。しかし、イラストの下に、have breakfast、brush my teethと目標表現が指定されており、生徒が使いたい語句や表現を使うことができない（③）。

　次に、4条件を満たしたタスクの一例を次に示す（中務，2017も参考のこと）。

学習者A（ホームステイ生徒役）
　ホームステイでは家族の一員として様々なことが求められます。ホストマザーに以下のことができると伝え、実際にやるようにお願いされたことに✔をつけましょう。
1.□clean my room　2.□walk a dog　3.□fix lunch
4.□make my bed　5.□do the laundry　6.□wash dishes

学習者B（ホストマザー役）
　ホストマザーとして、ホームステイの生徒に様々なお願いをしなければなりません。生徒にお願いできないことに✔をつけましょう。
1.□fix breakfast　2.□water flowers　3.□feed your cats　4.□do the laundry
5.□wash your car　6.□mow the lawn　7.□wash dishes

　この練習の目標は、ホームステイの生徒が手伝うようにお願いされたことと、ホストマザーが自分でしなければならないことを、やり取りを通して、見つけることが第一義である（④）。語句や表現が正しく使えるかはそれほど重要ではない。また、生徒ができることとホストマザーがお願いしたいことにはギャップがあるため（②）、お互いに意味伝達する必要がある（①）。さらに、I can/can't～. Can/Can't you～？等を使うことを想定しているものの、I always clean my room. I am good at cleaning my room. I like to clean my room.等様々な語句や表現を用いて、できることを自由に表現できる（③）。

　TBLTを支持する考えは、インタラクション仮説（interaction hypothesis）である（㉑を参照）。学習者が意味のあるやり取りを第二言語（例: 英語）で行い、その中で言葉に対する気づき（noticing）を高めていくことが、第二言

語習得につながるとされていることである。そのため、タスクを行っている最中に、そのような気づきを促すとされる教師によるフィードバック（teacher feedback）が重要視されている。

Let's give it a try!

----

1. PPPに基づいた指導法を、『NEW HORIZON English Course』の中から1つのUnitを選び、具体的に考えなさい。
2. 1の内容を、TBLTの観点で考え直しなさい。

学びのキーワード　□到達度テスト　□熟達度テスト　□テスト細目

〈1〉テストの種類

　テストの種類は様々あるが、本章では、「到達度テスト（achievement test)」と熟達度テスト（proficiency test）を取り上げる（他の種類や分類については、小泉・印南・深澤、2017を参照）。

　「到達度テスト」とは、一定の学習期間に授業で指導した内容（知識及び技能）がどの程度習得されているかを測るテストのことである。いわゆる、定期試験（中間・期末試験、小テスト）や模擬試験のことを指す。筆者自身もそうであったのだが、定期試験では点数が取れても、模擬試験ではなかなか点数が取れないという問題がある。このとき、教師は、この問題が起こる理由を生徒に説明するために、その原因を十分に理解する必要がある。

　その理由の１つ目として、出題範囲の違いが挙げられる。定期試験は教科書の何ページから何ページまでと出題範囲が狭い。一方、模擬試験は中学校１、２年生の内容というように出題範囲が広い。したがって、模擬試験のほうが生徒にとって困難になるのは当然であろう。２つ目の理由として、測る能力が異なっているということがある。定期試験は、学習指導要領に基づいて４技能バランスよい授業が行われていることを前提としているために、その４技能がバランスよく測られることとなる。一方、模擬試験は、入学試験を念頭に置いていたり、採点の負担や正確さの問題のためか、リーディングやリスニングが中心になりがちである。このように測定している能力が異なる場合、結果も異なるのは当然である。このような違いを念頭に、生徒には定期試験と模擬試験の成績のギャップについて適切に説明する必要がある。

　「熟達度テスト」とは、特定のコース、授業、カリキュラム、教科書等を前提としない、目標言語（英語）における能力を測定するテストのことである。

例えば、英検、GTECなどの外部試験がそれに該当する。㉕でも述べたように、それぞれのテストで測る能力や特徴が異なることに注意し、まずなぜ受験させるのかを明確にする必要がある。受験目的が明確になれば、どのテストが最も適切かは自然と決まるだろう。受験終了後は、その成績をもとに、生徒自身の英語力を把握させたり、前回の成績と比較することで英語学習の効果を実感させたりするなど有効に活用したい。

〈2〉テストの作り方

　小泉・印南・深澤（2017）によれば、テストは以下の手順に沿って作るとよい。（1）、（2）、（3）とスムーズにいくというよりは、それぞれを行き来して、よいテストが作られると考えたほうがよい。

（1）テスト細目を作る。
（2）テスト細目に沿って、出題部分を決め、テストを作る。
（3）解いてみて改良する。

---

(1) テスト細目 (test specifications) を作る

　テスト細目とは、テストの設計図のことで、以下の8項目を入れたい。以下では定期試験を念頭において、具体例を交えながら、記述する。

①テストの目的

　「成績評価に使う生徒の英語力を確認して、授業改善につなげる」など具体的に記述する。

②テストで測りたい能力

　「テスト範囲までの到達度」などと記載する。4技能ごとに設定したり、観点別評価を考慮し設定したりするとよい（㉟を参照）。

③対象者、④テスト範囲

　「中3」、「教科書40〜60ページ」などと記載する。

⑤テスト構成

　大問と小問ごとに測りたい能力、問題数、配点等を記載する。テスト用紙にも記述しておくと、教員にとってはフィードバックしやすくなるし、生徒にとっても何が求められているかが明確になる。

⑥**テスト形式、**⑦**実例**

　測りたい能力を測りやすいテスト形式を選ぶ（例：並び替え、選択式、空所補充式、和文英訳）。実例もあると見通しがつきやすい。

⑧**実施方法や採点方法等**

　生徒間や教員間で違いがでないように、採点規準を記述しておくことが重要である。例えば、スペリングミスは減点しない、目標項目以外は減点しない等を書いて周知しておくことが重要である。仮に過去完了形が目標項目であるなら、冠詞、複数形、前置詞などのミスがあったとしても、減点しなくてもよいだろう。

　スピーキングやライティング等のパフォーマンス評価であれば、以下のような評価規準（ルーブリック）を書いておくとよい。ルーブリックはテストの前に提示するか、テストの指示に入っているとさらによい。生徒に示す際は、例まで含めない、単純化したものがよいだろう。

例）語彙・文法

　2点：誤りがない。あっても、限定的である。

　　　　　例：She had worked as a programmer.

　　　　　　　She has worked as a programmer.

　1点：誤りが複数ある。

　　　　　例：She have work as a programmer.

　0点：誤りが多い。

　　　　　例：She work as a programmer.

（2）テスト細目に沿って、出題部分を決め、テストを作る

　当然であるが、（1）で作ったテスト細目に従い、テスト範囲からまんべんなく出題し、テストを作る。

（3）解いてみて改良する

　テストを作ったらそのままにするのではなく、見直して、改良する。そのためにも、問題は早めに作成する必要がある。理想的には、その学期が始まる前に、テストを作成しておくことが大事だろう。

　テストを見直す際は、まず、作成者自身がテストを解いて、模範解答を作る。その際、以下について気を付けるとよい（小泉・印南・深澤, 2017）。

・大問、小問のタイトルに明示した測りたい能力が測れているか
・テストは全体として見やすいか
・解きにくい設問はないか
・他の設問にヒントはないか
・量が適切か
・配点がテスト用紙に書かれているか
・記名欄や十分な解答欄があるか
・正解が一つと設定した問題に、複数の解答がありえないか

　次に、作成したテストを同僚に渡し、前もって解いておいてもらうことも重要である。テスト細目も渡すと、チェックがしやすいだろう。同僚にチェックしてもらうことの利点は、出題者自身の傾向や癖に気づくことができるということである。同僚のチェックを受けて改良すると、よりよいテストを作ることができるだろう。

〈3〉テスト実施後の注意点

　テスト実施後、ルーブリック通りに採点し、得点の記録を行って平均値を計算し、得点や平均値だけを生徒に返却するかもしれない。しかし、それだけでは不足の部分もある。なぜなら、テストの教育上の目的は、テスト結果に対する適切なフィードバックを行うことで、生徒の学習を促進することにあるからである。観点別評価や評価規準ごとの得点を出したり、テスト前の学習についての自己評価を書かせたり、今後の課題をまとめさせるようなことをさせるとよいだろう（詳細は小泉・印南・深澤，2017）。
　さらに、教師は、時間を見つけて、テスト結果を分析し、テストや評価方法を検討したり、テスト結果によっては指導方法や年間指導計画等を見直したりすることが必要である。

Let's give it a try!
----

1. 中間・期末テストの成績はよいのにもかかわらず、外部試験（例：英検など）に合格しないと悩んでいる生徒がいる。その生徒に対してどのようなアドバイスをするか考えなさい。
2. 〈2〉テストの作り方を参考にして、実際にテストを作りなさい。

　全国的に見ると、小学校で中学校（高等学校）英語の教員免許を有している教員はわずか8%程度だと言われています。しかし特に教科となった小学校高学年では英語専科が教えた方がいい、という声も高まっており、教科担任制の導入も画策されています。

　ただ、少なくとも現状では英語の教員免許を有する教員だけで小学校外国語を担当することは不可能です。8%では圧倒的に人数が足りません。そもそも小学校高学年の教科担任制は外国語に限ったものではありませんし、一言に教科担任制と言っても様々な形が考えられます。例えば、英語の教員免許を持っているか否か、学級担任を持っているか否か、他教科を掛け持っているか否か、学校を掛け持っているか否か、だけでも以下のように16通りの教科担任制の可能性が考えられます。

英語の免許	担任	他教科掛け持ち	学校掛け持ち	
○	○	○	○	学級担任小中併設校型①
○	○	○	×	学級担任授業校内交換型①
○	○	×	○	学級担任英語専科校区巡回型
○	○	×	×	学級担任・英語専科型
×	○	○	○	学級担任小中併設校型②
×	○	○	×	学級担任授業校内交換型②
×	○	×	○	学級担任英語担当校区巡回型
×	○	×	×	学級担任英語担当型
○	×	○	○	複数教科専科校区巡回型
○	×	○	×	複数教科専科校内型
○	×	×	○	英語専科校区巡回型
○	×	×	×	英語専科校内型
×	×	○	○	複数教科担当校区巡回型
×	×	○	×	複数教科担当校内型
×	×	×	○	英語担当校区巡回型
×	×	×	×	英語担当校内型

以上の表からもわかるように、学年内での授業交換から、英語専科加配の

学校巡回型まで、様々な形式が考えられるのです。また、小規模校や複式学級を有する学校で教科担任制を実施しようとすれば、近隣中学校の先生方の手助けも必要不可欠ですが、現状ではかなり無理があるのも事実です。このような現状では、簡単に教科担任制へ移行する、というわけにはいかないことは明らかです。

　以上のような状況を考えると、今回のコア・カリキュラムに基づいた教員養成課程での教員養成と、現場での教員研修の改革は大きな役割を担っていることがわかります。つまり、英語の教員免許のあるなしにかかわらず、小学校外国語教育の担う人材を育成し、そして小学校と効果的な連携をなし高等学校へとつないでいける中学校外国語教育の担い手を育成するという、大変重要な役割があるのです。

　しかし見回してみるとコア・カリに準拠した書籍はほとんどない。そこで2019年3月、コア・カリ準拠の本書初版本が刊行されました。出版のゴーサインを出していただいた当時の千石社長。そして今回も大変お世話になった小島部長をはじめ編集の金井さん、瀧澤さんには本当に感謝しています。

　そしてこのたび、小・中学校の教科書も改訂されたことから、本書の改訂版を出版することとなりました。執筆メンバーは前回と同じく巽徹先生、鈴木渉先生、林裕子先生、矢野淳先生、私中村典生の5名。この執筆メンバーは皆、小学校英語教育学会（JES）や全国英語教育学会（JASELE）で顔を合わせる気心が知れた面々で、各所属大学では教員養成課程の主要教員です。この5名の最たる特長は決して研究室に入り浸っているタイプではなく、極めて「アクティブ」であるということです。常に現場に出かけ、現場の先生方とともに語り合って授業作りをし、指導助言もし、児童生徒についてどのように教えるのがいいかを考えている。そんなメンバーで作り上げた一冊ですから、本書には単なる机上の知識ではなく、現場目線で授業に役立つ実践の情報が詰まっていると自負しているところです。

　最後に、今回も編集に大車輪の活躍をしていただいた金井さんにあらためて心より御礼申し上げます。本当にありがとうございました。最高の編集・執筆メンバーで仕事ができたことが誇りです。

2022年2月　長崎大学　中村典生

引用・参考文献

第1部　小学校における英語教育　［1］外国語の指導法

1 小学校学習指導要領（外国語活動と外国語科）
・文部科学省（2017）．『小学校学習指導要領（H.29年度版）』．

4 小学校教員に求められる英語力
・松川禮子・大城賢　共編著（2008）．『小学校外国語活動実践マニュアル』pp.47-48．旺文社．

5 音声によるインプットのあり方
・阿野幸一（2015）．「コミュニケーションのための英文法指導」『英語教育の実践的研究』pp. 69-103．溪水社．
・石井英真（2015）．『今求められる学力と学びとは―コンピテンシー・ベースのカリキュラムの光と影』日本標準．
・Krashen, S. D.（1985）．*The input hypothesis: Issues and implications.* London: Longman.
・Larsen-Freeman, D.（2003）. Teaching language: *From grammar to grammaring.* Boston: Thomson/ Heinle Boston.
・村野井仁（2006）．『第二言語習得研究から見た効果的な英語学習法・指導法』大修館書店．
・Gass, S.（1997）．*Input, interaction, and the second language learner.* Mahwah, NJ: Erlbaum.

6 音声によるアウトプットのあり方
・Cameron, L.（2003）. Challenges for ELT from the expansion in teaching children. *ELT Journal,* 57, pp. 105-112.

7 言語使用を通した言語習得（言語活動の充実〜目的・場面・状況を踏まえて）
・文部科学省（2011）．『言語活動の充実に関する指導事例集〜思考力、判断力、表現力の育成に向けて』．

9 国語教育など他教科との連携等によることばの面白さや豊かさへの気づき
・矢野淳（2007）．「小学生の発達特質にどう配慮するか」影浦攻・小学校英語セミナー委員会編『小学校英語セミナー』No.24, p.15, 明治図書出版．
・米山朝二（2011）．『新編　英語教育指導法事典』pp. 361-362．研究社．

10 児童や学校の多様性への対応とICTの活用
・Baddeley, A.（2000）. The episodic buffer: A new component of working memory? *Trends in Cognitive Sciences, 4,* pp.417-423.
・Baddeley, A.（2012）. Working memory: Theories, models, and controversies. *Annual Review of Psychology, 63,* pp.1-29.
・Baddeley, A. D., & Hitch, G. J.（1974）. Working memory. In G. H. Bower（Ed.）, *The psychology of learning and motivation* pp. 47-89. New York: Academic press.
・Carroll, J. B., & Sapon, S. M.（1959）. *Modern language aptitude test.* The Psychological Corporation.
・Deci, E., & Ryan, R. M.（1985）. *Intrinsic motivation and self-determination in human behavior.* New York: Plenum.
・Dörnyei, Z.（2005）. *The psychology of the language learner: Individual differences in second language acquisition.* Mahwah, NJ: Erlbaum.

- 林裕子 (2015).「小・中学生における外国語学習に対する動機づけとコミュニケーションへの積極性の関係」『第41回全国英語教育学会熊本研究大会発表予稿集』pp.162-163.
- Hayashi, Y., & Kuradomi, Y. (2017). Interactive Book Reading and Vocabulary Development in Primary Foreign Language Classrooms. *LET Kyushu-Okinawa BULLETIN, 17,* pp. 35-48.
- Kormos, J., & Smith, A. M. (2012). *Teaching languages to students with specific learning differences.* (Clevedon, UK ed.) Multilingual Matters.
- Krashen, S. D. (1985). *The input hypothesis: Issues and implications.* London: Longman.
- 久保稔・金森強・中山晃 (2012).「ICTを利用した特別支援学級における外国語活動」*JES Journal, 12,* pp. 4-18.
- Miyake, A., & Shah, P. (1999). *Models of working memory: Mechanisms of active maintenance and executive control.* Cambridge: Cambridge University Press.
- 文部科学省 (2016).「別紙7 特別支援教育の充実を図るための取組の方向性」『幼稚園、小学校、中学校、高等学校及び特別支援学校の学習指導要領等の改善及び必要な方策等について(答申案)』中央教育審議会 URL: http://www.mext.go.jp/b_menu/shingi/chukyo/chukyo3/053/siryo/__icsFiles/afieldfile/2016/12/12/1380468_3_3.pdf (2018/06/15アクセス).
- 苧阪満里子 (2002).『脳のメモ帳ワーキングメモリ』新曜社.
- Wen, Z., & Skehan, P. (2021). Stages of Acquisition and the P/E Model of Working Memory: Complementary or contrasting approaches to foreign language aptitude? Annual Review of Applied Linguistics, 41, 6-24. https://doi.org/10.1017/ s0267190521000015
- 八島智子 (2004).『外国語コミュニケーションの情意と動機─研究と教育の視点』関西大学出版部.

⑫学習状況の評価 (パフォーマンス評価や学習到達目標の活用を含む)
- Cameron, L (2001). *Teaching languages to young learners .Cambridge*: Cambridge University Press.
- 文部科学省 (2011).『小学校外国語活動における評価方法等の工夫改善のための参考資料』.
- 文部科学省 (2015).『中央教育審議会 論点整理補足資料』.

⑬授業観察:小・中・高等学校の授業映像の視聴や授業の参観
- 加藤茂夫・杉山敏・荒木美恵子 (2020).『英語科教育実習ハンドブック』第4版 大修館書店.
- 東京学芸大学 (2017).『文部科学省委託事業「英語教員の英語力・指導力強化のための調査研究事業」平成28年度報告書』.
- 米山朝二・多田茂・杉山敏 (2013).『新版 英語科教育実習ハンドブック』大修館書店.

⑮模擬授業:1単位時間 (45分) の授業あるいは特定の言語活動を取り出した模擬授業
- 亀田尚己・青柳由紀江・クリスチャンセン, J.M. (2014).『和製英語事典』丸善出版.
- 須部宗生 (2013).「カタカナ英語と和製英語─最近の傾向を中心として─」『静岡産業大学論集』19, pp.127-137.

第1部 小学校における英語教育 [2] 英語科に関する専門的事項

⑯聞くこと

- Flowerdew, J., & Miller, L. (2005). *Second language listening: Theory and practice.* Cambridge: Cambridge University Press.
- 和泉伸一 (2016).『フォーカス・オン・フォームとCLILの英語授業』アルク.
- 門田修平 (2015).『シャドーイング・音読と英語コミュニケーションの科学』コスモピア.
- Nation, I. S. P. (2013). *Learning vocabulary in another language* (2nd ed.). Cambridge: Cambridge University Press.
- 玉井健 (2005).『リスニング指導法としてのシャドーイングの効果に関する研究』風間書房.

⑰話すこと

- 和田稔・高田智子・緑川日出子・柳瀬和明・齋藤嘉則 (2013).『ヨーロッパ言語共通参照枠 (CEFR) から学ぶ英語教育』研究社.
- 文部科学省 (2009).『小学校外国語活動研修ガイドブック』旺文社.
- 文部科学省 (2017).『小学校外国語活動・外国語研修ハンドブック』http://www.mext.go.jp/a_menu/kokusai/gaikokugo/1387503.htm.
- 米山朝二 (2011).『新編　英語教育指導法事典』研究社.

⑱読むこと

- 中村典生 (2003).「小学校英語活動における語彙習得に関する一考察」『言語文化学会論集』vol.21, pp. 63-74.
- 中村典生・末松綾・林田宏一 (2010).「小学校英語が中学校の英語学習に及ぼす影響について」『小学校英語教育学会 (JES) 紀要』第10号 pp. 25-30.
- 牧野勤 (1990).『英語の発音　指導と学習』pp. 128-129. 東京書籍.
- 「小学校外国語活動実施状況調査 (平成 23 〜 24 年)」.『外国語活動の現状・成果・課題』(資料 3-2).
- 教育課程企画特別部会『小学校英語の現状・成果・課題について』(資料 3-4) 平成 27 年 4 月 28 日.

⑲書くこと

- 石戸谷滋・真鍋照雄 (2008).『恥ずかしくて聞けない英語の基礎・基本 62』p.12. 黎明書房.
- 太田垣正義編 (1999).『先生に聞けない英語の疑問』p.198. 南雲堂.
- 米山朝二 (2011).『新編　英語教育指導法事典』pp. 361-362. 研究社.
- グリーシー P.・矢ノ下良子 (1988).『SOUND SPELLING HARMONY Teacher's Manual 3 rded.』p.140. SSH 英語研究会.

⑳英語に関する基本的な知識 (音声・語彙・文構造・文法・正書法等〜)

- 川越いつえ (2007).『英語の音声を科学する』(新装版) 大修館書店.
- 小森和子 (2007).「第一言語と第二言語における正書法深度の相違が第二言語としての日本語の単語認知と文章理解に及ぼす影響」『ICU 日本語教育研究』第 3 号, pp.33-47.
- Nation, I. S. P. (2013). *Learning vocabulary in another language* (2nd ed.). Cambridge: Cambridge University Press.

㉑第二言語習得に関する基本的な知識

- Krashen, S.D. (1985). *The input hypothesis: issues and implications*. Longman, London.
- Swain, M. (1985). Communicative competence: Some roles of comprehensible input and comprehensible output in its development. In S. Gass & C. Madden (Eds.), *Input in second language acquisition*, pp.235-253. Rowley, MA: Newbury House.

㉒児童文学等題材の選定

- 松本由美 (2017).「小学校英語教育における教材用英語絵本選定基準の試案—絵本リスト作成に向けて—」『玉川大学リベラルアーツ学部研究紀要』第 10 号, pp.7-15.
- 村野井仁 (2006).『第二言語習得研究から見た効果的な英語学習法・指導法』大修館書店.

㉓異文化理解

- 福田スティーブ利久 (2017).「国際理解教育、グローバル教育の視点を生かした授業作り」金森強、本田敏幸、泉惠美子他 (2017).『主体的な学びをめざす小学校英語教育—教科化からの新しい展開』教育出版.
- 加賀田哲也 (2017).「外国語教育における国際理解教育の進め方」樋口忠彦・高橋一幸・加賀田哲也・

泉惠美子他 (2017).『小学校英語指導法辞典 -教師の質問112に答える』教育出版.
・櫛田亜紀 (2017).「異文化理解教育を「教える」とは〜なぜ異文化理解が必要なのか」大城賢・萬屋隆一他 (2017).『高学年用小学校英語早わかり実践ガイドブック―新学習指導要領対応―』開隆堂出版.

第2部　中学校における英語教育　[1] 外国語の指導法

27 聞くこと・話すこと (やり取り・発表) の指導
・石井英真 (2015).『今求められる学力と学びとは―コンピテンシー・ベースのカリキュラムの光と影』日本標準.
・中山芽生 (2018).『Unit 2 From the Other Side of the Earth (NEW HORIZON English Course ③) 学習指導案』佐賀大学教育学部, 佐賀大学教育学部附属中学校.

28 読むこと・書くことの指導
・大下邦幸 (2009).『コミュニカティブクラスのすすめ』p.66. 東京書籍.
・外山滋比古 (2003).『英語辞書の使いかた』p.104. 岩波書店.
・Crawley, A. et al. (2000). Oxford elementary learner's dictionary (2nded.). Oxford University Press.

29 領域統合型の言語活動の指導
・クラッシェン / テレル　藤森和子訳 (1986).『ナチュラル・アプローチのすすめ』大修館書店.
(Krashen, S. & Terrell,T (1983). The natural approach: language acquisition in the classroom. Oxford: Pergamon/Alemany)
・村野井仁 (2006).『第二言語習得研究から見た効果的な英語学習法・指導法』大修館書店.
・高島英幸 (2011).『英文法導入のための「フォーカス・オン・フォーム」アプローチ』大修館書店.

30 文法に関する指導
・稲毛逸郎・田中彰一・西原俊明・藤岡克則 (1999).『A New Approach to English Grammar ／コミュニケーションのための発信型英文法』松柏社.
・Larsen-Freeman, D. (2003). Teaching language: From grammar to grammaring. Boston: Thomson/Heinle Boston.
・Long, M. H. (1991). Focus on form: A design feature in language teaching methodology. In K. De Bot, R. B. Ginsberg & C. Kramsch (Eds.), Foreign language research in cross-cultural perspective pp.39-52. Amsterdam: Benjamins.
・高島英幸 (2011).『英文法導入のための「フォーカス・オン・フォーム」アプローチ』大修館書店.
・田地野彰 (2011).『意味順英語学習法』ディスカヴァー・トゥエンティワン.

31 異文化理解に関する指導
・三浦孝 (2014).『英語授業への人間形成的アプローチ―結び育てるコミュニケーションを教室に』研究社.

32 生徒の特性や習熟度に応じた指導
・瀧沢広人 (2013).『英語授業のユニバーサルデザイン つまずきを支援する指導&教材アイディア50』明治図書.

33 第二言語習得に関する知識とその活用
・富田恭代 (2017).「個人差とコンテクスト」鈴木渉 (編)『実践例で学ぶ　第二言語習得研究に基づく英語指導』pp. 158-168. 大修館書店.
・廣森友人 (2016).『英語学習のメカニズム：第二言語習得研究にもとづく効果的な勉強法』大修館書店.
・中田達也 (2017).「語彙指導」鈴木渉 (編)『実践例で学ぶ　第二言語習得研究に基づく英語指導』pp. 124-140. 大修館書店.
・Oxford, R.L. (2011). Teaching & researching: Language learning strategies. Routledge.

34 学習指導案の作成

・文部科学省 (2018).『中学校学習指導要領 (平成 29 年 3 月告示)』創栄図書印刷.

35 測定と評価

・国立教育政策研究所教育課程研究センター (2020).『「指導と評価の一体化」のための学習評価に関する参考資料 中学校 外国語』東洋館出版社.
・文部科学省初等中等局 (2013).『グローバル化に対応した英語教育改革実施計画』http://www.mext.go.jp/a_menu/kokusai/gaikokugo/__icsFiles/afieldfile/2014/01/31/1343704_01.pdf
・小泉利恵・印南洋・深澤真 (2017).『実例でわかる　英語テスト作成ガイド』大修館書店.

36 授業観察：授業映像の視聴や授業の参観

・三野宮春子 (2010).「授業を見つめる視点」『STEP BULLETIN vol.22 2010』pp. 204-215.

38 模擬授業：1 単位時間 (50 分) の授業、あるいは特定の言語活動を取り出した模擬授業

・日吉敬子・相島倫子・金丸大樹 (2016)『読むことの領域における思考力の高まりを目指した英語学習の在り方―読みのプロセスを踏まえた言語活動を通して―』URL: http://www.saga-ed.jp/kenkyu/kenkyu_chousa/h28/01_jugyoukaizen/08_tyu_eigo/h27-28_proken_tyu_eigo_toppage.htm (2018/06/01 アクセス).
・石田雅近・小泉仁・古家貴雄 (2014).『新しい英語科授業の実践　グローバル時代の人材育成をめざして』金星堂.
・金谷憲・青野保・太田洋・馬場哲夫・柳瀬陽介 (編) (2009).『英語授業ハンドブック〈中学編〉』大修館.
・金谷憲・阿野幸一・久保野雅史・高山芳樹 (編) (2012).『英語授業ハンドブック〈高校編〉』大修館.
・西岡加奈恵 (2016).『「資質・能力」を育てるパフォーマンス評価 アクティブ・ラーニングをどう充実させるか』明治図書出版.
・村野井仁・渡部良典・尾関尚子・冨田祐一 (2012).『統合的英語科教育法』成美堂.
・田中武夫・島田勝正・紺渡弘幸 (2011).『推論発問を取り入れた英語リーディング指導―深い読みを促す英語授業』三省堂.

第 2 部　中学校における英語教育　[2] 英語科に関する専門的事項

39 第二言語習得に関する基本的な知識

・Shintani, N., Ellis, R., & Suzuki, W. (2014). Effects of written feedback and revision on learners' understanding and use of two English grammatical structures. *Language Learning, 64,* pp.103-131.
・Snow, C. E., & Hoefnagel-Höhle, M. (1978). The critical period for language acquisition: Evidence from second language learning. *Child Development, 49,* pp.1114-1128.
・Johnson, J. S., & Newport, E. L. (1989). Critical period effects in second language learning: The influence of maturational state on the acquisition of English as a second language. *Cognitive Psychology, 21,* pp.60-99.
・鈴木 渉 (2017).「第二言語習得論 (第 1 節　第二言語習得の過程、第 2 節　第二言語習得理論)」酒井英樹・滝沢雄一・亘理陽一 (編)『小学校外国語科内容論―小学校で英語を教えるためのミニマム・エッセンシャルズ』三省堂.
・後藤バトラー裕子 (2015).『英語学習は早いほど良いのか』岩波新書.
・Munoz, C (2006). *Age and the rate of foreign language learning.* Multilingual Matters.
・Larson-Hall, J. (2008). Weighing the benefits of studying a foreign language at a younger staring age in a minimal input situation. *Second Language Research, 24,* pp.35-63.

40 聞くこと
- 門田修平 (2015).『シャドーイング・音読と英語コミュニケーションの科学』コスモピア.
- 文部科学省 (2018).『平成29年度「英語教育実施状況調査」の結果について』URL: http://www.mext.go.jp/a_menu/kokusai/gaikokugo/1403468.htm (2018/06/01 アクセス).
- Schonell, F. J., Meddleton, I. G., & Shaw, B. A. (1956). *A study of the oral vocabulary of adults*. Brisbane, Australia: University of Queensland Press.
- Rost, M. (2011). *Teaching and researching listening* (2nd ed.). Harlow: Longman.

42 話すこと
- Lynch, T. (2001). Seeing what they meant: transcribing as a route to noticing. *ELT Journal, 55*, pp.124-132.

43 書くこと
- 吉田研作・白井恭弘他 (2007).『初めての英語日記』コスモピア.

44 領域統合型の言語活動（教科に関する専門的事項）
- Scrivener, J (2011). Learning teaching: The essential guide to English language teaching, MacMillan.
- 卯城祐司 (2009).『英語リーディングの科学』研究社.
- 山本崇雄 (2015).『はじめてのアクティブ・ラーニング! 英語授業』学陽書房.

45 英語の音声の仕組み（発音と綴りの関係、アクセント・イントネーション等日本語と比較して）
- 深沢俊昭 (2015).『改訂版 英語の発音パーフェクト学習事典』アルク.
- 川越いつえ (2007).『英語の音声を科学する』(新装版) 大修館書店.
- 窪薗晴夫・太田聡 (1998).『音韻構造とアクセント』研究社.
- National Reading Panel. (2000). Report of the national reading panel: Teaching children to read: An evidence-based assessment of the scientific research literature on reading and its implications for reading instruction: Reports of the subgroups. Retrieved May 10, 2018, from http://www.nichd.nih.gov/publications/pubs/nrp/Pages/smallbook.aspx
- Oxford OWL. (2014). Phonics made easy. Retrieved May 10, 2018, from http://www.oxfordowl.co.uk/for-home/reading-owl/expert-help/phonics-made-easy
- 土屋澄男・秋山朝康・千葉克裕・蒔田守・望月正道 (2011).『新編 英語科教育法入門』研究社.

47 英文法の基礎知識（時制・相・態等）
- 文部科学省 (2018).『中学校学習指導要領（平成29年3月告示）』東山書房.
- Thompson, A. J., & Martinet, A. V. (2015). A practical English grammar(4th ed.). Oxford University Press.

48 英語が使われている国・地域の歴史・社会・文化
- Crystal, D (2003). The Penguin Factfinder. Cambridge University Press.
- Crystal, D (2005). The Penguin Factfinder: Second Edition, Penguin.
- Neeley, T (2012). Global Business Speaks English. *Harvard Business Review*, May 2012. Issue, https://hbr.org/2012/05/global-business-speaks-english

49 英語表現・多様な文化
- トルーマン・カポーティ　村上春樹訳(2017).『ティファニーで朝食を』pp. 133-134. 新潮文庫.
- ルイス・キャロル　矢川澄子訳(2016).『不思議の国のアリス』p.18, 新潮文庫.
  (Capote, T (2008). *Breakfast at Tiffany's*, FIRST VINTAGE INTERNATIONAL OPEN-MARKET EDITION p.86. Originally published in the United States by Random House, an imprint of The Random House Publishing Group, in 1958.)

(Carroll, L (2015). *ALICE'S ADVENTURES in WONDERLAND*, First published in Puffin Books 1946, Reissued in this edition 2015, p.4. Penguin Random House UK.)

50 異文化コミュニケーション・異文化交流

・藤原康弘 (2017).「自立した日本の英語教育へ－国際英語の視点－」『これからの英語教育の話をしよう』ひつじ書房.
・文部科学省 (2014).「ICTを活用した指導方法の開発 その1」『学びのイノベーション事業実証研究報告書』p.112. http://www.mext.go.jp/component/b_menu/shingi/toushin/__icsFiles/afieldfile/2014/04/11/1346505_04.pdf
・文部科学省 (2014).「ICTを活用した指導方法の開発 その2」『学びのイノベーション事業実証研究報告書』pp.154-155. http://www.mext.go.jp/component/b_menu/shingi/toushin/__icsFiles/afieldfile/2014/04/11/1346505_05.pdf

51 さまざまな教授法

・安達理恵・阿部志乃・樫本洋子・北野ゆき・竹田里香・松延亜紀・安田万理 (2020).「小学校でのCLIL活動実践とその効果」『JES Journal』vol.20, pp.384-399.
・Byram, M.(1997). Teaching and assessing intercultural communicative competence. Clevedon: Multilingual Matters.
・Canale, M., & Swain, M.(1980). *Theoretical bases of communicative approaches to second language teaching and testing. Applied Linguistics, 1,* pp.1-47.
・Ellis, R. (2003). *Task-based language learning and teaching.* Oxford: Oxford University Press.
・金谷憲・青野保・太田洋・馬場哲夫・柳瀬陽介 (編) (2009)『英語授業ハンドブック〈中学編〉』大修館.
・Long, M. H.(1991). Focus on form: A design feature in language teaching methodology. In K. De Bot, R. B. Ginsberg & C. Kramsch (Eds.), *Foreign language research in cross-cultural perspectives* pp.39-52. Amsterdam: Benjamins.
・西岡加奈恵 (2016).『「資質・能力」を育てるパフォーマンス評価 アクティブ・ラーニングをどう充実させるか』明治図書出版.
・Richards, J. C., & Rodgers, T. S.(2014). *Approaches and methods in language teaching.* Cambridge: Cambridge University Press.

52 効果的な教授法

・鈴木 渉 (2017).「文法指導はどのように変わってきたか」鈴木 渉 (編)『実践例で学ぶ第二言語習得研究に基づく英語指導』pp. 3-12. 大修館書店.
・Ellis, R. (2003). *Task-based language learning and teaching.* Oxford University Press.

用語集

アウトプット［output］／学習者が話したり、書いたりする情報のこと。また、話したり、書いたりする行為を指す。

アウトプット仮説［output hypothesis］／第二言語習得には、インプットだけではなく、アウトプットすることも必要だという仮説。

アクセント［accent］／語、句、文において、ほかの部分よりも目立って聞こえる部分。日本語は音の高低（ピッチ）でモーラ（拍）を目立たせる高さアクセントであるのに対し、英語は強弱で「強さアクセント」である。

イマージョン・プログラム［immersion program］／習得対象言語（例: 英語）で、様々な教科（例: 算数、理科）を学習する教育の一形態。

インクルーシブ教育［inclusive education］／一人一人の教育的ニーズにあった適切な教育的支援の下、障害のある者と障害のない者が同じ場で共に学ぶ教育のことを指す。

インタラクション仮説［interaction hypothesis］／第二言語習得は、やり取り（interaction）を通して生じるという仮説。

インタラクティブ処理［interactive processing］／ボトムアップ処理とトップダウン処理が同時に働き、双方の相互作用によって理解が促進される言語処理のプロセスを指す。

インテイク［intake］／理解されたインプットが学習者の中間言語システムに取り込まれるプロセス、または取り込まれた言語知識を指す。

イントネーション［intonation］／話者の意図やその場の状況などに応じて使い分けられる、発話における声の上がり下がりのことを指す。

インプット［input］／学習者が聞いたり、読んだりする情報のこと。また、聞いたり、読んだりする行為を指す。

インプット仮説［input hypothesis］／第二言語は、聞くことや読むことを通したインプットを理解することによって、習得されるという仮説。

韻律（プロソディー）［prosody］／強勢、リズム、イントネーションなど、自然な発話に現れる音の特徴を表す総称である。

英語で行う授業［teaching English through English］／生徒の英語に触れる機会を充実させ、英語の授業を実際のコミュニケーションの場面とするために中学・高校の授業は英語で行うことを基本とするとされている。

演繹的学習［deductive learning］／提示されて身に付けた規則を個々の具体例に適用して運用能力を高める学習を指す。

オーバーラッピング［overlapping］／一般的には、英文スクリプトを見ながら、英語の音声と同時に、発話するトレーニング。

オーラル・アプローチ［oral approach］／行動主義心理学と構造言語学の裏付けを得て提唱された教授法。音声中心で口頭ドリルを重視する点はオーラル・メソッドと共通する。

オーラル・イントロダクション［oral introduction］／指導者が、わかりやすい英語を用いて、その時間の学習事項（題材や語彙表現、文法項目など）を口頭で提示・導入する言語活動のことを指す。

オーラル・メソッド［oral method］／言語習得の５習性（①耳による観察、②口頭での模倣、③口頭での反復、④（語彙・表現の）意味化、⑤類推による作文）に沿ってわかりやすい英語を用いながら指導を行い、有意味な文脈で運用できる能力を体得することをねらいとする教授法。

帯活動［warm-up activity］／英語授業で毎回決まって行う短い活動。コミュニケーションのための英語表現を、リストを使ってペアで練習したりするなどして、本時の導入・展開へと進んでいく。

音声認識［speech recognition］／音を正しく聞き分けることを指す。

外発的動機付け［extrinsic motivation］／報酬がもらえるから、両親にいわれたから勉強する等、自分自身からではなく外から来る動機付けのこと。

学習指導案［lesson plans］／毎時の授業の計画書。特に詳しいものを細案、簡素なものを略案ということがある。一般に、授業を構成する活動とその配分時間、指導上の留意点等を記述する。予想される児童・生徒の反応を記述したり、板書計画を盛り込んだりすることもある。

学習スタイル［learning styles］／「学習者が何をどうやって学ぶか」に関し、学習者個人に見られる典型的な外国語学習の方法の類型を指す。

学習方略［learning strategies］／目的や状況に応じて学習者によって意識的に選択される行為、またはその特性を指す。

観察による評価［observation-based assessment］／ある一定の基準を持って学習者の活動を観察し、その内容から評価を行う方法。

観点別評価［criterion-referenced evaluation/assessment］／学習指導要領（H. 29年度版）で示されている資質・能力（観点）を４技能５領域ごとに分析的に評価し、指導に役立てるための評価のことを指す。

気付き［noticing］／学習者がインプットに意識的に注意を払うこと。

帰納的学習［inductive learning］／豊富な例文（個々の具体例）に触れる中で一貫する規則を見出す学習を指す。

逆向き設計［backward design］／最終到達目標から遡って評価方法と指導（授業の進め方）を位置づける授業設計論。

教授法［teaching method］／アプローチ（approach）、デザイン（design）、指導手順（procedure）の３つの下位概念をまとめた全般的な指導計画を指す。

教師用指導書［teacher's manual］／教科書教材に付属し、指導内容の解説や指導計画案などが示されている教師用図書。

強勢［stress］／語の中の音節（いくつかの音の集まり）を目立たせるための力の程度。音の強弱や高低、長短などで示される。

クラスルーム・イングリッシュ［classroom English］／英語授業における、教室で使用する英語（例：挨拶、指示）。

クローズ・テスト［cloze test］／穴埋めテスト／読解力を診断するためのテストの一種で、

内容語など出題者が意図的に選んだ単語が空欄になる場合と、第 n 番目ごとに機械的に空欄にする場合がある。

言語活動［language activities］／目的・場面・状況を踏まえ、言語を用いて互いの考えや気持ちなどを伝え合う活動。学習指導要領（H. 29年度版）では、言語材料についての知識や理解を深める活動と区別されている。

言語適性［language aptitude］／言語学習に影響を及ぼす認知的能力。例えば、音声認識能力、言語分析能力、記憶力などを指す。

言語の使用場面［language use］／言語活動を行う場面のこと。具体的には、挨拶、電話での応答などの場面を指す。

言語の働き［language function］／気持ちを伝える、相手の行動を促すなど、言語が持っている機能のこと。

コア・カリキュラム［core curriculum］／大学の教職課程において共通で修得すべき資質能力を養成する中心となる教育課程。

語順言語［the word order of language］／主語や目的語を助詞が決定する日本語とは異なり、英語は語順が主語、動詞、目的語を決定する語順言語といえる。主語をS、動詞をV、目的語をOで表すと、語順に関して日本語はSOV言語、英語はSVO言語に分類できる。

コミュニカティブ言語教授法［Communicative Language Teaching: CLT］／実際の場面で英語を適切に活用できるコミュニケーション能力の育成を図ることを主なねらいとする教授法。

コミュニケーション能力［communicative competence］／Canaleによると、以下の大きく４つの構成要素から成る。①文法能力（linguistic competence）語彙・文法・綴りや発音に関する能力。②社会言語学的能力（sociolinguistic competence）目的・場面・状況に応じて、社会的・文化的に適切な言語を使う能力。③ディスコース能力（discourse competence）結束性や首尾一貫性に留意し、文や文章を構成したり理解したりする能力。④ストラテジー能力（strategic competence）目的・場面・状況に応じて、意思疎通がままならないときに使用する手段に関する能力。

サイモン・セッズ［Simon says］／英語のことば遊びのひとつ。"Simon says, 'walk in place.'" のように "Simon says," がついた命令文の動作のみに従い、つかなかった命令文には従わない。全身反応教授法（TPR）を活用した活動といえる。

ジグソー法［jigsaw task］／コミュニケーションに参加する人々が、それぞれ異なる情報を持ち、それらの情報を交換することにより課題解決を図る学習法。

思考力・判断力・表現力等／学習指導要領（H. 29年度版）で示されている資質・能力の一つで、理解していること・できることをどのように使うのかを指す。

自己評価［self-assessment］／学習の到達目標に照らして、学習者自身が自らの学習を振り返り、達成状況を判断する評価方法。

事実発問［fact-finding questions］／「発問」参照。

実行可能性［practicality］／時間、費用、労力を考慮し、テストが作成・実施・採点・解釈しやすいかを示すもの。

指導と評価の一体化／児童生徒の学習改善と教師の指導改善を目指し、指導と評価を別

個に考えるのではなく、指導したことを評価し、その評価の結果からフィードバックし後の指導を改善し、さらにその新しい指導の成果を再度評価する。このようなPDCAサイクルを作ることを「指導と評価の一体化」という。『「指導と評価の一体化」のための学習評価に関する参考資料』は、以下国立教育政策研究所のHPからもダウンロードもできる。https://www.nier.go.jp/kaihatsu/shidousiryou.html

自動化［automatization］／第二言語を流暢に使用できるようになること。

社会的方略［social strategies］／学習活動を円滑にする学習方略の一つ。例えば、友だちと問題を出し合ったり、教え合ったりすること。

シャドーイング［shadowing］／一般的には、英文スクリプトを見ずに、聞いた英語音声に少し遅れて発話するトレーニング。

習熟度テスト［proficiency test］／特定のコース、授業、カリキュラム、教科書等を前提としない、目標言語（英語）における能力を測定するテスト。

主体的・対話的で深い学び／2020年度から全面実施される学習指導要領において、その学びの中心となる考え方。教師から一方的に知識を学ぶのではなく、児童・生徒が学びの主導権を握り、他者と学び合いながら学びを深めること。

受容語彙［passive vocabulary］／聞いたり見たり、読んだりしてわかる語彙を意味する。

情意方略［affective strategies］／感情をコントロールする学習方略の一つ。例えば、この勉強が終わったら休もうと心に決めたり、よい成績を取って褒められたときのことを思い出しながら勉強すること。

自律的聞き取り（autonomous listening）／指導者の指示ではなく、聞き手が自らの意思で聞き取る内容やその方法、聞き取り後のタスク、進捗状況の評価などを決め、主体的に行う活動を指す。

信頼性［reliability］／採点者や設問形式等にかかわらず、テスト結果が一貫しているかを示すもの。

ジングル［jingle］／『Hi, friends! Plus』や『We Can!』に収録されている、文字の名称の読み方と文字が持っている音（おん）を学ぶ活動。

スキル理論［skill acquisition theory］／言語学習をピアノや運転などのスキルの獲得と同様に考える理論。

スモールトーク［small talk］／既習の語彙や言語材料を用いて、様々な話題について即興で会話を行う活動や日常的な話題を扱う言語活動の一種。小学校では特に5年生では教員対児童で、6年生では児童同士で会話することになっている。

正書法［orthography］／言語を書く際の基本的な規則のことをいう。

精聴［intensive listening］／集中的聞き取り。音素や音変化、発音、イントネーションなどの音声的要素や、語、句、文などの特定要素に注意を払いながら聞き取るボトムアップ式の活動である。

精読［intensive reading］／短めの文章を、細かなところまで読解する英文読解活動。

世界の英語［world englishes］／英語はもはや英語母語話者のものだけではなく、各国の国民が他国民と交流・協働する際にも英語が用いられる。その際、各自の母国語なまりの残る英語が話されることもあるが、それらを英語の複数ある変化形として尊重していこうという考え方からこういわれる。

宣言的知識［declarative knowledge］／規則に関するもので言葉で説明可能な知識。例えば、「主語が三人称単数で現在の文の場合、動詞に -s/es を付ける」のように分析・説明できる知識のこと。

選択的聞き取り［selective listening］／与えられた（長めの）文脈の中から、目的を持って必要な情報のみを聞き取る活動を指す。

全身反応教授法［total physical response, TPR］／Asher が提唱した、外国語学習に身体の動きを組み合わせる教授法。

相互作用的聞き取り［interactive listening］／聞いたものに対して、聞き手同士でやり取りを行い、協働的に理解を図る聞き取りのことをいう。

多聴［extensive listening］／まとまった長さ（数分間以上）の英語を聞き、概要や要点を聞き取るトップダウン式の活動を指す。

妥当性［validity］／テストで測りたいと思う力が測定されているかを示すもの。

多読［extensive reading］／英語の読書量を増やす目的で、長めの英文を読む活動。文意を細かくとらえるよりも、英文全体の概要をつかんだり、設問の答えとなる部分を意識して読んだりする、「木よりも森を見る」読む活動である。学習者の実際の英語力よりやや易しめの英文が適当である。

短時間学習［module learning］／10〜15分程度の短い学習を単位として繰り返し行う教科指導。「モジュール」とも言う。帯活動を含むこともある。

知識及び技能／学習指導要領（H. 29年度版）で示されている資質・能力の一つで、何を理解して何ができるかを指す。

中間言語［interlanguage］／目標言語の母語話者が持つ言語とも学習者の第一言語とも異なり、その中間的位置にある言語体系を指す。学習者一人一人が独自に持つ言語体系のことであり、習得段階に応じて質的に変化していく。

直接法［direct method］／幼児の第一言語習得過程をモデルとし、英語に豊富に触れることで自然な習得を図ることをねらいとする教授法。

ティーチャー・トーク［teacher talk］／学習者に合わせて調整した教師発話。例えば、話すスピードを遅くしたり、簡単な語彙や文法で話したりするなどである。

ティーム・ティーチング［team teaching］／一つの学習集団を複数の教員が協力して指導にあたる指導方法。

ディクテーション［dictation］／耳から入ってくる発話内容を書き起こす活動を指す。

ディクトグロス［dictogloss］／短めの文章をメモを取りながら聞き、そのメモを基に文章を復元する活動。

適性処遇交互作用［aptitude-treatment interaction］／学習者の言語適性にあった指導を行う必要があるという考え方。

テスト細目［test specifications］／テストの設計図。目的、測りたい力、範囲などの項目が含まれる。

手続き的知識［procedural knowledge］／コミュニケーション場面で活用される知識。例えば、三単現のsのルールを、全て説明できないが、話す時に問題なく使える知識のこと。

テレビ会議システム［TV conference system］／専用の機材を用いて遠隔地をつなぎ、

音声・映像をやり取りするシステム（機器）。日本と海外の教室を直接リアルタイムで結び交流することが可能となる。

道具的動機付け［instrumental motivation］／テストでよい点数を取りたい、試験に合格したい等の理由で勉強するような動機付けのこと。

統合的動機付け［integrative motivation］／目標言語を話す人々や文化を理解したい等の理由で英語を勉強するような動機付けのこと。

到達度テスト［achievement test］／一定の学習期間に授業で指導した内容（知識や技能）がどの程度習得されているかを測るテスト。

トップダウン処理［top-down processing］／既存の背景的知識（スキーマ）や文脈などの情報を手掛かりとしての意味を形成する言語処理のプロセスを指す。

内発的動機付け［intrinsic motivation］／面白いから勉強する、知りたいから勉強する等、自分自身の内面から出てくる動機付けのこと。

内容中心教授法［Content-Based Instruction: CBI］／目標言語を（語学の）教科としてではなく、他教科の内容を用いて学び、言語能力の習得を促すことをねらいとする教授法。

認知方略［cognitive strategies］／キーワードや語呂合わせ等で覚えたり、覚えるために書いたりするなどの学習方略の一つ。

バイリンガル［bilingual］／2つの言語を使用できる人を指す。広義には、日本人の英語学習者もバイリンガルである。

波及効果［backwash effect］／テストが英語の学習や指導に及ぼす効果（影響）。

パタン・プラクティス［pattern practice］／言語構造を成す諸要素（音素、形態素、語、句、文など）が組み合わさった例文（パタン）を提示し、特定の要素を代入したり転換したりしながら行う例文に慣れるための口頭練習を指す。

発信語彙［active vocabulary］／話したり書いたりして表現できる語彙を意味する。

発達の最近接領域［zone of proximal development］／ヴィゴツキーが提唱した考え。課題を達成するために、ゴールまであとわずか（最近接）のところにいれば、教師や他者の助けを得て達成できるその「あとわずかの」領域。ここまでは自力でたどりつくよう導きたい。

発問（事実発問、推論発問、評価発問）［asking questions］／授業中に児童・生徒に対して教師が行う意図的な問いかけ。その趣旨や目的に応じて、事実発問（本文に直接示された内容を読み取らせる問いかけ）、推論発問（本文の情報を基に、本文には直接示されていない内容を推測させる問いかけ）、評価発問（本文に書かれた内容に対する読み手の考えや態度を答えさせる問いかけ）などに分類される。

話すこと（発表）［speaking (presentation)］／「話すこと」の技能のうち、聞き手に対して一方向で話して伝えること。伝えようとする内容を整理して話す言語活動。

話すこと（やり取り）［speaking (interaction)］／「話すこと」の技能のうち、話し手と聞き手の役割を交互に繰り返す双方向のコミュニケーション。即興での発話も求められる言語活動。

パフォーマンス評価［performance assessment］／エッセイを書いたり、インタビューをしたり、グループでディスカッションをしたり等、知識やスキルを使いこなすことを

求めるような評価。

反応的聞き取り［responsive listening］／聞き取った内容を解釈するだけでなく、感想や意見などの反応を示すことを目的とした活動のことをいう。

評価規準［assessment criterion］／評価の観点で示された力を文章表記で記したもの。

評価基準［evaluation standard］／評価規準で示された力の習得状況を数値（1、2、3）や記号（A、B、C）等で示したもの。

評価発問／「発問」参照。

フォーカス・オン・フォーム［Focus on Form: FonF］／意味伝達を重視した言語活動において、必要に応じて言語形式に学習者の注意を向けさせる指導を指す。

フォーカス・オン・フォームズ［Focus on FormS: FonFS］／言語形式について、有意味な文脈から切り離して重点的に指導する方法である。文法事項の指導・解説、パタン・プラクティスなどが挙げられる。

フォーカス・オン・ミーニング［Focus on Meaning: FonM］／言語形式には特に触れず、意味伝達を重視する指導方法である。イマージョン・プログラムにおいて用いられることが多い。

フォニックス［phonics］／発音と綴りの対応規則を習得するための学習方法の一つである。

文法・訳読法［Grammar Translation Method: GTM］／明示的に文法規則を提示し、母語を介して英文を翻訳することで内容理解を促すことが主な特徴の教授法。

ペア・ワーク［pair work］／二人組で行う言語活動。

ポートフォリオ［portfolio］／原義は書類入れのこと。例えば、授業時に書かせたエッセイやレポートの下書き、添削、書き直し、完成版などの記録をまとめて入れておくものを意味する。

ボトムアップ処理［bottom-up processing］／個々の音、音韻から始まり、単語・語句（フレーズ）・文章と階層的に処理し、全体的な意味が組み立てられる言語処理のプロセスを指す。

マザーグース［mother goose］／**ナーサリーライム**［nursery rhyme］／英米を中心とする英語圏の伝承民謡を指す。

マッピング［mapping］／主題を中央に書き、そこから放射状に線や文字を書き、関連する内容を書き出していきながら、思考や情報を整理・拡充するための技法。外国語の授業では、スピーチや作文等において、構想を膨らませる際に用いられることがある。

学びに向かう力、人間性等／学習指導要領（H. 29年度版）で示されている資質・能力の一つで、どのように社会・世界と関わり、よりよい人生を送るのかを指す。

未知語の推測／リーディング研究の知見によると、未知語の出現率が20語に1語程度が、その英文を読解できるかの境目である。その1語が読み飛ばし可能な単語であったり、既出の単語の言い換えであるなど推測ができれば、読解できる可能性が高い。

ミム・メム［mim-mem］／新出語彙や基本文を口頭で模倣・記憶する練習を指す。

メタ認知方略［metacognitive strategies］／学習計画を立てたり、他者に説明して自分が理解しているかを確認したりする学習方略の1つ。

モーラ［mora］／拍。日本語のリズムの基本単位を指す。

文字の音（おん）／アルファベットの大文字や小文字が持っている音（おん）。例えば、Cは

/k/、dは/d/という音を持っている。

文字の名称の読み方／アルファベットの大文字や小文字の名称の読み方。例えば、Aは/ei/、bは/bi/と読む。

ライム［rhyme］／母音とその後に続く音の連鎖のこと。例えばline, nine, pine, shrine等の-ineのこと。『We Can！2』の読み聞かせ教材Story Timeにライムが意識されている。

理解可能なインプット［comprehensible input］／聞いたり、読んだりする情報のうち、理解できるインプットのこと。

リキャスト［recast］／学習者の口頭でのエラーに対して、伝えたい意味は変えずに、正しい英語で言い直すこと。

リテラシー［literacy］／読み書きの能力。識字力。また、転じてコンピューター・リテラシー、メディア・リテラシーなど、ある分野の活用力、理解力等を意味することもある。

臨界期仮説［critical period hypothesis］／母語（第一言語）話者のレベルに達するには、ある一定の時期（例えば3歳から12歳）までに、第二言語に触れる必要があるという考え。

ルーブリック［rubric］／評価基準表のこと。大別して、1つの尺度を用いて全体を評価する総合的なものと、様々な側面を別々に評価する分析的なものがある。

ワーキング・メモリー［working memory］／日常生活の様々な場面で、読んだり聞いたりして得た内容（情報）を、目標（会話を続ける、読書する、暗算する等）に向かって一時的に保持（記憶）しつつ、同時に処理（操作）を行う動的な記憶システムを指す。

英語表記

affective filter［情意フィルター］／英語学習の際に、「不安」「自信喪失」など、言語入力を制限する心理的な障壁のことをいう。

ambiguity tolerance［あいまいさへの耐性］／外国語学習者にとって望ましい学習姿勢の一側面で、完璧にならずとも、わからないことに対する我慢強さがあることが望ましい。

backward buildup［逆向きビルドアップ］／英文を口頭でいう練習において、いつも前から繰り返し練習をしていると、文尾近くの英語が練習不足となるケースが多い。そこで、英文をいくつかの語のかたまりに分割し、語のかたまりを、文尾から徐々に追加して元の英文に至るまで口頭練習をする方法。

BICS［Basic Interpersonal Communication Skills／**基本的対人伝達能力**］主として日常生活における、対人コミュニケーションに用いるスキル。

CALP［Cognitive Academic Language Proficiency／**認知的・学問的な言語能力**］文章語を中心とする教科内容を「聞く」「話す」「読む」「書く」ための言語能力。

CAN-DO／学習到達目標を「〜することができる」という形式で示したリストのこと。CAN-DOリストとも言う。

CEFR［Common European Framework of Reference for Languages］／外国語学習・教授・評価のためのヨーロッパ共通参照枠。

CLIL［Content and Language Integrated Learning］／目標言語と教科内容を用いて双方を学び（言語学習と内容学習の比重は1：1）、言語能力と学年相応の教科内

容の習得を図ることを主な特徴とする教授法。「4つのC」【内容（Content: 教科や
テーマに関する内容）、言語（Communication: 内容を学ぶための手段、獲得した言語
知識や4技能の統合的な活用）、思考（Cognition: 理解、分析、評価、創造など）、協学
（Community: 他者と話し合ったり教え合ったりしながら共に学びを深める協同学
習）】を中核に理論づけられている。

ICT［Information and Communication Technology］／インターネット等を使い、情報
を入手したり、離れた相手とコミュニケーションを取る手段。

Information-gap activity［**情報の溝を埋める活動**］／例えば、ペアの双方が持つ情報に
ずれ（溝）が生じている場合、このずれを埋めるためにコミュニケーションの必然性が
生じる。これに基づき、お互いが必要とする情報を英語で伝え合う活動を行う。

Intelligibility［**主として話す英語の通じやすさ、明瞭さ**］／受容される発音（Received
Pronunciation, RP）や英語としての自然なリズムなどが構成要素となる。

JET プログラム［The Japan Exchange and Teaching Programme］／地方自治体が
総務省・外務省・文科省ならびに自治体国際化協会（CLAIR）と協力して実施する
1987年に開始された外国語指導助手等を招致する事業。

PDCAサイクル／「Plan＝計画する」「Do＝実行する」「Check＝評価、振り返る」「Action
＝検討・修正」の4つの英単語の頭文字で、4つの段階を循環的に繰り返し行うことで、
教育（業務）の改善・効率化を図る方法である。

Podcast（ポッドキャスト）／インターネット上に音声や動画などを公開する方法で、学習
者が自由にダウンロードして教材として活用することが可能。

World Englishes［**世界諸英語**］／英語がさまざまな国や地域で使われる言語になったこ
とで、各国・各地域で使われる英語を正当な言語として言語圏を認める考え方。

WTC［Willingness to Communicate］／自発的にコミュニケーションを取ろうとする意志。

索引（日本語・英語）

【ま行】

監修者略歴

中村 典生(なかむら　のりお)　●監修、およびコア・カリキュラム対応表、**1** **4** を執筆

1965年福岡県出身。筑波大学第一学群人文学類（英語学専攻）卒。同大学院教育研究科英語教育コース修了。岐阜市立女子短期大学英語英文学科専任講師・准教授、北海道教育大学釧路校准教授・教授、長崎大学教育学研究科教授（教育学部教授兼務）、長崎大学副学長（入試・地域教育連携担当）を経て、現在国立大学法人長崎大学理事（教学担当）、教育開発推進機構長。小学校英語教育学会（JES）会長、九州英語教育学会（KASELE）会長、全国英語教育学会（JASELE）理事。文部科学省委員としては、外部専門機関と連携した英語指導力向上事業企画評価委員、2016〜2017年12月まで「小学校の新たな外国語教育における補助教材の検証及び新教材の開発に関する作業部会」副主査、「小学校の新たな外国語教育における補助教材の検証及び新教材の開発に関する検討委員会」委員。学習指導要領の改善に係る検討に必要な専門的作業等協力者（小学校外国語活動・外国語）。2017年度より長崎県英語教育推進協議会副委員長。専門は英語教育学、第二言語習得。特に小学校英語教育と小中連携の理論と実践、及び中高大の英語リスニング指導。主な著書に『小学校英語教育へのAI導入は可能なのか』（共編著・花書院、2023）、『イラストで見る全単元・全時間の授業のすべて 外国語 中学校1年』（共編著・東洋館出版社、2022）、『小学校英語教育ハンドブック−理論と実践−』（編集委員・東京書籍、2020）、『小学校新学習指導要領ポイント総整理 外国語』（共著・東洋館出版社、2017）、『小学校新学習指導要領の展開 外国語編』『同・外国語活動編』（共著・明治図書出版、2017）、『NEW HORIZON Elementary English Course 5, 6』（編集委員・東京書籍、2024）、『NEW HORIZON English Course 1, 2, 3』（編集委員・東京書籍、2021）など。

著者略歴

鈴木 渉（すずき　わたる）　●コア・カリキュラム対応表、2 8 11 13 17 21 25 33 35 39 42 52 53 を執筆

1977年宮城県出身。宮城教育大学卒業。東北大学大学院教育学研究科にて修士号（教育学）、トロント大学にてPhD（教育学）を取得。宮城教育大学准教授を経て、現在、同大学大学院教育学研究科教授。専門は英語科教育学、第二言語習得研究。研究成果は『ARELE』や『JES Journal』等の国内雑誌のみならず、『Language Learning』や『The Modern Language Journal』等の国際雑誌に掲載。主な編著書に『外国語学習での暗示的・明示的知識の役割とは何か』（大修館書店、2021年）、『Languaging in language learning and teaching』（John Benjamins, 2020年）、「実践例で学ぶ第二言語習得研究に基づく英語指導」（大修館書店、2017年）、『NEW HORIZON Elementary English Course 5, 6』（編集委員・東京書籍、2024）、『NEW HORIZON English Course 1, 2, 3』（編集委員・東京書籍、2024）など。

巽 徹（たつみ　とおる）　● 3 7 12 23 24 26 29 31 32 43 44 48 50 を執筆

1963年東京都出身。上智大学文学部卒業。埼玉県公立中学校教員・長期研修教員（東京学芸大学）を経て渡英。英国教員資格QTS(Qualified Teacher Status) 取得。英国デボン州Tavistock College勤務の後、2007年より岐阜大学教育学部勤務。現在、岐阜大学教育学部、教授。専門は英語教育学。英語科教育法、英語コミュニケーション等を担当。文部科学省研究開発校、岐阜県英語教育強化地域拠点事業、鳥取県英語教育推進会議、愛知県英語教育改善プラン、滋賀県英語発信力育成事業、運営指導委員。主な著書に『アクティブ・ラーニングを位置付けた中学校英語科授業プラン』（明治図書出版、2016）、『NEW HORIZON Elementary English Course 5, 6』（編集委員・東京書籍、2024）『NEW HORIZON English Course1, 2, 3』（編集委員・東京書籍、2021）など。

林 裕子（はやし　ゆうこ）　● 5 6 10 15 16 20 22 27 30 38 40 45 51 を執筆

1983年長崎県出身。佐賀大学文化教育学部卒業後、オックスフォード大学にて修士号MSc in Applied Linguistics and Second Language Acquisition, 博士号DPhil in Education（応用言語学）を取得。福岡大学言語教育研究センターポストドクターを経て、現在、佐賀大学教育学部、准教授。専門は応用言語学、英語科教育。大学では、英語科教育法や小学英語等の科目を担当し教員養成に携わる。主な著書に『よくわかる！ 教師を目指すための高大接続のしくみ』（監修・共著、東京書籍、2021）、『NEW HORIZON Elementary English Course 5, 6』（編集委員・東京書籍、2024）、『NEW HORIZON English Course1, 2, 3』（編集委員・東京書籍・2021）、など。

矢野 淳（やの　じゅん）　● 4 9 14 18 19 28 34 36 37 41 46 47 49 を執筆

1964年東京都生まれ。福岡県出身。福岡教育大学卒業、東京学芸大学大学院修了。福岡県及び東京都の中・高等学校の英語科教員、静岡大学講師・助教授・准教授を経て現在、静岡大学学術院教育学領域英語教育系列教授。専門は英語教育学。共通教育の英語に加えて、英語科教育法等の授業を担当し、教員養成に携わる。「静岡市英語教育推進プロジェクト」委員(2018年)、「静岡市英語教育ICT活用委員会」講師(2020-21) も務める。主な著書に『NEW HORIZON Elementary English Course 5, 6』（編集委員・東京書籍、2024）、『NEW HORIZON English Course 1, 2, 3』（編集委員・東京書籍、2021）など。

ブックデザイン　長谷川理

デジタル　小林勇樹
イラスト　小池彩恵子
編集　　　金井亜由美（以上、東京書籍）

コア・カリキュラム対応
小・中学校で英語を教えるための
必携テキスト　改訂版
2022年4月12日　第1刷発行
2024年4月26日　第2刷発行

監　修　　中村典生

著　者　　鈴木渉　巽徹　林裕子　矢野淳

発行者　　渡辺能理夫
発行所　　東京書籍株式会社
　　　　　東京都北区堀船2-17-1　〒114-8524
　　　　　電話　03-5390-7531（営業）
　　　　　　　　03-5390-7512（編集）
　　　　　https://www.tokyo-shoseki.co.jp
印刷・製本　株式会社リーブルテック

ISBN978-4-487-81580-7　C3037　NDC807

本書に掲載した情報は2019年1月のものです。
改訂時に修正した情報は2022年2月現在のものです。
増刷時に修正した情報は2024年4月現在のものです。
本書に掲載した教科書タイトル『NEW HORIZON Elementary English Course』
及び『NEW HORIZON English Course』は、いずれも English Course を省略
しています。なお、監修者・著者略歴に掲載されているタイトルは正式名称です。